女と男の日本語辞典

上巻

佐々木瑞枝――著

東京堂出版

まえがき

――日本語の中のジェンダーの世界に羽ばたく前に――

外国人に日本語・日本文化を教えるという仕事に携わる中で、バロック音楽の通奏低音のように流れていた思いがある。

それは日本語の中に、ひそむ「言葉とジェンダー」の問題だった。

はじめは、留学生たちに「男ことば・女ことば」の違いを教える際にいくつかの点が気になったくらいだった。

たとえば「あらっ」という感嘆詞だ。堂々たる体軀のロシアの男子留学生が使った時に周囲に起きた失笑の理由を、彼は初め全く理解することができなかった。まさか驚きの表現を表す短い一言に、男女の差があろうとは思ってみなかったのだろう。

こんなこともあった。タイの女子留学生が、にこやかな笑みと共に、日本人の学生に「おい、行くぞ」と言った時のことだ。日本人の学生はみんな彼女が冗談を言っているのかと思ったようだ。優雅な雰囲気をもつ彼女が、そんな乱暴な口をきくとは！　実は、彼女は単に、テレビで覚えた日本語を口にしただけだったのだ。日本語の中で頻繁に使われる終助詞には、こうした男女差が色濃く刻まれている。

敬語の使い方にも男女差があり、女性が男性に比べて圧倒的に使う頻度の高いことも、日本語教育を通して実感してきた。
こうした表現の機微については、私もこれまで何冊かのエッセイや日本語のテキストなどの中で触れてきている。編著者の一人として関わった『日本事情ハンドブック』（一九九五年、大修館書店）では、ジェンダーの項目を担当し、「女ことばと男ことば」「名前とその移り変わり」「婦人雑誌が果してきた役割」「少女マンガの世界」「女性の洋装化」「歌舞伎・宝塚」「学校教育の中での性差」などについて考える機会を得た。この頃から、私は日本語の中のジェンダー表現を、まとめて考えてみる必要を感じるようになった。

たとえば、「男盛り・女盛り」という言葉からも、日本語の中で培われてきた男女に期待される姿が見えてくる。盛りとは元気でエネルギーに満ちていることをいう。「男盛り」＝「働き盛り」だが、「女盛り」は必ずしも「働き盛り」ではなく、むしろ「女のもっとも美しい時」と社会では受け止められている。「働くこと」が基準である男性の「盛り」と「容貌」が基準である女性では「盛り」に大分違いが出る。「盛り」が異なる意味内容を含蓄しているからだ。

「しとやか」という表現がある。女性だけに使われるものでひじょうに肯定的な評価が入った表現だ。「しとやかな女性」と言われて怒る人はいないと思う。「しとやか」がそれほどまでにプラス概念なのは、日本の社会が女性に期待している性格だからだと思う。女性に期待されている性格、期待されない性格は言葉に込められた「魔術」のようだ。社会の固定観念があって言葉があるのだが、その言葉が使われる時に、その言葉は人間の行動を呪縛する。

これは女性に対してだけでない。男性に対しても同様な現象が起こっている。「逞しい」ことがプラス概念であるが故に、「逞しくなろうとしてもなれない」男性たちはたえず小さい劣等感にむしばまれることになる。

言葉が繰り返し使用される中で、それを伝統的に常識的な見方とし、固定観念が形成され、その表現は維持されていく。そして社会の中での男女のあり方を規定する働きをし続けていくのだ。

「嫡男」のように家父長制のもとで生まれた表現は多い。社会が変容する中で死語化していくのであろうが、いまだにテレビの連続ドラマなどに登場し、家父長制の存在を人々に改めて認識させる役割を果たしている。自分の夫や妻のことを、「主人は……」「家内は……」と言う人は年代が高くなるほど多い。これも家父長制の名残だろう。

「悪妻」のように明らかに男性の側の視点に立って作られた表現も多い。これらの背後にあるのは「文化」という一つの装置であり、その装置は人々の「倫理観」や「価値観」をコントロールし、「美意識」までコントロールしている。女性の側にたった表現が少ないことからは、「言葉は男性によって造られてきた」ことを改めて実感させられる。

この数年の間、私は、ジェンダーに関する図書を集め、読み、読書会を主催してきた。延べ数十人の方々が参加した読書会でディスカッションをつみかさねていくと、ジェンダーの要素の入った表現を収集し、分析する必要はますます強く感じられるようになった。

そんな時、『あいまい語辞典』（一九九六年、東京堂出版）の出版の打ち上げの会で、私のそんな思いを耳にした編集者の福島氏から「女の日本語・男の日本語、それ、辞典として執筆される気持ちはありませんか」というお誘いをいただいたのだ。

初めは辞典という形にまでまとめあげるのは、とても無理な作業であろうと思った。確かに興味はある。資料は少しずつではあるが手元に集まり始めている。しかし、私が一歩足を踏みだしたのは福島氏の「これは社会言語学の一端を担う辞典になるはずです。初めての試みですから、思い切って取り組んでみたらいかがですか。私もそんな辞典が造ってみたいですね」という一言だった。

夢は私の胸の中で一気にふくらみ、読書会に参加した方々と「女と男の語彙収集プロジェクト」が立ち上がった。一九九六年の夏のことだ。「女性差別を立証するための収集ではありません。これは日本語の中に流れるジェンダー意識をさぐるための収集です」という言葉に、嬉しいことに男性の参加者も増えた。

役所では「婦人課」から「女性課」に変わったり、英語では「ビジネスマン」が「ビジネスピープル」に変化を遂げてきている。しかし、私たちが目指したものは、そうした表層の現象だけでなく、深層をさぐることだった。新聞・雑誌・小説・コマーシャルや歌だけでなく、社会学・国語学・日本語学・心理学といった論文も資料の対象とし、一つの語彙に関して共時的・通時的に見てみようという試みだった。

社会学・文化人類学・言語学・日本語学、それぞれの分野で「ジェンダー」に関わる研究が進められている。しかし、日本の社会の変化の中で、新聞や雑誌の論調、小説や論文、そして歌の歌詞やコミック、コマーシャルなどの事例から「日本語の中の女と男」に関する語彙を選択し「辞典」という名のもとにまとめようという試みは、未開拓の分野であるだけに、チャレンジする価値のあることに思われた。

決して先人たちの積み上げてきた「女と男の記述」のための根本的な概念を覆そうというのではない。いやむしろ、そうした「記述」があったからこそ、こうして二一世紀に向かおうとする今、「日本語の中のジェンダー意識」を掘り下げてみたいという強い欲求に繋がっていったと思う。

しかし、資料を横に執筆する段階になると、なかなか筆は進まなかった。私の意識の中でこれまで構築されてきた「日本語の女と男の意味的枠組み」を整理し、そこに隠されている「社会通念」について考えることが、まず第一の課題だった。

個々に取り上げた項目は、多くの異質なもの、不均質なものを抱え込みながら社会の中で生きつづけている。そして、それこそが日本語の面白さ、奥行きの深さにつながるのであり、私は決してここで「ジェンダー差別撤廃」を叫んで立ち上がろうというのではない。日本語の本質とは何か、日本人の倫理観の中にある価値観をもって存在している語彙群の存在を、世に問うことができればと願っている。

この辞典には、日本語のテキストやエッセーを書きながら深めてきた思いを、その資料をも公開することで、読者の方々にも日本語の中のジェンダーに関する思索を深めていただきたいという思いがある。この上巻で資料が整わないため収録できなかった語彙は、下巻の「ジェンダー語彙群」（な行から）にも取り上げたいと考えている。上巻と下巻を一貫性のあるものにするためには、まだまだ資料収集の努力が必要だと考えている。

読者の方々の激励・ご叱声・ヒントとなる資料のご提供を心から願っている。

日本語の中にある引力から自由に解き放され、翼を広げて大空を舞いたいと思う。そこから「日本語の中のジェンダー」を通して歴史の切断面に早春の風を当ててみたい。

そこから「日本的思考」の変容が、そして「新しい衣装」をまといながら生きつづける「日本語の世界」がかいま見えるような気がするのだ。まだまだ「新しい衣」をまとうための作業は続く。いや実は始まったばかりかもしれない。

最後に、この辞典に取り組むきっかけを下さった『日本事情ハンドブック』編集委員長の水谷修先生、『sex and language』のような貴重な資料をお貸しくださった当時の留学生センター長の山田卓生先生、そして私とともに新しい「日本語の世界」をのぞき、「語彙プロジェクト」を支えて下さった八〇名近くの研究会のメンバー、この辞典の資料収集にかかわって下さった方々、読書会のメンバー、そして新聞・雑誌・論文・小説の検索にかかわって下さった三木さん、岡田さん、丸山さん、細井さん、片爪さんに心よりお礼申し上げたい。

また、東京堂出版の福島光行氏には、語彙の選択から原稿を完成させるまで、数年の長きにわたって常に厳しく鋭い洞察力と暖かい心で叱咤激励していただいた。今から思えば、それは執筆という孤独な作業を影で支える実に大きな存在であったと思う。下巻でも、福島氏と辞典の仕事を継続できることが、ともすれば投げ出したくなる長期戦をどれだけ心理的にバックアップしていただいているか計り知れないものがある。ここに改めて感謝の意を表したいと思う。

この辞典を書くにあたっては、実に多くの方々の考えや執筆の姿勢からヒントを頂いている。そして、私にとって、これほど多くの友人たちに支えられて誕生した本も初めての経験である。そういう意味でも、ミレニアムのこの年に生まれる『女と男の日本語辞典』はとても幸せ者と言える。この本を手に取り、一緒に「日本語の中のジェンダーの世界」を羽ばたいてくださる読者の皆様にもお礼を申し上げたい。

二〇〇〇年四月　早春の八ケ岳山麓で

佐々木瑞枝

収録語彙の意味による分類

この辞典は「女のことば」「男のことば」を従来の国語辞典とは異なった視点から収集したものである。分類にあたっては先行研究を参考にしているが、類書がないことから、日本語の「女のことば」「男のことば」をとりまくさまざまな文化的側面を考慮しながら、一つの試みとして以下の15に分類した。

しかし、一つの表現が重層的にいくつもの分類に属すことが多く、ここでの分類は「仮の姿」と考えたいと思う。

（項目名の下の数字は、本文のページ数を示す）

1　男性と女性では意味が異なる表現

□男盛り・女盛り　111

「盛り」とは元気でエネルギーの満ちていることをいう。「男盛り」＝「働き盛り」だが、「女盛り」は必ずしも「働き盛り」ではなく、むしろ「女のもっとも美しい時」と社会では受け止められている。「働くこと」が基準である男性の「盛り」と「容貌」が基準の女性では、「盛り」の年齢も異なる。

□男好き・女好き　112

小説などから使用例を分析してみると、「男好きのするタイプ」では女性の容姿が重要なファクターであるのに対し、「女好きのするタイプ」は男性の人物に対する評価に重きがおかれている。「何を評価の基準にするか」が時代の風潮や通念を表すスケールであろう。

□**男振り・女振り** 120

「男振りがいい」「女ぶりがいい」、「男・女としての風采、容貌、器量」、ここまでは男女同じだが、男の場合にはそこに「面目」が加わる。なぜか。

□**男冥利・女冥利** 122

「男冥利につきます」という場合は、男性としての魅力、能力を褒められた時。しかし「女冥利につきます」は相手の男性（特に自分が好ましく思う男性から）好待遇を受けた場合に使うことが多く、男性が仕事の力量を褒められた時まで使う例があるのに対して、使用場面は限りなく狭い。

□**女手・男手** 153

「女手一つで子育てをした」の場合は、「夫のいない身でありながら自力で収入を得て」という意味になるが、「男手一つで子育てをした」となると、「妻がいないので、ミルクを与えたりおしめをかえたり一人でした」という意味になる。男＝稼ぎ手、女＝家事・育児という男女役割分担の意識が明確に感じられる。

□**貴公子・貴婦人** 178・189

辞書の解釈では「貴公子」は「容貌、風采がすぐれ」などが見られるが、小説などの使用例からは人間性に関しての叙述が多い。それに対して「貴婦人」は優美さ、上品さ、洗練された様子など日常的な動作がその基準になっている。

□**たしなみ** 260

特に芸事に関する心得をいう。この言葉自体に男性・女性を特定する概念はない。しかし辞書の用例には「たしなみのない女だな」と明らかに女性に対して使われており、「女性が兼ね備えているべき性質のこと」という説明も見られる。男性の場合は職業にもよるが、出勤時にスーツとネクタイ、髭《ひげ》を剃るなど女性とは異なるたしなみが必要とされる。

□玉の輿・逆玉 269

「玉の輿」は女性が結婚によって富貴な地位を得ること。江戸時代、徳川家九代将軍までの妻妾たちの伝記が記された『玉富記』には、「大奥」という女性たちの特殊な生活空間の中で、身分の低い女性たちが「玉の輿」にのって将軍の側室となっていく過程などが描かれている。

「玉の輿」から生まれた「逆玉」という表現は、一九八九年ごろ女性週刊誌などでしきりに使われるようになった。男性用のコミック誌にもかなりの頻度で使われているが、「玉の輿」が女性の憧れであるのに対し、「逆玉」は生活力のない男性が仕方なく選ぶという情けない響きを伴う。

□中年女・中年男 291

「中年」が人生の後半への過渡期であり、老化現象の始まりの時としてマイナス表現で表されることが多い。中でも「中年女」という女性に対する呼び方が辛辣なのは、多数の中年男性が競争社会の中で高い収入、地位、名声などを手にしているのに対し、ほとんどの女性がそれらを手に入れていないことから起きると考えられる。

2　女性や子供に期待されている性格（vs批判的に見られる性格）

□愛　嬌 45

「愛嬌」は社会の要請にこたえて後天的に身につけていく。辞書にも女性や子供が対象になった例文が多い。

□**エレガント** 74
上品で優雅な様子。男女共に使える表現であるが、日本語では圧倒的に女性に対して使われている。ラテン語の原義とは意味がかけ離れている。

□**おきゃん** 93
江戸時代から俗語として、活発な女性を指してからかい半分に使われる場合が多い。小説例で見ると、対象は若い女性に限られている。

□**おしゃべり** 98
辞書の例文からも「おしゃべりな女の子」のように、女性の持って生まれた性質のように思われがちだ。しかし実際は男性と女性の話題の違いが「おしゃべり＝女性」という心理を生み出している。今、「おしゃべり」に対する社会の認識には変化があることが、新聞などから見てとれる。

□**お転婆** 102
この語の使用例は明治期からあり、語源はオランダ語の「オテンバール(馴らすことができない)」が有力だが、その背景に「少女や娘は大人の言うことを聞くもの」という社会的認識がある。

□**可憐** 166
姿が優しく美しい女性(主に少女に対して使われる)。男性に使われることはほとんどない。男性が女性に求める性役割の代表格といえる。

□**かわいい** 168
小さくて愛らしい様子。女性や子供に使われることが多い。しかし最近では女子高校生が「あのオジサンかわいい」のようにも使い、用法が多様化している。

□**気丈** 183

気持ちがしっかりしていること。女性に使われることが多い。「女性にしては気丈な性格で……」を裏返せば、男性は「気丈」であって当然ということになる。

□**きゃしゃ** 191

上品だが弱々しい印象を与える人や物に対して使われる。夏目漱石は『虞美人草』の中で「爪の形さえ女のように華奢《きゃしゃ》にできている」と男性の爪を形容しているが、今の日本では「華奢な」男性が増えているのではないだろうか。

□**才　媛** 226

頭がよく教養があり学問にすぐれている女性。新聞や小説から「才媛」の特徴を抜き出してみると、単に教養や学問だけでなくプラスアルファーの要素が必要なようである。九条武子―妖麗な美しさ、吉田弥生―古版の錦絵風の美少女、ぎん―玉の肌。才媛には姿や形も重要な要素となっている。男性の「秀才」には要求されない一面である。

□**才　女** 232

才知の優れた女性をいう。「才媛」の用例に比較すると「才女」にはプラスアルファーの部分が付加されていないことがある。例えば渡辺淳一の『花摘み』の荻江は単に「学問のある才女」として描かれている。これなら男性の「秀才」と同義と思うのだが、それに「変わり者と指さされる」の一言が加わる。男性なら指さされるどころか称賛されているところである。

□**たおやか** 253

物の姿や形がしなやかな様子をいい、気立てや性質がやさしい様子をいう。この語は『日本書紀』に既に「婦人（たおやめ）」と記されている。「たおやめ」に「手弱女」という漢字も当てられ、男性に助けられるべきか弱き女性という印象を与える。しかし現代語では女性への最高の賛辞の表現として用いられ、馬場あき子氏は「たおやかという美的な資質は、柔軟であるが弱いのではなく、むしろ自ら恃《たの》むところの勁《つよ》さの反映であり、物を受容するこころのゆとりや、余剰の豊かさにつながるものだろう」としている。

3　男性に期待されている性格（vs批判的に見られる性格）

□雄々しい　82

男性が危険に出会った時などに勇気を持って立ち向かう様子をいい、「女々しい」と対照的。文字の上からも、もっとも男女の性差をあらわす形容詞である。成人に達した男性にしか使わない。

□男気　109

男らしい気性で限りなくプラスイメージ。「親分肌」「責任感がある」「硬派」「無謀」と隣り合わせ。同じ性格の女性に対しては、こういったプラスイメージの表現はない。

□男伊達　115

男としての面目を大切にし、それを通す人のこと。個人の考え方や行動に権力の統制が始まった近世ごろから見られるようになった表現。

□男泣き　116

「男は感情を抑えられるが、女は抑えられない」という「暗黙のルール」がこの表現を生み出した。「泣かないはずの男が激しい感情を抑えられずに泣く」、それはよほどのことに違いないと。従って「女泣き」という表現はない。

□男前　121

男らしい容姿や態度を言う。プラス評価だが、若い世代は使わない表現。しかし現実には新聞にもコミック誌にも「男前」という表現は多用されている。

□**堅物** 160
きまじめで融通がきかない男性をいう。小説の用例などから見えてくるものは「男性が女性に対して生真面目である」ときに用いられ、男性が女性に対して性的関心を持つのは「本能的」であり、「自然」であるとする社会文化的規定が存在していると思われる。

□**キザ** 179
服装や動作、言葉遣いなどが気取っていて、人に不快感を与える男性をいう。マイナスイメージ。

□**奇才** 182
（人間とは思えないほど）優れた才能を持つ男性のこと。新聞・雑誌では男性にのみ使われる例が目立つ。

□**好々爺** 215
男性は社会で働き、老人になっても「町内会の会長」「老人ホームの代表」と社会的な責任がつきまとうことが多い。その責任から逃れた時に「人がよく優しく、気のよいお爺さん」が誕生する。女性に対する「好々婆」が存在しないのは、女性が優しく、気のよいお婆さんになるのは当然であり、そうでない方がおかしいという社会通念による。もし「好々婆」でない場合には「鬼婆」などというひどい言葉で形容されることになる。老人になっても、男性と女性の性役割分担は死ぬまで存在することになる。

□**たくましい** 257
体つきががっちりしていること。これは生まれた時からもち合わせた男女の身体的差異であり、「男は胸板よね」「男ならマッチョをめざせ」といったコマーシャルが「男はたくましくあるべき」

という概念を助長させている。「もやしっ子」が多い現代日本にあって、こういった繰り返し流されるコマーシャルに反発する声はないのだろうか。

□伊　達　男　264

男性が派手で目立つ、おしゃれな表現をすること。「男伊達」が外面より内面に対して使われたのと対照的である。「伊達」の語源説の一つに、東北地方の戦国大名、伊達政宗は逆境の大名であったが、服装は派手で、家臣にも派手な服装をさせたところから「おしゃれで派手な男、伊達＝伊達男」になったというものがある。

□ダンディー　278

哲学者のミシェル・フーコーや、ダンディーの草分けといわれるボーランメルなどに共通するダンディズムとは、男性のふるまい、身のこなし、機知、そして内面性などである。それに対して日本語での「ダンディーな男」は単に「洗練されたおしゃれに徹した男」程度の軽い意味で使われる例が多い。

4　男性上位社会のしくみの中で生まれた表現、家制度の名残

A　歴史の流れの中から生まれた表現

□愛国婦人会　47

「愛国婦人会」は戦争体制の中での軍国主義政府による対女性政策から生まれたもので「戦争と女性」を考える上でもキーワードになる。二〇歳未満の未婚女性をのぞく、全ての女性が対象であった。女性は国家の統制のもと髪形、服装までが制限され、恋愛は不健全とされた。

□**駆け込み寺**　155

妻の方からの離婚が認められなかった江戸時代、寺に足かけ三年滞在すれば離婚が成立するという特権を持っていた尼寺。歴史的に見ると、女性の側から離婚することが難しくなったのは、中世以降の武家社会になってからである。

□**姦　通**（罪）　173

日本には一九四七年（昭和二二年）まで、女性にとっては不平等な「姦通罪」が存在した。「有夫の婦姦通したる時は二年以下の懲役に処す」。古代ギリシャアテナイの法則にも姦通への言及がある。「姦通」は結婚という契約制度の中で生まれたもので、古今東西を通じて文学の重要なテーマとなっている。

□**君　子**　202

「徳が高く、品位の備わった人」をいう。残念ながらこの「人」には女性は入らず、対象は男性である。「君子は李下《りか》に冠を正さず」この表現はインターナショナルなものらしく、インドでは「ナツメ椰子の下でミルクを飲んだとしても、椰子汁を飲んだと思われる」「酒場では水しか飲まなくても、酒を飲んだと疑われる」と言うそうだ。

「疑いを避ける」ことは対人関係処理能力の大切な要素だが、そこに「君子＝男性」しか登場しないのは、歴史的に女性が組織の中で、「対人関係」を考慮する立場になかったからであろう。

□**男尊女卑**　274

男性を尊重し女性を軽視すること。「男女七歳にして席を同じくせず」（中国『礼記』）はさまざまな解釈が可能だが、日本では「男尊女卑」の思想の例として使用されることが多い。日本では江戸前期に貝原益軒が『和俗童子』（一七一〇年）の巻五「女子に教ゆる法」の中で「女は男にくらぶるに、愚かにして目の前なる可然ことも知らず。……総じて婦人の道は、人に従うにあり」と説いている。これは封建社会の家族制度である、夫への妻の服従を強化する女子教育につながっている。江戸時代は寺子屋教育を通じて、また明治以降は教育機関や出版物を通じて、庶民にまでこの考えは広まっていった。

□断　髪　283

髪形は古代から性別の違いがあった。断髪に関しては明治時代に西欧社会の影響から、特に男性の髪形におきた現象である。一八七一年（明治四年）に「断髪脱刀勝手令」が出て、男性が丁髷《ちょんまげ》から断髪にする者が多くなった。しかし「断髪脱刀勝手令」に男女の別は問われなかったため、女性にも断髪する人が出た。政府はそのことを予想していなかったのだろう、翌年には「違式注違条例」を出して、女性の断髪を禁止している。

□嫡　男　288

江戸時代の「幕藩法」では、家督を譲る際「嫡出（正妻から生まれた）」の長男を家督の法定相続人「嫡子」としていた。また「嫡子」が早世した場合には嫡孫、次男以下の直系卑属、兄弟が「嫡子」として願い出ることとされていて、家父長制のもとでは女性は身体的にも精神的にも個人として生きる道を閉ざされていた。性的差異がイデオロギーの装置として機能していたからである。

B　結婚に伴う男性側の視点から生まれた表現

□悪　妻　56

「男にとってためにならない妻」で、逆の立場から見た「悪夫」も「良夫」も日本語には存在しない。常に尺度の基準や選択権は夫側にあることを物語る表現。夫中心、男性優位の見方が見え隠れする表現。

□**後　家**　218

「家制度」のもとで「家に嫁ぐ」という考え方が、夫に死別した妻が家を守り「後家」という言葉を生み出した。「後家と黒木はさわってみねば知れぬ」「後家を立つ」「若後家は立てども、年寄り後家は立ちがたし」「後家も空き重箱」、どれも男性の視点にたって作られた言い回しである。「家制度」が崩壊し、社会体制そのものが変化した今、この表現自体も日本語の中から消えていくであろう。

□**処　女**　240

異性との性交の経験のない女性をいう。そこから人が一度も手をつけていないという意味で「処女地」「処女峰」、初めての経験に対して「処女作」「処女航海」という。未婚の女性が性的接触を持たないことに価値が置かれたのに対し、異性との性交の経験がない男性（童貞）は逆に価値が置かれない。この価値観の違いを「当然の常識」と受け止められるところに、男性上位社会のがんじがらめの倫理観が存在する。

□**角隠し**　297

「角隠し」の由来に「女性の嫉妬心を戒め」「醜い心を隠す」という説がある。なぜ女性の嫉妬心だけ戒められるのか。「醜い心」とは家父長制の中で男性の立場から判断されるもので、「夫に逆らう」のも醜い心とされる。能楽では女性が嫉妬心をあらわにするとき、角のある鬼の面をかぶる。「角のある能面」も「角隠し」も男性によって作られた規範意識の産物であろう。

□**貞　淑**　307

「貞操」も「貞淑」も女性だけに向けられたもので「女性の操が堅くしとやかなこと」という意

味を載せている辞書が多い。男性に対するこれらの表現は存在せず、なぜ女性にだけ向けられるかは家父長制度のもと、イデオロギーが日本語の表現にまで及ぶことを示している。

□**愛　人**　49

結婚していない関係を表す表現だが、男女双方に使えるニュートラルな表現。これに対して「妾」「二号」は女性に対する差別的な意味を含んでいる。

C　家制度の名残

□**家　督**　162

現代日本の相続は民法の基本理念である「個人の尊厳と両性の本質的平等」に基づいていて、「家―長男」という意志は排除されている。しかし、家父長制度の名残は「長男が『～家の墓』を守る」という家制度の意識として今も根強く残っている。

□**家内・主人**　164

『女大学宝箱』（一七一六年）には「夫は外の事をつかさどり、婦は内の事おさむ。これ夫婦の職分なり」とある。また『新選増補女大学』（一八八〇年）には「夫を主人と思い、敬い慎みて事うるべし」とある。百年以上も前の概念が、日本人（女性）の生活を規制し、その表現は今も日本語の中に生き残っている。

□**神　主**　175

本来、神職に男女差は存在しなかったのだが、明治政府の方針で神職に女性が認められなくなった。

□**元　服**　211

男子に対する「結髪加冠」の制度が規定されたのは、天武天皇の一一年（六八三年）であった。元服は通過儀礼のもっとも典型的なものの一つで、男子にとって一人前の社会成員になったことを社会的に認知される意味があった。元服の年齢は必ずしも一定していないが、江戸の中期には一四歳から一六歳くらいがふつうであった。今、二〇歳に達した青年に「成人式」の催しが市町村によって行われる。しかし子離れしない親、親離れしない子供による形骸化した成人式は、かつての「元服」とは意味を異にする。

□ごろつき 224

男に対してだけ使われる語で、男子は家を構え、職を持つことが当然とされる。定まった職業もなく、住所もなく、あちこちをごろごろと渡り歩く「ごろつき」は社会のはみだしものとされた。折口信夫氏は「ごろつき」が社会的な地位を持つのは、鎌倉時代中期であるとしている。

□大黒柱 245

家の中央にあり家を支えることから、一家・一国・団体を中心的に支える人物に用いられる。新聞例では男性が「一家の稼ぎ手」として大黒柱である例が圧倒的に多いが、JR各社が女性を「サービスの大黒柱」としたり、女子自転車チームの選手を「大黒柱」としたり、女性を「大黒柱」とする例も増えてきている。

□長老 295

年取った男性を敬っていう語で女性に使われることは全くといってよいほどない。梵語の sthavira の訳で目上の僧を呼ぶ時の尊称。中村洪介氏が『音楽芸術』の中で巨匠の資格について論じたものは、そのまま日本の長老の資格に当てはまる。

Ｄ　その他

□強　姦　213

「強姦」は漢語、「レイプ」は外来語、「手込め」は和語であるが、内容的には男性が三歳以上の婦女に脅迫的に行った性交をいう。強姦をめぐっては社会的に男性を擁護する風潮が強く、「女性にすきがあった」として被害者である女性が責められるケースが多い。強姦事件は戦後から一九六〇年代にかけて年間六千件以上発生しているが、それは氷山の一角に過ぎず、泣き寝入りした女性がどのくらいいるかは想像もつかない。

□痴　漢　286

女性に淫らな行為を行う男性。平成九年度版『警察白書』によれば、実際被害にあった女性の数は（軽犯罪法違反）一八一万二二一九件もある。しかも痴漢行為をする男性は、される女性が「内心喜んでいる」と思っている人も多いというのだ。日本の女性の立場の低さをこれほど如実に示す数値はないだろう。

□童　貞　322

まだ異性に接していない男性のこと。新聞例などで見ると「童貞を捨てる」という表現が繰り返し使われている。「処女」と対比することで、いかに男女の性に対する社会通念に差があるかを気づかされる。

5　性別役割分業を前提に生まれた語（キーワード――結婚・若さ・容貌）

□永久就職　67

この場合の「就職」は家族のために家事・育児をすることで、「腰掛け就職」が外に出て働くことと対をなしている。結婚しない女性や離婚率の増加で、この表現も消えていく運命にある。

□縁遠い 77

結婚の機会に恵まれないこと。主に女性に使われることが多かった。しかし今、結婚はライフスタイルの一つの選択肢となり、この表現も消えていく運命にある。

□オールド・ミス 84

ある辞書には「未婚のまま婚期をすぎた老嬢」とある。事実をありのまま叙述しているように見えるが、実は結婚しない女性への偏見に満ちた表現である。もちろん「オールド・ミスター」は存在しない。この表現も死語化している。

□押しかけ女房 96

日本の「嫁入り婚」の風習が定着したのは鎌倉時代前後で、「嫁入り婚」という社会的な規定を破った形が「押しかけ女房」というマイナス評価の表現を生み出している。

□乙女 125

未婚の女性、しかも処女性が尊ばれる。乙女の「乙」は象形文字で、早春、草の芽が柔らかい状態をいい、これを女性にたとえている。

□お姫様 131

「お姫様育ち」という表現もあるように、「お姫様」は人に守られる立場にあり、自分の意志で行動したり、相手の意見に異を唱えたりしない。シンデレラも白雪姫も自分を守ってくれる王子様の出現でハッピーエンドだが、今の子供たちは、「その後のお姫様」が本当に幸せかどうかもディスカッションのテーマにすべきだろう。

□看板娘　177

店先にいて、客をひきつける美しい娘。「看板男」「看板息子」「看板マン」のように女性の目をひきつける男性が店先にいる時代だが、日本語にはまだそれらの語彙は登場しない。

□適齢期　311

女性が結婚するのに適した年頃をいう。「適齢期をとっくにすぎ婚期を逸した○○は」という使われ方をする。こうした表現が未婚の女性にとって、どれほど社会的な圧力になるかを、我々は認識する必要がある。

□出戻り　314

妻が夫と離婚して実家に戻ること。夫が離婚して実家に戻っても「出戻り」とは言わない。近世から引き継がれた儒教的倫理観が、「嫁いだら一生夫に仕える」「離婚されて実家に戻ることなどもってのほか」という社会通念を生み出し、離婚して実家に戻った娘を侮蔑的な言葉で苦しめる結果になっている。辞書によっては、「出戻り」を「嫁いだ後に離縁されたり……」と受け身形で書いているものもあり、離婚が夫の側に主体性があることを示している。しかし最近では離婚率の上昇と女性の地位の向上のためか、「出戻り」という表現自体が死語化していく傾向にある。

6　性別役割分担から生まれた女性の職業（職業の中の性別役割分担を表す表現）

□ＯＬ　78

一九六三年、女性週刊誌が一般公募して使われるようになった語。事務職の女性をさす。新聞などの使用例から見ると「若くて未婚で特別な才能がない女性事務職」を指している。会社に勤務する男性の、「ＯＬ」に該当する用語はない。

□**家 政 婦**　157
家庭に雇われて家事に当たる職業の女性をいう。老人の在宅介護に家政婦が雇われることも多い。家政婦の存在は日本人の性別役割分業意識と大きく関わりがある。

□**看 護 婦**　171
医師の診療を手伝い、医師の指示監督のもとに病人を看護することを職業とする女性。最近は看護士（男性）も増えてきている。日本における近代的な看護婦の誕生は戊辰《ぼしん》戦争時で、日清・日露・日中戦争・太平洋戦争を通じて従軍看護婦が負傷した兵士たちの手当てをした。終戦時には二万三千人もの看護婦が存在したという。兵士たちは戦場で、かいがいしく働く看護婦に「理想的な母親像」を見たのではないだろうか。

□**芸　　者**　205
元禄時代には「男芸者（幇間《ほうかん》）」「女芸者」が存在したが、現在では「女芸者」のみが残り、着物姿の女性が宴会の席に招かれて芸を披露したり、お客の話し相手をつとめる。フジヤマ・ゲイシャガールは国際語として知られ、着物姿の女性が男性にサービスするというイメージは、「日本女性の地位の低さを象徴する」というマイナスの効果を果たしてきた。女性が男性にサービスする社会、古今東西を問わず続けられてきたこの社会組織は変化するのだろうか。

□**子 守 娘**　222
これを「職業」に入れるのはいささか抵抗がある。しかし、近世以降、町に住む商家などでは遠方から子守娘を雇い乳幼児の面倒を見させた。子守唄「ねんねころりよ／おころりよ……坊やの子守はどこいった」は、西欧の子守唄「眠れ、眠れ、母の胸に、眠れ、眠れ、母の手に」と母親の慈愛が伝わる子守歌とは性質を異にする。

□コールガール

英語の call girl からできたカタカナ語。電話で呼出しに応じる売春婦のこと。この職業が成り立つのは、男性の需要があるからだろう。一九五八年に売春防止法が制定されながら、いまだにコールガールという職業がなくならないのは、日本の組織の中で、コールガールが一定の役割を果たしているからだろう。九八年の大蔵官僚の汚職の影には、接待にコールガールが使われている。call boy という言葉は、もちろん存在しない。 216

□主婦・主夫

「主婦」は一家の主人の妻で家事を行う人。「一家の主人」が女性で、男性が家にいて家事を行う場合には「主夫」と書かれるようになったが、まだ稀な存在である。主婦の労働時間がカウントされたり、新聞の投書欄の職業に「主婦」と書く人も多いことから、職業の項目に入れておくが、「主婦」の存在そのものが性別役割分業の上に成り立ったものである。 237

□自衛隊員（女性）

「戦うこと」は生まれつきの男性に備わっている性質なのだろうか。幸か不幸か日本の女性は赤紙一枚で戦争に駆り出されることはなかった。しかし、志願して就く「自衛官」という職業には女性の進出が目ざましい。一九九七年三月末現在で、非任期制自衛官、任期制の自衛官の合計は約二五万人、そのうち女性は一万人である。しかし女性自衛官に期待されているものは「強く明るく麗しく」（陸上自衛隊の婦人自衛官教育隊の標語）、やはりここにもジェンダーの違いが大きく表れている。 234

7　呼称・その他（女性）

□**お母さん・おっかさん**　86
時代の変遷の中で母親への（時には夫が妻に対する）呼びかたは変化している。「お母さん」は明治末期以降、国定教科書でこの呼び方が採用されたため、広く用いられるようになった。

□**おかみさん**　90
戦前は「おかみさん」は商人の妻などに言い、サラリーマン（勤め人）の妻の「奥さん」と厳然と区別されていた。現在でも、夫のサラリーに頼るのではなく自立した旅館・料亭・商店などの経営にあたる女性を指す場合が多い。

□**奥さん**　94
結婚している女性に対する「呼びかけ語」の代表である。また中年女性に対して名前も職業も知られない場合の呼びかけ語として「奥さん」が多用される。他の適当な呼びかけ語が存在しないことも、日本の社会の一端を表す。

□**鬼婆**　127
年老いた女性に対する嘲《あざけ》りの言葉。直接向かっていうことは稀だが、「あの鬼婆」のように悪口として使われる。

□**おふくろ**　132
男性が自分の母親を呼ぶ時に使い、語源は鎌倉時代、お金などの貴重なものを入れた袋を仕切る人の意味からきている。「おふくろの味」は男性に郷愁を覚えさせるもののようで「おふくろ」という表現は消えても、「おふくろの味」は残ると思われる。

□お　前　137

親しい間柄や目下の人に対して男性が使うぞんざいな呼び方。英語の you も日本語では男女の使い方の違い、フォーマルかインフォーマルかでも、社会言語学的な待遇の違いが出てくる。夫から妻に「お前」ということはあっても、妻から夫に対して言うことはまだない。

□妻　298

古代には夫婦・恋人がお互いに「つま」と呼んでいた。英語には better-half という表現があるが、その意味に近い。明治民法下における婚姻の制度では、妻の立場は非常に危ういものだったが、現代の日本での妻の立場は驚くほど強固なものとなり、夫を「粗大ゴミ」「濡れ落ち葉」とそしらぬためには、夫を生活者として訓練することが必要と論じられるまでになっている。

8　呼称・その他（男性）

□お父さん　105

呼びかけ語の「お父さん」、言及語では「父」。単身赴任・残業などで子供と接する時間の少なかった父親たち。新聞や雑誌からはそういった「お父さん」が浮かび上がってくる。

□親　父　140

語源は「オヤ・チチ」が転じたという説が有力。現代語では男性が父親に対して使う。親しみを込めて年長者に使う場合もあるが、「あのオヤジ」のように見下していう場合もある。最近では、女性が年長の男性を見下して使う例も見られる。「オヤジ狩り」などという社会風潮まで現れたが、こんな言葉は早く死語になればと願う。

□親　分　148

グループの中で「頭」と仰ぐ人をいう。親分はふつう男性にたいして使われ、女性に使われる場合には「女親分」となるが、暴力団の「女親分」のように特殊なケースに限られる。男性の親分が代議士や会社社長などに使われるのとは対照的である。

□**御　曹　司**　151

名門の子息に対して使われる言及語である。息子を表す表現「御曹司」「子息」「息子」「伜」「餓鬼」などの表現の最高位にある。企業が巨大化することにより二代目・三代目の「御曹司」たちの悲喜劇が新聞紙上をにぎわせている。経営が世襲から実力主義に変化を遂げた結果であろう。

□**小　　僧**　219

現代日本語の中で「小僧」は、年の若い男性に対する嘲笑を含んだ表現として使われる。年齢が若いことだけでなく「経験に乏しい」「社会のしきたりを知らない」などが「おい小僧」という呼びかけ語に含まれる。これが女性の場合だと、年が若く経験に乏しいことはプラス評価になる場合が多い。

□**ダーリン**　244

英語の darling をカタカナ読みしたもので、英語では夫婦や恋人どうしの呼びかけ語として使われるが、日本語では本文「ダーリンの改造講座」「ダーリンがんばれコーナー」のように男性に対して使われることが多い。

□**大　　将**　250

この名称は平安時代、天皇に仕える武官の最高位である「近衛大将」からきている。しかし日本語の中に生き残った「大将」は全く違った使い方をされている。「お山の大将」「ガキ大将」などである。言うまでもなく「大将」は全て男性である。戦いの時、全軍の指揮をとるのが「大将」

であり、「大将」は男性に決まっている……という社会通念が存在する。

□旦　那　280

この表現が主人（男性）に対する呼びかけ語として使われるようになったのは室町時代ごろで、語源はサンスクリット語の dana-patu（お布施する人）からきている。ある程度年齢のいった男性に対して使われ、①家族が主人（男性）を呼ぶ語、②使用人が主人を呼ぶ語、③愛人（女性）が主人（経済的な世話もしている男性）を呼ぶ語として使われている。ただし、現代語では「○○のダンナ」と単に第三者の夫の意味で使われることもある。

□亭主・亭主関白　303・306

家の主《あるじ》（男性）のこと。ただし現代語では直接の呼びかけ語としては使われない。宮本輝の『幻の光』の中で、主人公は亡くなった夫を懐かしさをこめて「亭主」と呼び、再婚した夫には疎外感を漂わせながら「新しい夫」という。年代や出自の環境によっても、「亭主」という言葉の響きは変わってくる。

「亭主関白」という表現は江戸時代に生まれたもので、夫が一家の最高の位置にあり、いばっていることをいう。

9　男性が女性の体の特徴をプラス・マイナス評価している表現

□大　根　足　248

女性の太くて不格好な足に対して言う。新聞例には「課長の本音―女子高生」のタイトルで「ずん胴で大根足に限って、超ミニの制服にルーズソックスのスタイル」とあった。このような意見が堂々と掲載されること自体に、日本の社会がこの課長の意見を当然として受け入れていることを暗示している。

□**グラマー**　199

一九五〇年代の後半に生まれた和製英語で英語の glamour girl が「魅力的な女」という味を持つのに対し、日本語の「グラマー」は「肉感的な女」と意味が変わってしまった。和製英語の意味が「魅力的」から「肉体的」にずれるのは、男性によって和製英語が作られた可能性が高い。言葉は男性によって作られてきた。しかし、今後は少しずつ変わっていくのではないだろうか。

□**黒　髪**　200

黒く艶のある髪で、女性に対して使われてきた。しかし、最近では髪を見ただけでは日本人であることが分からないくらい、実にカラフルな髪が個性を主張している。平安の昔から日本女性の美の象徴であった髪、「黒髪の乱れもしらずうちふせば　まずかきやりし人ぞ恋しき」、和泉式部の和歌に思いをはせることにしよう。

10　男性を表す付随語・形容詞

□**悪漢**（「〜漢」漢語の造語力によるもの）　63

悪いことをする男のこと。巨漢・好漢・熱血漢・無頼漢・痴漢、すべて男性である。

□**営業マン**（「〜マン」英語の man から）　69

男性が圧倒的に多い職種。英語では「〜 man」が消えつつあるが、日本語ではいまだに生き残っている。

□**英雄**（雄—男性のこと）　70

英雄の条件は知力・才能・武力などに優れていること。歴史の中から浮かび上がる英雄は全て男性である。

□**どら息子** 323

怠け者で働かず、酒色にふけって品行がおさまらない息子のこと。娘に対する「どら娘」という表現が存在しないのは、「働かないことは」は娘に対しては非難の対象にならないからだろう。現代語ではこの表現は死語になりつつある。定職につかない若者が増え、「息子の品行」に関して口出しできない親の威厳が喪失した社会の中で、かつてなら「どら息子」と呼ばれた若者（女性も含めて）が日本中を闊歩しているからだ。

□**大の男** 251

「大」は単に体が大きいだけでなく、「一人前の」「成人した立派な」という意味が付加される。「大の女」という表現は存在しない。大久保愛『幼児言語の発達』によれば、既に二歳の段階で幼児は「大小」を認識するという。「大きい＝威厳、指導者」といった認識が植えつけられ、「男の方が女より大きい」という一般的な認識とあいまって子供たちの中に、「大きいもの（＝男）は社会的にも力強く威厳のある役割を演じる価値がある」といった性的アイデンティティーの形成に大きく関係してくると思われる。

11 ある動物が女性・男性にたとえられる表現

□**狐** 185

日本には「狐は女に化ける」という俗信がある。美女を装った狐が男性を誘惑して結婚し、男性はエネルギーを吸い取られて死んでしまう。こういった「怪婚説話」の原型は中国の『五雑俎』などに記録されている。しかしよく考えてみると、「美女に化けた狐」ができることはせいぜい結婚と相手の男性を殺すことで、「女狐」にできることはそのくらいと考えられているのだろう。もちろん俗信も歴史と同様、男性によって作られていると考えられる。

□一 匹 狼　64
共同生活からはみ出した人間（男性）を群れからはみ出した狼にたとえたもの。新聞から抜粋すると政治家・野球選手・芸術家などが当てはまる。

□たぬき親父　266
年老いてずるがしこい男性に対して使う表現。狸を使った表現には、「とらぬ狸の皮算用」「古狸」などがあるが、どれもマイナスの表現である。狸が悪者にされるのは、狸に畑の作物を持っていかれたり、家畜に被害を受けた人々が作り上げたものだと考えられる。しかし狸の姿や形はユーモラスに描かれることが多く、マイナス表現とはいえ「あの女狐」などと「女＝狐」が憎さ・嫌悪感の対象になるのに比較すればマイナス度は低い。

12 文化的な差異から生まれた語

□あ ぐ ら　62
畳や床に座る場合男性にとって楽な姿勢が「あぐら」である。「どうぞお楽に」と言われた場合、男女の座り方に差が出る。

□くすくす　197
「くすくす」と忍んで笑う声。「ワハハハ」と堂々と悪びれず笑う声に対して、遠慮がちな笑いを表現する擬声語である。日本語の擬声語には性差をあらわすものが多い。くすくすもその一つで、小説から「くすくす」を抜粋してみると、ほとんどが女性に使われていることに、今更ながら驚きを禁じえない。

「くすくす」は男女に使える擬声語であるが「オホホ」となると絶対に女性であるか、限りなく女性に近い笑いとなる。最近、コミックが外国語に翻訳されて世界の市場に出回っているが、「ワハハ」と「オホホ」の違いを翻訳することは非常に難しい。

□**化　粧**　207

古語「けそう」には化生・化相・仮相・仮装・気装などさまざまな字が当てられ、「けそう」は宗教的な意味合いが強かった。また地位や性差を表すという実用的な意味合いを持つ。福島県いわき市から出土した古墳には、男女の区別なく頰や額に紅い「化粧」が施されている。これは服従の意味を表すものとされている。

化粧が男女に大きな差が出てくるのは中世と考えてよい。家父長制度が徹底していく中で、「女は女らしく」「男は男らしく」という規範意識が化粧にも反映している。

中世の武家社会から昭和の高度成長期を経て平成のバブルが崩壊するまで、男性の意識の中に「家父長制度」は存在しつづけたと類推できる。男性は化粧することを忌避してきたし、また化粧する男性は奇異な目で見られた。

今、若年層に意識の変化があらわれている。それは、学歴や偏差値が価値を持たず、「終身雇用制度」が崩壊していくことと大きく関係があると考える。

□**脱　帽**　263

相手に敬意を表して男性が帽子をぬぐうこと。『日葡辞書』（一六〇三年）には、戦いに負けて降参し相手に服従の意を表するのに「カブトを脱ぐ」がある。戦いで兜を身につけたのは当然男性であり、また幕末の陸軍はフランス軍からの影響が強く、陸軍が用いた帽子は「シャッポ」（フランス語の shapeau）であることから「シャッポを脱ぐ」という表現もある。いずれも男性が用いる語であり、女性が相手に対して「脱帽です」というのは語源を考えるとどこか違和感がある。

13　男・女の地位・役割の変化に伴って生まれた表現

□**オヤジギャル**　146

若い女性でありながら所得が高く、中小企業のオーナーレベルの行動様式と似通っていること。

□**キャリアウーマン**　193

英語の carear からきた語で「職業上の経歴」のことを言う。これに「ウーマン」をつけて和製英語が誕生したのは、これまで「熟練した技術や知識を身につけ、第一線で活躍する女性」が少なかったためだろう。キャリアウーマンが男性を凌駕するようになると「キャリアマン」という単語が生まれるかもしれないが、日本の社会組織を考えるとあり得ない可能性が高い。この表現にはさまざまな解釈が生まれている。

新聞からキャリアウーマンがどのように記事の中で扱われているかを分析すると、日本のキャリアウーマンたちが、「夫婦役割分業」の壁を突破する困難さがみえてくる。合わせて、世界のキャリアウーマンの様子を同じく新聞から抜粋してみた。

14　社会の価値観の変容によって死語化していく表現

□**青二才**　54

もっぱら男性に対して使われ「未熟な男」の意味。年齢差だけではなく相手、または自分を「未熟だ」と思わせる何かの成熟の基準が必要である。価値観の変容に伴い、死語化していく語の一つである。

□**悪　童**　58

「自分の子供のころは悪童だった」と功なり名とげた人達（男性）が回想する。現在のような管理教育のもとでは「悪童」「いたずらっ子」「悪い子」は育ちにくい環境にある。

□**細　君**　229

この表現は中国の故事からきたもので、諸公の夫人たちを指したもの。日本では、明治から昭和にかけて、男性が他人（同輩以下）の妻を呼ぶ時に多く用いられた。現代語ではほとんど使われず、死語化していく運命にある。

15　その他

□**青 臭 い**　52

「青葉のような匂いがし、経験に乏しく未熟なこと」をいう。「未熟」の反対語は「熟練」で、この表現に男性をイメージする人が多いのではないだろうか。

□**悪　人**　60

悪事を働く心のよくない人を言い、男性にも女性にも使える表現のはずである。しかし女性に対しては「悪女」という表現が存在し、辞書の例からも「悪人」は男性に対して使用されることが多い。

□**高嶺の花**　255

コミックに「たしか大学を卒業して今は会長の秘書がわり。美人で頭が切れ」という女性が「高嶺の花」としてあげられている。女性の地位が向上し、男性から見ると「高嶺の花」と見える女性が増えることで、結婚するカップルの減少にも繋がっているのではないだろうか。

□**たそがれ症候群** 261

人生を「黄昏《たそがれ》」(夕方のまだすっかり暗くならないころ)にたとえ、自分の存在場所が家庭にも職場にもない定年間近のサラリーマンを指して言う。この言葉はテレビドラマで使われ広まったが、それだけ現代人の心情にぴったりくるものがあったと解釈できる。

□**男　色** 272

男性の同性愛のこと。現代社会で「性」が揺らいでいる。男色を認める国もあれば、法律で禁じられている国もある。「男色」は人間の社会では太古から存在したものだ。

□**乳　房** 287

なぜ男性は女性の乳房にそれほどの関心を寄せるのか。赤子の時、母から授乳された記憶からだろうか。「母」という象形文字は「女＋二つの乳」から成り立つ。乳房は「女」と「男」が生まれつき持つ身体的・生理的特徴、「女」と「男」の違いの原点かもしれない。

□**天　女** 316

梵語の Devakanya の訳語で天上界に住む女性のこと。性格はやさしく、姿は美しい。天女伝説は世界に流布しているが、天女と結婚した男性のパターンはさまざまで興味深い。

□**同 性 愛** 318

自分と同性の人を性対象として求める性愛心理や性行動をいう。同性どうしの結婚はデンマークで一九八九年からスエーデンでは九五年から許可された。また九六年、南アフリカ共和国で同性愛者の差別を禁止する法律が世界で初めて生まれている。日本でも少しずつ理解者が増えている。

引用文献一覧

小説

赤と黒／スタンダール・小林正訳・89年・新潮社
あすなろ物語／井上靖・75年・新潮社
阿部一族／森鷗外・85年・新潮社
アメリカひじき／野坂昭如・87年・新潮社
アンナ・カレーニナ／トルストイ・木村浩訳・72年・新潮社
伊豆の踊子／川端康成・85年・新潮社
ヰタ・セクスアリス／森鷗外・93年・新潮社
イタリアからの手紙／塩野七生・81年・新潮社
一夜／夏目漱石・新潮社
田舎教師／田山花袋・80年・新潮社
浮雲／林芙美子・68年・新潮社
歌行灯／泉鏡花・81年・新潮社
うつせみ／樋口一葉・49年・新潮社
越前竹人形／水上勉・81年・新潮社
大つごもり／樋口一葉・49年・新潮社
女社長に乾杯！／赤川次郎・84年・新潮社
風たちぬ／堀辰雄・92年・新潮社
風に吹かれて／五木寛之・92年・新潮社
片恋／ツルゲーネフ・米川正夫訳・52年・新潮社
神様のお恵み／佐藤愛子・92年・ＰＨＰ出版
雁の寺／水上勉・88年・新潮社
金閣寺／三島由紀夫・87年・新潮社
銀河鉄道の夜／宮沢賢治・89年・新潮社
錦繡／宮本輝・82年・新潮社
草枕／夏目漱石・87年・新潮社
国盗り物語／司馬遼太郎・88年・新潮社
虞美人草／夏目漱石・89年・新潮社
クリスマスカロル／ディケンズ・村岡花子訳・88年・新潮社
剣客商売／池波正太郎・73年・新潮社
行人／夏目漱石・93年・新潮社
坑夫／夏目漱石・76年・新潮社
高野聖／泉鏡花・81年・新潮社
孤高の人／新田次郎・88年・新潮社
こころ／夏目漱石・68年・新潮社

小僧の神様／志賀直哉・90年・新潮社
金色夜叉／尾崎紅葉・69年・新潮社
細君／坪内逍遙・89年・新潮社
さぶ／山本周五郎・76年・新潮社
山椒太夫／森鷗外・85年・新潮社
三四郎／夏目漱石・86年・新潮社
塩狩峠／三浦綾子・68年・新潮社
失楽園／渡辺淳一・79年・講談社
忍ぶ川／三浦哲郎・88年・新潮社
斜陽／太宰治・87年・新潮社
重右衛門の最後／田山花袋・77年・新潮社
十三夜／樋口一葉・49年・新潮社
小公子／バアネット・若松賤子訳・39年・岩波書店
少女の器／灰谷健次郎・89年・新潮社
新源氏物語／田辺聖子・84年・新潮社
人生劇場／尾崎士郎・47年・新潮社
人民は弱し官吏は強し／星新一・78年・新潮社
深夜特急　マレー半島・シンガポール／沢木耕太郎・94年・新潮社
砂の上の植物群／芥川龍之介・90年・新潮社
生／田山花袋・39年・新潮社
青春の蹉跌／石川達三・87年・新潮社
聖少女／倉橋由美子・81年・新潮社
世界の終わりとハードボイルドワンダーランド／村上春樹・88年・新潮社
其面影／二葉亭四迷・40年・新潮社
それから／夏目漱石・85年・新潮社
たけくらべ／樋口一葉・49年・新潮社
太郎物語／曽野綾子・87年・新潮社
痴人の愛／谷崎潤一郎・85年・新潮社
チップス先生さようなら／ヒルトン・菊地重三郎訳・87年・新潮社
罪と罰／ドストエフスキー・工藤精一郎訳・87年・新潮社
ティファニーで朝食を／カポーティー・龍口直太郎訳・88年・新潮社
点と線／松本清張・71年・新潮社
童貞／酒見賢一・95年・講談社
豊臣家の人々／司馬遼太郎・67年・中央公論社
二十四の瞳／壺井栄・65年・新潮社
楡家の人々／北杜夫・93年・新潮社
野菊の墓／伊藤左千夫・85年・新潮社

破戒／島崎藤村・87年・新潮社
白痴／坂口安吾・81年・新潮社
裸の王様／開高健・73年・新潮社
花埋み／渡辺淳一・81年・新潮社
ハプスブルク家の宝剣／藤木ひとみ・95年・文芸春秋
彼岸過迄／夏目漱石・90年・新潮社
ビルマの竪琴／竹内通雄・88年・新潮社
ブス愚痴録／田辺聖子・89年・文芸春秋
二人／赤川次郎・91年・新潮社
蒲団／田山花袋・77年・新潮社
冬の旅／立原正秋・87年・新潮社
平凡／二葉亭四迷・79年・新潮社
放浪記／林芙美子・79年・新潮社
墨東綺譚／永井荷風・78年・新潮社
坊ちゃん／夏目漱石・68年・新潮社
幻の光／宮本輝・79年・新潮社
明暗／夏目漱石・87年・新潮社
めぐりあい／ツルゲーネフ・二葉亭四迷訳・53年・新潮社
妄想／森鷗外・80年・新潮社
焼跡のイエス／石川淳・70年・新潮社
友情／武者小路実篤・91年・新潮社
ラ・クンパルシータ／野坂昭如・新潮社
流転の海／宮本輝・90年・新潮社
老人と海／ヘミングウェイ・福田恆存訳・81年・新潮社
路傍の石／山本有三・80年・新潮社
若きウェルテルの悩み／ゲーテ・高橋義孝訳・95年・新潮社
吾輩は猫である／夏目漱石／68年・新潮社
分れ道／樋口一葉・49年・新潮社

単行本

アメリカ性革命報告／立花隆・84年・文芸春秋
「家をつくる」ということ／藤原智美・97年・プレジデント社
江戸大奥列伝／海音寺潮五郎・84年・講談社
奥様は料理がお好き／丘永漢・81年・中央公論社
女とことば今昔／杉本つとむ・97年・雄山閣出版
家族をめぐる法の常識／二宮周平・96年・講談社
歌舞伎面白雑学／天井桟敷友の会・92年・大陸書房
近代事物起源辞典／紀田順一郎・92年・東京堂出版

講座日本風俗史―性風俗II生活編／89年・雄山閣出版
広辞苑4版／新村出・91年・岩波書店
高度成長と日本人―家族の生活の物語／85年・日本エディタースクール出版会
故事名言・由来・ことわざ総解説／三浦一郎ほか・89年・自由国民社
子守唄の誕生／赤坂憲雄・94年・講談社
しぐさの比較文化―ジェスチャーの日英比較―／ブロズナハン・岡田妙訳・88年・大修館書店
事件報道の手引き／97年・朝日新聞社
社会百面相／内田魯庵・53年・岩波書店
女性史学／片山須美子・95年・女性史学編集委員会
女性史考・西岡虎之助／77年・新評論社
新共同訳聖書辞典／木田献一ほか・95年・キリスト教新聞社
性学事典／ウィーン性科学研究所・高橋鉄訳・94年・河出書房
聖書文化辞典／フイユーほか・榊原晃三訳・96年・本の友社
戦争と女性／高橋三郎・行路社
第十折々のうた／大岡信・92年・岩波書店
大辞林第2版／95年・三省堂
脱OL講座―OL卒業！27歳からのキャリアアップ―／フレーベル館編集部編・95年・フレーベル館
できる営業マンの時間活用術／潮田年久・91年・ベストブック
何が女性の主要な敵なのか／デルフィ・井上たか子ほか訳・96年・勁草書房
二十歳の原点／高野悦子・79年・新潮社
日録20世紀―一九八〇／97年・講談社
ニッポンのOLたち／日本のOL研究会編・95年・ダイヤモンド社
日本女性史　中世／永原慶二・94年・東京大学出版会
日本女性の歴史―文化と思想／総合女性史研究会・92年・角川書店
日本親族法論／牧野菊之介・14年
日本陸海軍事典／原剛・安岡昭男・97年・新人物往来社
罵詈雑言辞典／奥山益朗・96年・東京堂出版
幼児言語の発達／大久保愛・80年・東京堂出版
類語例解辞典／94年・小学館
歴史を騒がせた女たち―外国編／永井路子・78年・文

芸春秋
歴史を騒がせた女たち―日本編／永井路子・80年・文芸春秋
若き数学者のアメリカ／藤原正彦・81年・新潮社
話題源国語―心を揺する楽しい授業／川本信幹ほか・86年・東京法令
私の万葉集／大岡信・93年・講談社
The managerial woman／税所百合子訳・78年・サイマル出版会

古　典

伊勢物語／歌物語・一〇世紀前半
宇治拾遺物語／説話集・一三世紀初め
古今著聞集／橘戒季編・説話集・一二五四年
古事記／太安万侶編・歴史書・七一二年
今昔物語／説話集・一二世紀前半
日葡《にっぽ》辞書／日本語＝ポルトガル語辞書・日本イエズス会編・一六〇三年
日本書紀／歴史書・七二〇年
日本霊異記／僧景戒編・仏教説話集・平安初期
浜松中納言物語／菅原孝標娘・物語・一〇六〇年代
平家物語／軍記物語・一三世紀半ば
保元物語／軍記物語・一三世紀
枕草子／清少納言・随筆・一〇〇〇年頃
紫式部日記／紫式部・日記・一〇一〇年頃

資　料

警察白書―平成九年度版／警察庁・大蔵省印刷局
しなやかにしたたかに―関西女性考／関西を考える会・明治生命
東慶寺資料
婦人問題に関する国際比較調査／総理府・82年
労働力調査―96年度／総理府統計局
Securitarian／97年・防衛弘済会

新聞・雑誌・紀要

朝日新聞
産経新聞
日本経済新聞
毎日新聞
読売新聞

＊

AERA（朝日新聞社）
WITH（講談社）
潮（潮出版社）
Uno（朝日新聞社）
エコノミスト（毎日新聞社）
音楽芸術（音楽之友社）
科学朝日（朝日新聞社）
からだの科学（日本評論社）
キネマ旬報（キネマ旬報社）
教育（国土社）
教育と医学（慶応義塾大学出版会）
芸術新潮（新潮社）
月刊社会教育（国土社）
言語（大修館書店）
国文学解釈と鑑賞（至文堂）
サンデー毎日（毎日新聞社）
史学雑誌（山川出版社）
思想の科学（思想の科学社）
児童心理（金子書房）
週刊現代（講談社）
週刊ポスト（小学館）
週刊読売（読売新聞社）
諸君！（文芸春秋）
新潮（新潮社）
SPA！（扶桑社）
世界（岩波書店）
ダカーポ（マガジンハウス）
短歌（角川書店）
中央公論（中央公論社）
ドイツ文学（日本独文学会）
図書（岩波書店）
比較文学研究（恒文社）
美術手帖（美術出版社）
Forbes（ぎょうせい）
文学（岩波書店）
文学界（文芸春秋）
文芸春秋（文芸春秋）
法学セミナー（日本評論社）
マリ・クレールJAPON（中央公論社）
MORE（集英社）
ユリイカ（青土社）
歴史学研究（青木書店）

＊

学芸国語国文学（東京学芸大学国文学会）

神奈川大学人文学研究所報

関西大学社会学部紀要

熊本女子大学学術紀要

甲南大学紀要

四国学院大学論集

全国地方教育史学会紀要

文芸研究（明治大学）

女と男の日本語辞典

愛嬌

あいきょう

にこやかで親しみやすく、愛らしい様子をいう。また、滑稽さやユーモラスな要素も感じさせる。滑稽さといっても好ましいものであり、「愛嬌がある」ことはいいことであり、「愛嬌がない」ことはあまりよいこととはされない。「愛嬌」は女性に対して用いられる場合はプラス概念なのである。

本来は男にも女にもどちらにも使える表現だが、『広辞苑』の筆頭には「女性や子供などが、にこやかでかわいらしいこと。また、こっけいでほほえましいこと」と書かれている。

日本の社会では「愛嬌のあること」は、女性や子供に期待されている性格であることが暗黙の了解であるかのようだ。

例文にも「愛嬌のある娘」とある。この用例の執筆者は、無意識のうちに「女は愛嬌、男は度胸」という表現を思い浮かべていたように思える。「愛嬌」は女性の期待される性格、性役割（例えば、家事・育児は女性のするものというように、社会の中で性に応じて期待される役割）を言い表しているともいえる。

●小説より●

（これらの用例では「愛嬌」はプラス概念）

■愛くるしい美少女の、拗《す》ねた様子は、源氏には却《かえ》って愛嬌こぼれるばかりにみえて、ほほえまれた。（田辺聖子『新源氏物語』もゆる紅葉のもと）

■濃い化粧は、朝子を醜くしてはいなかった。平素よりももっと、可愛らしい愛嬌のある顔になっていた。（吉行淳之介『砂の上の植物群』）

■この丸い鼻が、令子を美人と呼ぶには程遠いものにしていますが、邪気のない愛嬌という美点をもたらしてもいるわけです。（宮本輝『錦繍』）

■ランプを捧げて迎えてくれた女は、まだ三〇前後の、いかにも人が良さそうな小柄な女だったし……。困ったように笑うと、左の頬にえくぼが浮かんだ。目つきを別にすれば、なかなか愛嬌のある顔だと思う。(安倍公房『砂の女』)

これらの小説の中では、まず女性の容貌が描かれ、ついでそれが「愛嬌」という語でまとめられている。「愛嬌」はユーモラスな雰囲気とともに、作者のその人物に対するプラスの評価やイメージを読者に想像させる役割を果たしている。しかし、実際の会話で、女性に向かって「愛嬌のある顔ですね」ということはまずない。この語はあくまでも、第三者を説明する場合に使われるようだ。

「愛嬌」は生まれながらに身につけているものではない。生まれたばかりの赤ちゃんはあまり愛嬌のあるものではない。でも、母親たちと接触していくなかで、「愛嬌」ある天使の笑顔を習得していく。赤ちゃんと同様に、女性たちは「社会の要請」にこたえて「愛嬌」を身につけていく。

美智子妃殿下のデザイナーである植田いつこ氏(一九二八年生まれ)は、娘時代を回想して「父は、女は愛嬌ありて優しければそれでよし、女が勉強しても役にたたんという人です」と言っている(朝日98・2・13、植田いつこの世界①)。

●週刊誌より●

■私がつきあっていた、顔はイマイチだが優しい女が言った。「女は愛嬌よ。一生大事にしてあげる」と。この娘を妻にした。(週間ポスト「夫側の告白より)

●新聞より●

■「女子は愛想が採用の基準」就職の決まった四年生に話を聞くと、「女子は愛嬌のある方がよい」と採用者から言われた……。(朝日97・10・20「声」)

女性たちは、父親や就職の面接試験などで「女は愛嬌」と言いふくめられ、やがてはそれを性役割として自らひきうけ、結婚相手に対してセールスポイントにするまでにいたる。

この表現を逆に使うことで、少なからず社会の既成概念をゆるがせようという試みもある。橋田寿賀子脚本のNHKの朝の連続テレビ小説に「女は度胸」というのがあったが、少女マンガのタイトルには「男は愛嬌、女は度胸」というものも現れている。こういったタイトルが「女は愛嬌、男は度胸」のパロディーであることは、明らかだろう。

しかし、「女は愛嬌」という表現がどれほど女性たちを「拘束」しているか、現代を代表する女性作家たちの声を聞いてみよう。

●小説より●

〃女は愛嬌〃なんていうけれど、自信がないからそんなもので中身をごま化すんです。この頃は情けないことに男もそうなって来て、度胸より愛嬌に走ってる……。(佐藤愛子『神様のお恵み』)

自信のない女は愛嬌をふり撒《ま》いて男に可愛がられようとする……。(同前)

若いころの姉は、お袋そっくりの鬼瓦だったのだ。鬼の絵を見ると、なぜかみな獅子鼻で、鼻頭は丸いが、それでも愛嬌があるからいい、姉は黙っていると、人が威圧をおぼえるような、気の毒さに視線をそらせないでいられないような醜貌であった。(田辺聖子『ブス愚痴録』)

「自信がない女」は「愛嬌をふりまく」、鬼でさえ「愛嬌」がある。容貌が悪く、しかも「愛嬌」もない姉は「気の毒」。女性作家たちのこうした表現からは、「女は愛嬌」という規範の「束縛」の強さを感じざるをえない。

愛国婦人会
あいこくふじんかい

戦前の婦人団体。軍事後援を目的とするもので、一九〇一年(明治三四)に奥村五百子らが創設した。戦死者の遺族や傷痍《しょうい》軍人の救護などにあたった。

二一世紀を迎えようとする平和な日本にあって、この辞典にこの語彙をかかげることに、いささか時代錯誤という批判があるかもしれない。しかし、愛国婦人会の歴史は、戦事体制の中での軍国主義政府による対女性政策の進展と相即しており、戦争と女性との関わりを根底から考えさせる側面をもっている。

まず、戦争には兵士が必要であり、その兵士を生むのは母親である、という基本的事実がある。母親は男子を産み、兵士にしたて、戦争を支える。軍事体制にとっては、「軍国的母親」のいる「軍国的家庭」が必要である。母たる女性たちの間に「軍国思想」を徹底させるためには、女性集団を組織化していかねばならない。

「愛国婦人会」は、「半襟一掛を節約して軍事援護を」をスローガンとする、最初の全国的な婦人団体だった。当初は、内務省の後援を受け、皇族妃を会長とする、華族夫人や上流夫人たちの組織だったが、やがて日露戦争を経て会員を一般の婦人にまで拡大していった。

「兵隊さんは命懸け、私たちはたすきがけ」というスローガンは語呂もよく、女性たちに軍国的精神を注入するのに大いに役立ったようだ。

●小説より●

▨「最近はお父様のおすすめもあり、いろんな慈善団体に外出されるようになりました。あたしもお供して、愛国婦人会、福田会、同情会、青松会などの法話会などに参ります。(北杜夫『楡家の人々』)

▨そのお婆さんは両家の母親とも親しく、何より好都合だったのは、楡家のひさが未だに神田の愛国婦人会に顔を見せることであった。(同前)

▨「そうですか。今、愛国婦人会の方へ行っていらっしゃいますけれど、すぐお帰りですから」。女中さんに案内されて、六角のように突き出た窓際のソファーに私は腰をかけて……。(林芙美子『放浪記』)

これらの抜粋からは、「愛国婦人会」が当時の日本社会の日常生活の一こまになっていることを窺い知ることができる。

日本が太平洋戦争を開始した直後の一九四二年(昭和一七)、この「愛国婦人会」と満州事変の直後に作られた「大日本国防婦人会」がいっしょになり「大日本婦人会」が結成された。

「婦人会」という名称は「任意加入」を想像させるが、実際は二〇歳未満の未婚女性を除くすべての女性が会員とされた。会員数は実に愛国婦人会四〇〇万人、国防婦人会は九〇〇万人、軍国主義の下では、国家の統制のもとに髪形から服装までが制限され、恋愛は不健全とされ、結婚の自由もない。女性はもっぱら子供を産む、兵士の供給源とされた。何と悲惨な時代だったのだろう。

「産めよ殖やせよ」は日本に限ったことではない。フランスでは、一九二〇年（大正九）に五人以上の子供を持つ母親に勲章を授けている。

もし、この時代に「愛国婦人会」のような存在がなく、女性たちが個人個人で考え行動していたとしたら、日本の歴史、いや世界の歴史は変わっていたかもしれない。しかし現実には、全体主義体制の中で「個人」として存在するのは難しかったに違いない。

愛人 あいじん

文字通りからすれば、「愛」の対象である人、すなわち恋人や夫・妻を指す語のはずである。現に、中国語の「愛人」は夫や妻をさす。中国からの留学生に、「こちらは私の愛人です」とその配偶者を紹介されて、一瞬ギョッとした記憶がある。

歴史的に見ると、「愛人」は幕末の頃から sweet heart や lover の訳語として使われはじめた。英語の lover には、特別な深い関係にある異性という意味があり、英和辞典などではこの語を「情夫・情婦・情人」などとも訳している。

しかし、「愛人」と「情人」では意味合いが異なる。「愛人」はあくまでも「愛している異性」の意味が根底にあり、その上で「結婚していない」「性的な関係がある」などの意味が付加する。それに対して「情人」「情婦」「情夫」は、もう既に死語ではあるが、婚姻外で性的な関係を持ち、世にはばかる後ろめたい関係であるというニュアンスをもっている。

あるテレビドラマの中で、正妻から「情婦」とののしられ、「私は情婦じゃなくて愛人よ」と言い返す場面があった。これを書いたシナリオライターの意識に、「情婦」より「愛人」と言われた方が女性のプライドが傷つかないという思いがあったのではないだろうか。

それでは「愛」という語はいつごろから使われているのだろうか。日本に固有の「和語」には、「愛」のような抽象的な気持ちを表現する名詞はなく、「愛する」には「いつくしむ」という和語があてられている。『万葉集』にある山上憶良《おくら》の歌の序文には「愛は子にすぎたるはなし」と「愛」という漢語の使用例がある。

平安中期（十世紀初頭）の『源氏物語』や『枕草子』には、いかにも「愛」という言葉が使われていそうだが、実際には仮名文学作品ということもあるのだろう、「愛」または「愛する」といった漢語は使われていない。

十世紀半ばに書かれた『堤中納言物語』には「虫どもを朝夕に愛したまふ」という表現がある。しかし、この「愛」は虫に向けられたものであり、異性に対する「愛」の用法ではない。

試みに田辺聖子の『新源氏物語』をひもといてみると、次のような例が見られる。

●小説より●

▨御息所《みやすどころ》を、愛人とのみ遇して、ついに妻としなかったのは気の毒なことだったが、生涯の妻とするには、何か気が重い。こんな愛人関係で、もし御息所が納得してくれるのならば、おりおりには会いたいと、源氏は虫のいいことを考えているのだった。

▨夫に愛人ができたといってすぐ、つんけんする女も困ったもの、おだやかにそれとなくいう怨《うら》みごとは可愛くていいのですが、角《つの》を出してたけり狂うと、男もあとへひけなくなってしまいます。そのへんを賢い女ならばよく心得ていますがね。


田辺聖子の非常にこなれた現代語訳から見えてくるのは、「愛人」を「妻」にしなかったことは気の毒である、結婚している夫に愛人ができても賢い女なら怒らないこと、という非常に男性の側にたった「愛人」観である。『新源氏物語』の中の「愛人」観に、現代の若者はどう反応するのだろうか。

ここでは「愛人」は「源氏の愛人」、つまり女性に限定されている。しかし、『源氏物語』が書かれた平安時代は、歴史の資料で見る限り、貴族は男性も女性も一夫多妻、一婦多夫であり、一生の間に複数の愛人を持っていたようである。もっとも女性の場合は「妊娠してしまう」というハンディーが存在し、実際は一夫多妻の男性の方がずっと多かった。しかし現代の「愛人バンク」などのように金銭と性がからんだ「愛人」というイメージに比べると、その当時の愛はもっとのびやかであったように思われる。

「愛人」という語は新聞報道などでは次のように使われている。

●新聞より●

①比大統領の妹と愛人？が火花―麻薬事件への関与巡り対立（日経94・11・22）

②「三文オペラ」「ガリレイの生涯」ブレヒトの傑作、実は愛人の作!?（日経94・7・2）

③流刑時代に現地医師と結婚、岡田嘉子さん―直筆の履歴書で判明―恋の樺太大避行で愛人とソ連に亡命し、去年モスクワで死去した……。（日経93・3・6）

④千葉地裁、夫に浮気目撃され愛人と組み殺害、二被告に実刑判決。（日経91・4・24）

この四つの記事で①②の「愛人」は女性、③④のものは男性である。これらの記事からも、「愛人」という語は男性にも女性にも使われる語として社会的に認知されていることが分かる。参考までに『記者ハンドブック』を見ると、「相妾《あいしょう》」は「愛人」と置き換えるようにとの指示が示されている。「妾《めかけ》」「二号」といった言葉が女性に対する差別的な意味を含んでいるのに対して、「愛人」は両性に使用できるニュートラルな表現として、多用されているようだ。

●歌詞より●

あなたが好きだから、それでいいのよ
たとえ一緒に街を　歩けなくても
この部屋にいつも　帰ってくれたら
私は待つ身の　女でいいの
（「愛人」荒木とよひさ作詞、三木たかし作曲）

この歌は一九八五年（昭和六〇）「日本有線大賞」

を受賞し、その後もカラオケボックスなどでのチャートでも高い順位にある。多くの人々がこの歌を愛し、繰り返し歌われている。言葉には魔力がある。この中で繰り返し歌われる歌詞、「たとえ一緒に街を歩けなくても」「待つ身の女でいい」は、歌っている人、聞いている人の意識下に少なからず影響を与えていると思う。

この歌詞にあらわれている女性観は、日本人の（特に男性の）女性観でもある。『源氏物語』の光源氏の思い「自分の会いたいときだけおりおりに会いたい」と、この曲の「待つ身」の女性が千年以上の時を隔てて見事に一致するもの、それは主体性のない、相手を愛するより「愛される」ことを待つ女性像だと思う。

この歌の「愛人」を男性に置き換えて詞を書き直すと以下のようになるが、どんなものだろうか。

君が好きだから　それでいいよ
たとえ一緒に街を　歩けなくても
この部屋にいつも　帰ってくれたら
僕は待つ身の　男でいいよ

青臭い

あおくさい

「どうも君の意見は青臭いね」と言われた相手は男性だろうか、女性だろうか。「私はまだ自分が青臭いということを自覚しています」と言っている本人は男性だろうか、女性だろうか。

私の担当する大学のクラスでこの調査をしたところ、九〇％が「青臭い」の対象を男性とし、残り一〇％の「女性」とした学生も、「その女性は大学生以上の高学歴であること、あるいは自立して仕事をしている女性」という結果であった。

「青臭い」の意味は「青草のようなにおいがする」「経験に乏しく未熟である」などだが、なぜこれらの意味の対象が男性になるのか、興味深い結果である。「青臭い意見」は、当人が未熟とはいえ自分なりの意見を持ち、意見のいえる場が存在し、それを聞く相手が必要だ。こう考えてみると、先ほどの調査の結果から、「女性にはその場が存在しない」「存在しても一部の女性に対してだけである」という日本社会の構図が浮かんできはしないだろうか。

和英辞典で「未熟者」をひいてみると、「まだ未熟者だ」の例文の主語は「He」で「He is in the green apple stage」とある。どうも、「熟練―未熟」の構図に女性は介在しにくいようである。

「青い」は「漠し（あおし）」で、物事が漠然としていてはっきりしていない様子からきている。中国の五行説では、古代中国では「青い」は春を指したという。「青春」などは春が二つ重なっている。古代日本語の「青」の範囲は非常に広く、「青海原《うなばら》」といった時のブルーと「青菜」といった時のグリーンは両方とも青だ。この「青臭い」に色があるとすれば、グリーンの方に属する。最近の健康ブームを反映してか、テレビコマーシャルに「青汁」がよく登場する。「うーん、苦い、もう一杯」の「青汁」は緑そのものだ。

「青臭い」の「〜臭い」はそれらしい感じがあること、その傾向があることで、他にも「陰気臭い」「男臭い」「乳臭い」「糠味噌《ぬかみそ》臭い」「古臭い」「野暮臭い」などがある。どれも、あまり良いイメージはない。

それでは、小説ではこの表現はどう使われているのだろうか。

●小説より●

▨実際、自分は三十八にもなろうとしていながら何と青臭い男であろうかと思いました。あなたの仰《おっしゃ》るとおりです。（宮本輝『錦繍』）―男性＝自分自身に対して。

▨岡村君、時代に遅れるとか先んずるとか云って騒いでいるのは、自覚も定見もない青臭い手合いの云うことだよ。（伊藤左千夫『野菊の墓』）―第三者に対して「手合い」は男性か女性か?。

▨けれども田口ほどの老巧のものに、何で学校を出たばかりの青臭い自分が、それほど気になるのか、敬太郎は全く合点が行かなかった。（夏目漱石『彼岸過迄』）―男性＝自分に対して。

青二才

あおにさい

「未熟な男」の意味で、年若い青年をののしる言葉として使われる。特に文楽《ぶんらく》や歌舞伎の中では、「青二才め、名を名乗れ」「青二才、知らないことに口をはさむでない」などと、家老や年配の侍が若侍をののしる。

しかし、「青二才」という響きはどこか詩的で、最近の若者が年配者をののしって言う「くそジジイ」などという言葉より品がある。現代語でも、年配者は若者をののしって「青二才」というのだろうか。陰で「あの青二才が生意気にも」ということはあっても、面と向かって「青二才」とののしる場面は少ないように思える。言葉として古びてしまったためだろうか。あるいは、年配者が若者に気をつかって生きているために、あまり使われなくなっているのだろうか。

「青二才」の語源をたどってみると、万葉集の書かれた時代にいきつく。恋人たちは、お互いを「妹《いも》」「背」と呼びあっている。自分たちの関係を「我が妹」「我が兄《せ》」と兄と妹にたとえたという。

橘の　影踏む道の　八街《やちまた》に　ものをそ　思ふ
妹に逢はずして　（一二五、三方沙弥）

街路樹として植えられている橘、それらが落としている影を踏んでいく道の、いく筋にも分かれている分かれ道のように、私はくよくよ思い悩む。いとしい女に逢わないでいて

笹浪《ささなみ》の　連庫山《なみくらやま》に　雲居れば　雨そ振るちふ
帰り来《こ》我が背　（一一七〇、作者未詳）

笹なみのなみくらやまに雲がかかると、雨が降るといいます。帰ってきてくださいあなた

（大岡信『私の万葉集』）

「我が背」は、単に「背」だけで若い男性一般を指すようになり、「新背《にいせ》」は若い彼という意味、この「にいせ」が「にせ」となり、これに未熟の意味の「青」を加えて「青にせ」、人形芝居の役者が台詞《せりふ》の中で「青にせ」と言ったところ大変うけ、それがや

がて「青二才」になったという。

語源にはほかにも、幼魚、特にボラなどの二年魚を青二才と呼ぶことに由来する、あるいは馬の二歳子からという説もある。

これほどの時を経て熟した「青二才」という表現だ。現代語の中にも生きつづけてほしいと思うが、小説での使用例も非常に限られている。

●小説より●

▨私はこの熊谷の言葉が又癪《しゃく》に触りました。「踊ってやんな」とは何という言い草だ。己《おれ》を何だと思っているのだ?この青二才が!（谷崎潤一郎『痴人の愛』）―独り言で相手をなじっている。

▨法律以外のことについては、彼は凡庸な青二才に過ぎなかった。文学、美術、理化学については何も知らない。（石川達三『青春の蹉跌』）―作者がその青年を叙述する中で。

▨これからは、東北の田舎町の、一六七の青二才どもを相手にして、彼らの良き友となり良き教師となって、静かに生きていこうと思う。（同前）―複数の青年たちを叙述する中で。

▨某大家はとにかく大家だ。私は青二才だ。何故私はこの人を軽蔑したのか。（二葉亭四迷『平凡』）―自分自身を叙述して。

▨支店長は冷然として、何時《いつ》も取り合わなかった。難しい理屈などを持ち出すと、甚だ機嫌が悪い。青二才に何が分かるものかという様な風をする。その癖自分は何も分かっていない。（夏目漱石『それから』）―支店長の自分に対する態度を類推している。

「青二才」という表現には、年齢差だけではなく、相手、または自分を「未熟だ」と思わせる何らかの成熟の基準が必要だ。その蓄積された「何か」が価値観を失いつつある今、「青二才」という表現が消えてしまうのも時間の問題かもしれない。

悪妻

あくさい

「夫にとって為にならない妻」をいう。反対語は「良妻」（夫にとって良い妻であること）。しかし面白いことに日本語には「悪夫」も「良夫」も存在しない。妻にとってためにならない夫「悪夫」や、妻のためになる夫「良夫」も現実には存在すると思うのだが、日本語の中では夫にたいするこうした価値基準は「あり得ないこと」として、語彙《ごい》として存在しないのだろう。

男性上位社会のしくみの中で、女性は人間としていかにすぐれているかではなく、男性にどれほど役立つかという尺度で評価されているということが、これらの語の背景をなしているのは否めない事実だと思う。

■女は家の隷属であって道徳上のみならず民法上も明白に男子の優越を認めている。（建部遯吾『太陽』大正2年6月）

家父長的な「イエ制度」のなごりが「〜妻」という言葉に見え隠れする。それらの語を拾ってみよう。

「〜妻」　愛妻・一夫多妻・恐妻・愚妻・賢妻・後妻・正妻。

「〜妻」　一夜妻・隠し妻・糟糠《そうこう》の妻・新妻・人妻・若妻。

これらの言葉の「妻」を「夫」に変えてみよう。

愛夫・一妻多夫・恐夫・愚夫・賢夫・後夫・正夫。

一夜夫・隠し夫・糟糠の夫・新夫・人夫・若夫。

反対がいかに成り立ちにくいかは、一目瞭然だろう。

それでは、「悪妻」と言われる人はどんな人なのか。

●新聞より●

■弟子たちの脱獄の勧めを断って、ソクラテスが従容《しょうよう》として毒を仰いだのは、逃亡してもまた悪妻のクサンチッペと一緒に暮らすのなら、死んだほうがまし。こう考えたからだとの説がある。「良妻を娶《めと》れば幸せになれる。しかし悪妻なら哲学者になれる」と言って、若い弟子たちに熱心に結婚を勧めていたそうである。

彼によれば結婚の便益は、「良妻」を選択した場合は「人生の幸せ」、「悪妻」ならば「哲学者」である。ところが、コストには「実際コスト」と「機会コスト」の二種類があり、選択に当たっては両方を考慮しなければならない。「実際コスト」がその選択肢を選んだことによる不利益であるのに対して、「機会コスト」とは、他方の選択肢を選ばなかったことによる不利益、つまり他方の選択肢のもたらす便益を放棄したことによる損失をさす。先の例でいえば、「良妻」の場合、歴史に名が残るような哲学者になるのをあきらめねばならず、「悪妻」の場合は、人生の幸せを犠牲にすることになるわけだ。（日経92・6・11夕刊「結婚のコスト」エコノミスト赤羽隆夫）

いかにもエコノミストらしい例の引き方だが、この文章では、それらの「実際コスト」や「機会コスト」を選択するのはソクラテス、つまり「夫」の側であることが当然とされている。もっぱら「夫」の側に選択権があるという発想が、「悪妻」「良妻」という言葉の土台にある。

もう一つ、「悪妻と暮らすなら死んだほうがまし」とまで風評されながら、「悪妻を娶れば哲学者になれる」とソクラテスは言っていた。つまりクサンチッペの存在があってこそ、ソクラテスは哲学的な思索にふけることができたのだから、見方をかえれば、クサンチッペはソクラテスにとっては「良妻」だったともいえる。

●テレビ番組より●

▨天下の悪妻と呼ばれた足利義政の妻は、無能な夫は信頼できない、信ずるものは金だけと、応仁の乱で乱れる国の情勢を顧みず、ひたすら高利貸しに熱中した。

一方、マルクスの妻は、かのエンゲルスから「彼女がいなければ、あの資本論は生まれなかっただろう」と言われたほどの良妻。

ルーマニアに君臨したチャウシェスク夫妻。貧しい農民の子として生まれながらも、実力で東欧一の若手大統領になった英雄が、なぜ革命で射殺されるような無惨な最後を迎えたか、その背景には、彼を操る一人の女性、エレナ・チャウシェスクの姿があった。（知ってるつもりスペシャル「悪妻良妻伝説」92・4・2）

「無能な夫は信頼できない」と戦乱の最中も「高利貸し」に熱中した足利義政の妻、どうも「高利貸し」というイメージそのものがマイナス概念なので、テレビ番組を見た視聴者は「悪妻」と納得させられたかもしれない。しかし、戦乱のさなかに、足利家の資金的な基盤のために蓄財に励んでいたのだとしたら、「信頼できる夫にただ従っているだけの妻」よりも、よほど良妻ではないか。

チャウシェスク夫妻の場合、国民を犠牲として自らのために富を蓄えた末路とすれば、無惨な最期も当然かと思う人も多いと思うが、「彼を操る一人の女性」という表現は誘導的ではないか？　チャウシェスクのように悪い結果になれば「妻が夫を操った」ことになり、マルクスのように良い結果になれば「妻が夫に貢献した」ことになる。ここにも、夫中心の男性優位の見方がひそんでいる。

悪童　あくどう

いたずらっこ、悪い子のこと。男女に使える。しかし、実際には男の子に対しての使用例が目立つ。ハンガリー出身の作家アガタ・クリストフの劇に「悪童日記」（日本語タイトル）がある。第二次大戦のさなか、東欧のある国の大都市から国境の田舎町の祖母のもとに預けられた双子《ふたご》の少年の話である。

彼らの悪童ぶりは新聞の劇評で以下のように紹介されている。

▨戦火のせまる危機と窮乏の中で、双子は大人顔負けの才覚でしぶとく生きていく。あらゆることがらに無感覚となって、何事も冷然とやってのけるのが彼らの生きるための知恵である。乞食の真似も万引きもし、兵士の死体から武器を盗む一方で、脱走兵に施し、知恵遅れの少女にいたずらを

する司祭をゆすりもする。(日経94・7・15夕刊)

万引きや盗みもしながら、弱い人には施し悪い人はゆする、何とも力強い悪童たちだ。ここでの「悪童」は明らかにプラス概念として使われている。

功なり名遂げた人たちが、自分たちの子供時代をふりかえり「自分たちは悪童だった」と「悪童であったこと」を誇りであるかのように回想する場面に出会う。これは男性に多い。

▨太平洋戦中、まっただなかの昭和一八年、県立宇治山田中学に入学―腕白で素朴な少年たちが多かった。―成績は皆そろって低空飛行であった。―授業をサボッて草野球に熱中した。便所のにおいのする世界館で「カサブランカ」を見たのもそのころだ。当時の悪童たちは……。(日経91・5・28「悪童と俊才(交遊抄)」野村証券投資信託会長井坂健一)

ここでの「悪童」は少年に対して使われている。現在のような管理教育のもとでは、とても「授業をさぼって草野球」というわけにはいかない。現代の日本の社会は、「悪童」が育ちにくい環境にあるのではないだろうか。

作家、佐藤愛子氏の回想では「悪童」は次のように描かれている。

▨そのころの男の子は大半が荒々しく乱暴で、女の子とみればからかうか虐《いじ》めるのを生き甲斐にしているようなところがあった。学校の帰り、男の子が二、三人いるのを見ると、私の足はすくんだ。―男の子たちは一人だと何もしないが、二、三人になると何か悪さをせずにはいられなくなるらしかった。(日経90・5・3「私の履歴書」)

佐藤愛子氏の回想の「からかうか虐める」は「とおせんぼうの棒が出てきたりする」といった程度であり、ナイフを持って「むかつくから刺す」といったものではない。伸びやかな少年たちの「悪童ぶり」が連想され、微笑《ほほえ》ましく思えるくらいである。

「悪童」、この語は現代社会の中で生きつづけることができるのだろうか。

悪人

あくにん

「悪人」は心のよくない人、悪事を働く人のことであり、男に対しても、女に対しても「○○は根っからの悪人だ」などと言う。特に男女を区別して、用いるわけではない。

ところで、「悪」であるかどうかの判断、つまり「心」の善し悪しの判断は誰がどのようにするのだろうか。その原点を昔話にさぐってみよう。「こぶとり爺《じい》さん」では「欲の深いおじいさん」が登場するし、「花咲《はなさか》爺」では「欲の深いおばあさん」が登場する。「欲深さ」という「悪」は、男性にも女性にもある心理と昔話はいう。

西欧の昔話でいえば「白雪姫」では「お妃《きさき》」が、また「シンデレラ」では義母や義姉たちが「心のよくない人」として登場する。これらの女性たちは、相手の美しさを妬《ねた》み、いじめる。「美しさを妬む」のは女性に多いようだ。

現実の社会では、良いところもあれば悪いところもあるという両面を持つ人が大多数で、完全無欠な人などなかなかいない。しかし、昔話ではそういった常識的な人は主人公とはなりにくい。子供が黒か白かを判断しやすいように物語は構成され、「勧善懲悪」の精神で最後には「心のよくないもの」は必ず罰せられる。子供は主人公、それも必ず良い行いをする主人公と自分を同一視する傾向がある。昔話の中に自分を投影し、最後に「悪い人」が罰せられて、自分もほっとする。

これは現代のテレビドラマの人気シリーズ「ウルトラセブン」にもいえることだ。ウルトラマンの世界では、「悪いもの」はつねに「怪獣」や「宇宙人」であり、「地球人」は常に良いものとされる。この物語世界から、子供たちは「心のよくないもの」、「悪」のイメージをどのように学びとるのだろうか。

●参考文献より●

▩「公家悪《くげあく》」は皇位を狙う悪人で、超人的な悪の力を示す藍色の隈取《くまど》りをしている。「実悪《じつあく》」はお家のっとりを企《たくら》む悪人で、白塗りに目はきつめのメイクをしている。「色悪」は、表面は二枚目だが、女との色事も計算づくで、すぐ裏切る。白塗り。「赤っ面」は、直接暴力をふるったり、人を殺したりする役、目に隈をとる。(『歌舞伎面白雑学』)

歌舞伎では、「地位」と「色」を狙う男というのが「悪人」の役どころのようである。

●小説より●

▨滅多に顔を合わせることのない、だが疑いようもなく優しく偉い父親のはずだった基一郎は、いまや権謀術策を 恣《ほしいまま》にする妖《あや》しい人物、長閑《のどか》に呼吸していた楡《にれ》病院の雰囲気全体からして、黒雲と陰謀につつまれた瘴《しょう》気の漂う悪人どもの巣のごとく桃子には思えた。(北杜夫『楡家の人々』)

▨「ははは、南陽房。悪人とは生得慾心さかんなるもののことだが、それだけに使いようによってはなかなかおもしろい。善悪の色さだかならむ腑抜けよりも、よほど役に立つ」(同前)

ここで示される「悪人像」は昔話と同じ「生得慾心さかんなもの」、それに加えて「権謀術策を恣にする妖しい人物」だ。

▨「議論のいい人が善人とはきまらない。遣り込められる方が悪人とは限らない」(夏目漱石『坊ちゃん』)

議論で負け、「悪いことをした」となっても、「悪人」とは限らないという、漱石の視点は面白い。アメリカの裁判の陪審員制度などについてのコメントにも使えそうだ。

▨「人間は誰でもいざという間際に悪人になるんだという意味ですね」(夏目漱石『こころ』)

▨「あなたは未だ覚えているでしょう、私がいつか貴方に、造り付けの悪人が世の中にいるものではないと云った事を。多くの善人がいざという場合に突然悪人になるのだから油断しては不可《いけ》ないと云った事を。あの時あなたは私に昂奮していると注意してくれました」(同前)

▨「若旦那はと見れば、お居間の炬燵《こたつ》に今ぞ夢の真っ最中、拝みまする神様、仏様、私は悪人になりまする、なりたうはなけれど成らねば成りませぬ」

(樋口一葉『おおつごもり』)

小説中では「悪人」をある特定の人物を指していっているが、一般的な「倫理観」として十分に通用する。こうして見ると、「悪人」とはやはりニュートラルで、男でも女でもなってしまうもののようである。

あぐら

胡坐

あぐらは、両膝を左右に開き、両足首を交差させて座る座り方だ。現代の日本では、椅子の生活が多くなったため、男性も女性も同じ姿勢で座るが、畳や床の上に直に座る場合には「楽な姿勢」に違いが出る。正座をくずすとき、男性の場合の楽な姿勢が「あぐら」なのに対して、女性の場合は「横座り」となる。しかし「横座り」は片方に体重を預けた不安定な姿勢のため、女性にとって「楽な姿勢」とは言いがたい。

●新聞より●

▨「女性にはつらいマス席観戦　あぐらかくわけにも」―相撲ほど女性が観戦に窮屈な思いをするスポーツはないのでは、と感じることがある。一般的に言って、公の場では女性はあぐらをかけないためだ。……男性記者があぐらをかいて動かずに見つづけているのに、こちらは落ちつかない。足が痺《しび》れないように、時折座り変えながら見る。(読売95・3・3夕刊)

この記事から、男性に伍して活躍している女性記者が、男女の座り方の違いといった文化的差異の中で、腹立たしい思いをしている様子が読者に伝わってくる。

古来日本の正式な座り方は、仏像や神像が示すように女性も男性も「あぐら」だった。平安時代の貴族の絵巻物にも、「正座」は見られない。正式な座り方は「あぐら」である。ただし、あぐらは「胡坐」とも書くように、元来貴族が座った腰掛けや木の台もさす。束帯《そくたい》や十二単《ひとえ》の貴族は、「胡坐」に座っていたからこそ、優雅に歌を詠んだりおしゃべりができたのだろう。「胡坐」に座るのが楽だったために、江戸時代、楽な座り方を「あぐら」というようになった。

正式な座り方が「正座」となったのは、「茶道」が普及し、狭い茶室で正座をするようになってからだという。

●参考文献より●

▨「椅子の文化と畳の文化」　日本の男性はあぐらをかいて楽に座ることができ、日本の女性は畳の上で食卓に向かって正座したまま、比較的安楽に何時間も座り続けて苦痛の色を見せない。(リージャーブロズナハン著『しぐさの比較文化―ジェスチャーの日英比較』)

英語国民が「日英間の差異を公正に見渡すこと」を目的に書かれた著書だが、私なら「苦痛の色を見せないことが、お行儀の良いこととされている」と付け加えたい。どんな姿勢を苦痛とするかに女性と男性に差はないと考えるからだ。

▨冬なればあぐらの中に子を入れて（俳句・坪野哲久、朝日91・12・21折々の歌）

女性がこういった歌を詠む時代が来るのだろうか。

悪漢　あっかん

悪いことをする男のこと。「悪人」がニュートラルな表現であるのに対して「～漢」となると、それは紛れもなく男のことだ。

「～漢」は男の人の意味で接尾語的に用いられる。例をあげておこう。

巨漢・好漢・硬骨漢・大食漢・痴漢・無頼漢・暴漢・熱血漢。

女性の場合、巨漢・大食漢・熱血漢などいても不思議はないが、それに相当する日本語がない。体格のよい女性、大食いの女性、正義感が強く情熱的な女性、などと言い換えなくてはならない。「暴漢」などは、何と言い換えるのだろうか。新聞報道では「暴漢に襲われて」と見出し語によく見かける。具体的な記載がなくても男性のことだと察しがつくのも、「～漢」があるからで、英語などでは man と一語付加する必要がある。漢語の造語力のおかげだ。

●小説より●

「それにしても世のなかは不思議なものだ。虫の好かない奴が親切で、気の合った友達が悪漢だなんて人を馬鹿にしている」（夏目漱石『坊ちゃん』）

二度目に帰って来た時は、もう村ではどうする事も出来ない程の悪漢に成り済《すま》して、家もないものだから今の堤下に乞食の住むような小屋を造って、そこに気の合った悪党ばかり寄せ集め……。（田山花袋『重右衛門の最後』）

一匹狼

いっぴきおおかみ

日本には現在「狼」は存在しない。存在するとすれば、それは「一匹狼」や「送り狼」という集団を頼りにしないで自立している男性であったり、女性に言い寄って悪事をたくらむ男性である。日本で唯一の肉食獣であったホンモノの狼は明治初めごろに絶滅したと考えられている。

日本では狼は山の神の使いとして「オイヌサマ」として信仰の対象にさえなっていたが、近世になって農耕社会が彼らの生息地を奪っていったことから狼も群れをなして「人を襲う肉食獣」になってしまったようだ。狼は群れをなして行動し、群れには厳しい上下関係と掟《おきて》があった。そこからはみ出した狼を「一匹狼」（a lone wolf）というのは、共同生活をしなければ生きていけない人間と似ている。日本で狼が悪者にされだしたのは、江戸時代の中期くらいからである。

英語にも「男はみんな狼よ」という表現がある。Beware of men. They are all wolves. 子供時代に「赤頭巾《ずきん》ちゃん」や「狼と七匹の子山羊《やぎ》」に親しんだ世代は、狼は人をだまして襲うものという「狼観」を持っている。これは西ヨーロッパで狼が「家畜を襲う人間の敵」としてとらえられたからだろう。西ヨーロッパでも狼はほとんど絶滅している。

なぜ「狼」が悪者になってしまったかは興味深い。狼がおばあさんを食べてしまう「赤頭巾ちゃん」も、そもそもはグリムが収集した民間伝承が土台になっていて、ストーリーにはさまざまな解釈が成り立つ。

●論文より●

▨「男はみんな狼よ」　グリム兄弟に源を発した昔話研究は、十九世紀後半以降さまざまな研究法により昔話の謎ときを行った。……まずイギリスを中心とする人類学者たちは、前者を太陽、狼を闇の具現としてとらえ、この昔話を太陽が闇に飲み込まれる日食の象徴、あるいは日の出と日の入りにまつわる神話に由来すると主張する。……この対立は善と悪とのそれであり、狼は悪の権化とみなされるのである。（『文芸研究』明治大学、89・3、吉田正彦）

ピンクレディーが歌って一斉を風靡《ふうび》した、論文と同じタイトルの歌の歌詞を、ここにあげておきたい。

●歌詞より●

▨SOS—男は狼なのよ　気をつけなさい／年頃になったら　つつしみなさい／羊の顔していても心の中は／狼が牙をむく　そういうものよ（阿久悠作詩）

日本語では「一匹狼」はどんな人たちを言うのだろうか。新聞から抜粋してみると、政治家、野球の選手、芸術家などがその語に該当し、サラリーマンは悲しいことに「一匹の羊」であることが要求されるようだ。

●新聞より●

▨「昔は群れのなかの一匹の羊であるより、孤独な狼でありたいと、ひそかに思ったりする男たちが、あちこちやたらにいたような気がする」、そう書いたのは故藤沢周平さんだ。……別に政界のことを指しているわけではない。だが、昨今の政治家の群れ具合に、つい連想がいってしまう。お勉強会にお話し会、お誕生会という愛らしい催しもあっ

た。（朝日97・8・28）

▨「団結なるか　一匹狼たち―旗揚げしたプロ野球労組」　米リーグでは一九七六年の労使協定締結で、選手側がフリーエージェント制を勝ち取り、その後の野球界に年俸の大幅増を引き起こすなどした。日本でも究極的にはフリーエージェントが最大の目標になるのは間違いないだろう。……組織上では一匹オオカミの選手が多いから……。（朝日86・1・12）

▨「群れから離れ、一匹狼目指せ」　過去の長い歴史を見ても、日本人の行動原理は組織や団体の大きな影響下にあった。……みんな群れからはなれ、真に自立した一匹狼を目指そうではないか。本当の価値観の復権がないともいえないのである。（朝日86・3・2、版画家）

▨会社川柳「酔いたいと言えば狼群れをなし」（朝日95・9・2）

「一匹狼」という語が女性に使われている例はほとんどない。ここに貴重な一例をあげておきたい。

●雑誌より●

▨「上坂冬子―戦後史追いつづける一匹狼」　戦争に弄《もてあそ》ばれてしまった人たちの人生を記録しておきたい」「憎まれ度ならトップでしょう」と自ら言う。歴史の現場に立つのが趣味。歯に衣着せぬ論調と「自立」の筆。インタホンからいつもの通り、ぶっきらぼうな声が返ってきた。無愛想な声の主の代わりに、江戸時代の陶製福娘が、玄関で笑ってくれた。……見た目などは気にしない。効率を重視する。声の主はいつもの席にデンとすわっていた。座談会や対談でも、相手構わずやっつける。自分の発言が誤解を招くのではないかとか、余計な波紋を起こすのではないかとか、一切とんちゃくしない。……昨年は憲法記念日の講演をキャンセルしてきた新潟市に嚙みついた。新潟市のキャンセル理由は、上坂が雑誌に改憲論の立場で執筆しているということだった。……「集団の中では三日と暮らせない。良くも悪くもこの道しかないわね」（『ＡＥＲＡ』現代の肖像、遠山彰、93・2・

23）
執筆者の遠山氏は「女性」で「一匹狼」ということを意識して原稿を書いたのかもしれないが、傍線の箇所は、ふつうは男性の特徴とされるところだ。日本の社会にはまだ、男性には許されても女性が同じ態度をとると、社会から締め出されるという性差別が確実にある。

しかし、だからこそというべきか、群れにくみせず自立して個人の才能を発揮している音楽家・編集者・作家など女性たちの活躍も目立つ。

永久就職
えいきゅうしゅうしょく

女性が結婚することを指して「永久就職する」と言った時代があった。「就職」とは「働き口を得ること」であるが、この場合の就職は、家族のために家事・育児をすることで、定年のないことから「永久就職」という表現が用いられた。女性が高校や大学を卒業してから、結婚するまでの間に、つかのま就職することを「腰掛け就職」というのと対《つい》を成している。女性の経済的自立が難しかった日本では、結婚は「生活補償」の手段でもあり、「結婚して子供を産み、育て、子供が育った後も夫の世話をする」ことが、女性の理想の形態とされてきた。

しかし、結婚は本当に「永久就職」だったのだろうか。

夫婦はたとえ愛情がなくても、社会的には「夫婦」としての体裁を保つことができた。実際には家庭内離婚、あるいは別居という形がとられていても、専業主婦は「妻の座」を確保することができた。この「離婚をすることを避ける」社会的風土が、専業主婦の座を安定したものとし、「永久就職」という言葉につながったとも考えられる。

●参考文献より●

▨これまで女性は結婚すると家庭に入り、家事・育児をする代わりに夫の経済的保護を受けていた。離婚によってこの保護を失うのだから、離婚について責任のない妻には、損害の賠償として、離婚後も扶養を継続しなければならないと考えられていた。結婚を終生的な結合とし、性別役割分業を前提とする結婚観である。その結果、専業主婦であったり幼児をかかえていたり、病気や高齢のため再就職が不可能であるなど、経済的に自立できない場合には、離婚後扶養を認めるものとした。

（二宮周平『家族をめぐる法の常識』）

二宮氏はこれに続けて「現実には、協議離婚や調停離婚で、離婚後夫から妻に財産分与される事例は極めて少ない」と述べている。日本の制度は本音と建前の部分で大きく違っているのだ。

●新聞より●

■「無過失離婚―くずれる永久就職神話」　世の女性たちに言いたいのだが、もはや結婚は永久就職などと安心していられなくなるのです。何年連れ添ったなどという過去の「業績」も役に立たなくなる。「離婚届けには絶対判をおしません」と頑張り通すこともできなくなる。夫婦が共に相手を必要としているかどうかが、大切になってくる。……いずれにせよ、結婚によって安定が保証されるという「神話」をいまだに信じている女性たちは、一刻も早く目をさました方がいい。（朝日94・7・22）

一九九四年に発表された「婚姻制度等に関する民法改正要綱試案」によれば、夫婦が五年以上別居を続けていれば離婚できるという項目がある。たとえ、夫に非があり、別の女性と生活していても、妻は「五年別居」という事実があれば、離婚せざるを得ないのだ。

「永久就職」と思って結婚した女性も、自分（妻）に全くの過失がなくても、離婚せざるを得ない。四〇代、五〇代という、既に就職するには道がほとんど閉ざされた状況の中での離婚となる。その時に、仕事を続けている女性たちを羨《うらや》んでも時すでに遅しということになる。女性にも経済的な自立が必要な所以《ゆえん》であろう。

営業マン

えいぎょうマン

会社は営利を目的として事業を営んでいる。営業マンは、会社の販売を引き受ける窓口である。最近では「営業」に女性も配属されるようになっているが、「〜マン」に代表されるように男性が主体である会社が多い。

●参考文献●

■営業マンは「お客の欲しているものを、必要な時、必要な量を」供給する。営業マンはＡＩＤＭＡの法則を頭において行動すべきである。ＡＩＤＭＡとは、Attention（注意）、Interest（興味）、Desire（欲望）、Memory（記憶）、Action（行動）の五つ、まずお客への注意の喚起、それから欲望に火をつけ、大詰めに来ていると判断したら契約書を出し、お客に署名、捺印の行動をしていただくことである」（潮田年久『できる営業マンの時間活用術』）

●新聞より●

■「欲しい女性営業マン―株体験」　男性営業マンはふつう一人で何十人、何百人の客の相手をしているので、私達のような百万円単位の株の行方はなかなか気に掛けてもらえないような気がします。……男性は出世欲はあるし、個人客の利益より自分の会社全体の利益を考える人が大半でしょう。……その点、女性にはキャリアウーマンもいらっしゃるけれど、男性よりは細部にわたって、細やかな神経を使ってくれそうな気がします。（朝日87・5・3）

■「何が週休二日、営業マンの夫」　食品製造販売の営業マンである主人の会社は、今年四月から「完全週休二日制」になった。が、営業マンはその限りではないらしい。出張から帰るのが土曜日の昼過ぎであったり、日頃も夜は接待の酒宴、日曜日も接待ゴルフ……。（朝日91・11・28、投書欄より）

■「営業マン、四十歳過ぎは黄信号―心臓機能ダウン働き過ぎ禁物」　労働省の産業医学労働研究所が営業職の男性について労働負担と労働時間の影響について調べたところ、四十歳になると心臓機能がぐんとおち、五十代では長時間労働が血圧にはねかえりやすいことが分かった。（朝日97・4・11）

■「クレーム対応に消費者関心高まる―営業マンの好き嫌い調査」　クレームへの対応が早くて、確実な営業マンは好きだが、こうした処理がいい加減な営業マンは嫌い、営業マンの好き嫌いについて、産能大が実施したアンケートでこんな結果が出た。……アンケートの自由記述欄には「ミスを言い訳する営業マンはだめ」といった声も寄せられた。……消費者が商品を選ぶ時に、商品や営業マンをみる視点が厳しくなっていると分析。（朝日97・12・8）

■「光るパラボラ、あれは我らのGOサイン」　衛星放送の受信契約活動をする営業マンを励ます歌「光るパラボラ」をNHKが作り、全国の営業拠点で毎朝流すことになった。歌詞は営業マンの公募（星野哲郎補作）、作曲―市川昭介、歌―伍代夏子（朝日91・11・24）

　こうして新聞記事を見るだけでも、「会社の利益を優先」して、「自分の休暇」も返上し、四〇歳過ぎには「健康をそこねて」まで働く営業マンの姿が見えてくる。

　営業マンは商品を売るだけでなく、消費者のクレームにも迅速に対応しなければ「いい加減な営業マン」というレッテルを貼られる。それでも営業マンは「GOサイン」を常にかかげ、後退は許されない。「女性たちが代わってくれるのなら、そうして欲しい」という男たちの叫び声が聞こえるような気がするのは私だけだろうか。

英雄

えいゆう

知力・才能・武力などに特に優れている人（主に

男性）をいう。どの国にも英雄は存在する。その国を築いた人はまず「英雄視」されることが多い。アメリカの「建国の父」と言われるジョージ・ワシントンはその代表的な例だろう。二〇世紀では南アフリカ大統領のネルソン・マンデラ氏が白人支配の中で長い獄中生活に耐え、初の黒人大統領として就任した。現代の「英雄」の資格は十分と考える。

建国に際して、日本のように歴史的事実が明確でない場合には記紀神話の中のスサノオ（須佐之男）やヤマトタケル（日本武尊）のように、神話が「英雄」をつくりあげる。英雄詩という形を伴う場合もある。アイヌの『ユーカラ』、フィンランドの口誦伝説からまとめられた叙事詩『カレワラ』などが代表例としてあげられる。

●新聞より●

▨「南アフリカ大統領になるネルソン・マンデラ氏―武力捨て国民和解訴え」　反アパルトヘイト（人種隔離運動）にささげた二十七年間の獄中生活で、既に二十世紀の英雄になった感のあるこの人のもとで、新生南アフリカが出発する。（日経94・5・3）

●論文より●

▨「心理学から見た英雄神話―記紀神話を中心として」　英雄神話は、異常な誕生、生まれてすぐの迫害、龍との戦い、龍に囚われた乙女や宝物の獲得といったモチーフを基調とする。……こうして自らの王国の王となった英雄、つまり人生前半の課題をなし遂げた自我には、次に人生後半の課題が待ち受けている。それは攻撃性、能動性に代表される男性化を強化する中で、抑圧してきた女性的な心理要素を再投合しようとするプロセスが、龍に囚われていた乙女との結婚というテーマに読み取れるように……。（『ユリイカ』97・2、河東仁）

ここで述べられている英雄の条件、つまり「攻撃性・能動性」を男性の特徴としている点は、なぜ「英雄」が男性であるかの一つのヒントになる。マンデラ氏も「武力捨て」とはあるが、決して「受動的」ではない。能動的に行動・主張してこそ大統領への道が開けたといえる。

それでは、能動的な女性、攻撃的でさえある女性が「英雄」といわれている例はないのだろうか。


▨（動向と展望）「ベトナム女性史研究の概観—女性英雄の歴史からドイモイを経て」（『女性史学』95年、片山須美子）

▨「スーチー英雄史観には呆《あき》れる」自分への批判には一切耳を貸さない態度では「活動家」になれても「政治家」にはなれない。（『諸君』96・8、草野厚）

片山氏の論文では「女性英雄」という造語を作成し、「英雄」に「女性」という言葉を添えることでその意味を伝えようとしている。なぜなら、「英雄」に代わる女性を対象とした表現が存在しないからだ。

また草野氏は「スーチー」という女性の「英雄史観」を、「呆れる」という否定的な表現を使うことで、女性が英雄たりうることも暗に否定するという結果を出している。まだ女性が「英雄」になる社会の素地はできていない。

現代社会の中にあっても、英雄はさまざまな形で存在する。英雄（スーパーヒーロー）を求める人間の心理は、いつの時代にも変わらないようだ。

記紀神話を題材とした「ヤマトタケル」が、哲学者・梅原猛氏と歌舞伎俳優の市川猿之助氏の手によって「スーパー歌舞伎」の英雄として一九八〇年代の後半によみがえり、通算三八〇回もの上演を重ねる大ヒットになった。

また日本のオペラやミュージカルに、スサノオやヤマトタケルが登場したのは一九九四年のことだ。映画・テレビやアニメ、まんがの主人公として、『古事記』『日本書紀』から題材をとった英雄たちが、さまざまな表現ジャンルで復活した。

スポーツのヒーローたちもまた、現代社会で「英雄視」されている。「アメリカは常に英雄を待望している社会である。大観衆を集めるスポーツは、そのためのみにあるといいたいほどである」と、司馬遼太郎氏は『アメリカ素描』の中で語っている。しかし、その現象はアメリカの文化の影響を大きくうける日本でも見られ、スポーツ選手を英雄視する傾向は強い。

●新聞より●

▨「日本神話の英雄復活―物語の魅力受ける」「かつて皇国史観と戦争のために利用された不幸な後遺症から逃れて日本最古の文献としての記紀のルーツ性や物語そのものの豊かさがここへ来て改めて注目されている」、猿之助「神話は神と人間と鬼が共存するというスケールの大きな世界。そこで歌舞伎が得意とする拡張の表現様式やばさら的な要素をむしろ縦横に生かせるのではないかと話し合ったのが梅原さんとの構想の発端」（日経94・5・14）

▨「これぞスーパーマリオ―子供が夢見る氷上の英雄」中でも人気抜群なのが、その名もマリオ・レミュー。北米のプロアイスホッケーリーグ、ペンギンズの若きスーパースターだ。伝記漫画の主人公になるほど、ファンを熱狂させている。（日経93・11・11）

▨「悲願に挑む孤独な英雄」狙ったタイトルは確実に手にしてきた。一九九六年、世界選手権を制し、五輪、ワールドカップ総合と合わせて「三冠」を達成した。そのシーズン後スキー仲間に打ち明けた。「もうスキーは続けていけない」アルベルト・トンバ選手（イタリア）（朝日98・2・18）

「英雄」をキーワードに朝日新聞の一九八五年から九八年までを検索で見ると、歴史の流れとその評価が分かり興味深い。

▨「比大統領もう一つの怪『抗日の英雄』でっちあげ説米紙報道」（86・1・24）

▨「故スカルノ大統領に『独立宣言英雄』称号　名誉回復進む」（96・11・9）

▨「キューバ革命の英雄　ゲバラの最期　将軍二人が新著」（87・3・10）

▨「ベトナムの英雄ザップ将軍引退へ」（87・4・6）

▨「台湾当局、犯人を英雄視せず　中華民航機乗っ取り」（88・5・14）

▨「団十郎　新将門像に挑む　英雄視改め『罪業』も強調」（88・6・8）

▨「かつて資本主義攻撃　今は会社管理職に　文化大革命の英雄　張鉄生氏」（93・4・6）

▨「北からの亡命者『英雄』待遇やめます　統一後へ布石?・韓国が転換」（93・11・10）

▨「百万人が英雄悼む　アイルトン・セナ選手故郷に埋葬　ブラジル」（94・5・6）

▨「聖火　最期は『英雄アリ』　病身おして大役」（96・7・26）

▨「『庶民の英雄』見直す　本多劇場で『決定版　力動山』を上映」（96・10・1）

▨「スターリン　英雄の蛮行　国民は知らず」（98・3・7）

「英雄」は時代の見方によっても変わることが、「スカルノ」や「将門」の例などからも分かる。

●歌詞より（抜粋）●

・雄々しい男たちはどこへ消えたの?
・誰よりも強くたくましい　百戦錬磨の闘士でなければ
・並外れたあなたの力が今すぐ必要なの
・確かにそこに誰かいる
・私をじっと見守っている
・激しい風も　冷たい雨も　嵐も洪水もものともせずに
・こちらへ近づいてくるその人が
・私の血をわきたたせるのよ。（ボニー・タイラー Holding out for a Hero より）

今、私達はどんな英雄を待ち望んでいるのだろうか。ボニー・タイラーの歌う「ヒーロー」（Holding out a hero）にその答えはあるのだろうか。いや、ここでは受け身の女性が強い男性を待ち望んでいる姿しかないように思う。

エレガント

上品な様子、優雅な様子をいう。特に女性の様子をいうわけではないが、「エレガントな女性」と「エレガントな男性」では、やはり女性の方がプラスイメージではないだろうか。

「エレガント」はすっかり日本語に定着した感の

ある外来語だが、そもそも原語ではどのような様子をいうのかを見ておきたい。

ロドリゲス（Joao Rodriguez）は、一五七七年に来日したポルトガル人でイエズス会の宣教師だ。豊臣秀吉や徳川家康の知遇をうけ、早くから教会側の代弁者として活躍した。彼の記した『日本文典』は一六世紀から一七世紀にかけての日本語を厳密に記述していて、今日の日本語を知る貴重な書だが、その中で「エレガント」が次のように使われている。

●論文より●

▨『大文典』を書くいきさつを説明した部分で、ロドリゲスは「文法規則だけではなく、正確に、そして、エレガントに話せるようになるやり方までまとめるように言われた」と言っている。

当時のヨーロッパにおいて言語といえば、すなわち古典ラテン語であった。古典ラテン語におけるエレガントの語義は、

・(装飾や服飾などの）風情、品
・(言葉遣い、振る舞いなどの）慎重さ、分別、品、礼儀作法にかなっていること、(洗練・動作・態度などの）気品、優雅、最上級になれた、えり好みのやかましい、素敵な、繊細な、えり抜きの、極上の
・(言葉・文体など）適切な
・(技能・教養などの点で）完全な

(馬場良二『熊本女子大学学術紀要』第44巻第1号、一九九二「ロドリゲス『日本文典』における「エレガント」について、その一）

こうしてエレガントの語義をみると実に範囲が広い。これら全てに当てはまる人物を捜すのは性別にこだわらず難しいと思う。雑誌や新聞から「エレガント」と言われている人物を捜してみることにしたい。

●新聞より●

▨「A・ヘップバーンさん死去—エレガント・あこがれの代表」　ファッション関係者が「彼女は年をとってからエレガントになった」と言っていた。力のある人、ない人と差別することなく、誰にでも

細やかな気配りするのを知り、これがエレガントというのだと思った。（日経93・1・21）

■「優雅な巻髪、手間に意味あり」　二十代の若い女性の間で「巻髪」がはやっている。これは女優巻きとも呼ばれる大きなウエーブのエレガントでクラッシックなヘアスタイル。（日経93・11・22）

■「バイアスアロンの観客」　競技自体がエキサイティングだったかといえば、予想通り地味なものだった。エレガント、といったほうがいいかもしれない。とくに女子の場合、銃を背負った姿は優美で、十人中、八、九人がピアスをしていたのが印象的だった。（朝日98・2・16）

●小説より●

■デモママ、モンクニハ、テレビ関係のヒトヤ俳優サンモキテルヨウダケド、ミンナイイヒトバカリデ雰囲気ハトテモエレガントヨ。（倉橋由美子『聖少女』）

■彼女が事務所でチャシューメンか何か食べていた。―とてもエレガントな美しい人である。（五木寛之『風に吹かれて』）

●雑誌より●

■「アメリカのエレガント。アメリカの蝶。ジンジャー・ロジャース」　何といってもジンジャーの功績はアステアとのダンシング・シーン。ここにあるのはアメリカのリズム、そしてアメリカのタップ、加えてアメリカのエレガント。このジンジャーが今年の五月に八十三歳で老衰死亡。「恋愛手帖」でオスカーを取ったが、……このアステアと踊った美しいスカートのひらめきは、これからさきざきいつまでも忘れえぬ。（『キネマ旬報』95・6・15、淀川長治）

こうして見てみると、とてもラテン語の原義の「エレガント」は日本語では使いこなせていないようだ。もし本来の意味でいうなら、当然男性に使われてもよい言葉であると思う。

縁遠い

えんどおい

結婚の機会に恵まれないこと。『新明解国語辞典』には（特に女性について）とカッコつきながら「縁遠い」の使われ方が男女に差があることを示している。

結婚を「縁」としてとらえるのは、仏教の考え方からきている。「夫と妻は赤い糸で結ばれている」という表現が存在するように、物事はすべて「因縁《いんねん》」、つまり原因と結果（この場合は女と男の出会い）は前世から定まっていたという、とらえ方である。結婚を意味する「縁づく」という表現もここから来ている。

女性の働く機会が少なく、男性との出会いのチャンスもなかった頃は、見合いの話を持ってきてくれる人がいなければ、どうしても「縁遠く」なってしまう。しかし、現在の日本の状況はむしろ逆で、会社人間として大部分の時間を会社にいることを余儀なくされている男性こそ「縁遠い」のではないだろうか。

コンピュータによる「見合い」といったところに自分の名前を登録する男性が多いのもその表れと考えられる。趣味や血液型・学歴・職種といったことで相手を選ぶのは、一見合理的に見えながら、実際は「縁」をコンピュータに頼っているに過ぎない。「縁遠い」人たちがいるからこそ成り立つビジネスがその背後にある。この語が女性を対象に使われるのは、やはり「結婚すること」「結婚する年齢」が女性の生きかたに大きな意味を持った時代の名残だろう。

新聞には「結婚詐欺」の話が引きも切らず続いている。「縁遠い」男性や女性たちの多さを物語るのだろう。

●新聞より●

▨「妻子ある五十男、結婚話近づいて千二百万円だましとる」（朝日87・2・14）

▨「結婚話で六百六十万円だましとる」（朝日88・11・3）

▨「看護婦狙い『結婚しよう』　実業家装い詐欺　二千四百万円詐欺」（朝日89・11・11）

▨「結婚情報サービスを悪用　男性に三百万円支払い命令　東京地裁」（朝日96・6・8）

▨「結婚持ちかけ六百四十万円をだまし取る　容疑の女性逮捕」（朝日96・7・17）

二〇代後半で自分の意思で「結婚しない」女性たちが増え、結婚は「晩婚化」の傾向にある。結婚はライフスタイルの一つの選択肢にすぎない今、果たして「縁遠い」という言葉に、まだ存在価値は残っているのだろうか。

ＯＬ　オーエル

ＯＬは和製英語でオフィスレディーの略称。辞書には「女性事務員」（『新明解国語辞典』4版）、「事務職に就いている女性」（北原・吉見『カタカナ語使い分け辞典』）など「女性・事務」がその共通語としてある。しかし女性の仕事内容が多様化し「事務職」ではないが「ＯＬ」と呼ばれる女性たちも増え、ＯＬの境界線ははっきりとは定めにくくなっている。

ＯＬという語はすっかり日本語として定着した感があるが、歴史は非常に浅く一九六三年、東京オリンピックの前年に、女性週刊誌『女性自身』が一般公募して使われるようになった語である。

戦前・戦後を通して女性の事務職を表す語は特になく「職業婦人」が働く女性の総称だった。「職業婦人」という語は大正期に「小中学校教師」「看護婦」「電話交換手」「百貨店店員」「タイピスト」など第三次産業につく女性が増えたことからつけられた名称である。「職業＋婦人」という二字熟語を二つ重ね合わせた語感はいかにも固い。

一九五〇年代後半、日本が高度成長にさしかかり女性の事務職も増えたことからＢＧ（ビジネスガール）という呼称が広く使われだした。高度成長期に女性事務職が増えた背景には次の点が考えられる。

① 労働力の需要に対して男性だけでは供給に追いつかなかったこと
② 生産が拡大することによって、事務の仕事が増えたこと
③ 事務が機械化され、単純化していく中で、低コストで単純作業をする若い女性に仕事の場ができたこと

しかし、この語の寿命は短く、NHKがアメリカではBGはバーガール（売春婦）を表すということから使用禁止を決定。上記の『女性自身』の一般公募となりOLが二五〇〇〇票のうち約四二〇〇票をとり、現在も使われつづけている。しかし高度成長の後、バブルが崩壊し、日本の経済が傾きはじめ、人員削減の筆頭に上げられたのが女性の事務職である。

●参考文献より●

▨「BGにかわることば」は？の投票結果　①オフィス・レディー、②オフィス・ガール、③サラリー・ガール、④キャリア・ガール、⑤ビジネス・レディー、⑥オフィス・ウーマン、⑦ビジネス・ウーマン、⑧BG廃止反対、⑨キャリア・ウーマン、⑩ワーク・レディー（日本のOL研究会編『ニッポンのOLたち』）

▨「OLって誰のこと？」鈴木花子・25歳・A商事東京本社経理部勤務（制服あり）、勤続5年・自宅で両親と同居・趣味はエアロビクスと海外旅行……。（同前）

ここに例としてあげられている女性が、日本人の抱くOLの典型例だろう。制服があり両親と同居している（つまり経済的に自立していない、親の監視下にあるので結婚前の素行もよい）など、男性の独身会社員とは異なった観点が出ている。

「制服」というのも一つのキーワードだ。なぜOLは制服を着せられるのだろうか。男性社員はたとえスーツという制服めいたものはあるにしても、色も形も多少の自由があるのとは対照的だ。

▨「まずは立派にOL卒業／二七歳からのキャリアアップ計画作りと退職のマナー」（『脱OL講座―OL卒業』）

ＯＬのための講座として「ＯＬ卒業」と書き、その年齢の上限を二〇代後半と想定している。また会社を辞める際のマナーや次のステージを捜す「第二章」では、ＯＬという語の持つ「年齢制限」と「定年」を暗黙のうちに示している。

●新聞・雑誌より●

▨「ＯＬに聞いたストレスによる症状は?」　女性の社会進出が当たり前になった現代、ＯＬのストレスの感じ方は男性のそれとは違っているのだろうか。化粧品のカネボウが首都圏に住む二〇代、三〇代のＯＬ三〇〇人に聞いた。最もストレスを感じる場面は「通勤」64％、「人間関係」46％、「ＯＡ機器」27％の順、最もストレスを感じる相手は「男性上司」「同僚の女性」「取引先」でそうなると「いらいらして人にあたる」42％、「顔が険しくなる」38％、「精神不安定」36％、「衝動買いや浪費」15％―複数回答―という症状が出てくる。（毎日97・10・21）

▨「ＯＬの貯金センスは……」　二〇代を中心としたＯＬたちの貯金センスを、大手生命保険会社の調査からのぞいて見ると―。貯金額は百万円未満で約25％、……目標金額は一千万円が一番多く25％……。（毎日97・11・22）

日本経済のバブルがはじけ、会社という組織からはじき出されているのがスキルを持たない「事務職」のＯＬたちだ。

▨「事務職ＯＬは今や絶滅の危機スキル（技能）の有無で明暗が」「結婚しないの?」と以前から上司に茶化されることはありました。でも最近は、その言葉の裏に「早く結婚しろ。会社のために一日も早くやめてくれ」という本音があるのがよく分かります。（二十五歳・商社）（『ダカーポ』97・4・16）

▨「花のＯＬ」は今や昔……。ＯＬ＝事務＝誰にでもできる補助職＝リストラの最右翼。（同前）

労働省の調べでは一九九六年に上場企業七一六社の四七％が「事務職を減らした」と答えている。それでは大部分が「事務職」であるＯＬには、どんな退職勧告があったのだろうか。女性ユニオン東京への相談件数を見ると、退職強要の相談がもっとも多い。

▨「もう『職場の花』はいらない！」中高年の次のリストラ対象はＯＬ？　かつて「職場の花」でよかった女性社員のありようが、今問われている。ＯＡ機器の発達などにより、事務作業のスリム化が進めば進むほど、いわゆる「事務職」と呼ばれる彼女たちの問題が浮かび上がってくるのは当然のこと。もはや女性が「職場の花」と呼ばれる時代は終焉したのだ。（『Forbes』97・2）

▨「リストラの嵐の中、ＯＬの崩壊が始まった」一般事務の仕事は、どの企業においてもスリム化の焦点の一つである。加えてホワイトカラー、とりわけ中間管理職の削減に伴い、彼らの補助的業務はなくなっていく。この傾向がこれから続いていく中で、女子一般事務職、いわゆるＯＬが構造的に縮小されていくことは明白である。……現実的に企業はＯＬへの対応を変えてきている。個々の流れとして見る時、日本的な「ＯＬ制度」が崩壊にむかっている証拠がいくつも出てきている。（『エコノミスト』95・5）

バブルの時期に社員を大幅に増員した企業が、バブル崩壊後「人件費削減」に力を入れている。リストラ（リストラクチャリング―事業の再構築）という語が首切りと同義語のように使われ、事務職の女性（ＯＬ）と給与水準の高い男性がそのターゲットである。

しかし、ＯＬたちの意識も高度成長の時代の「職場の花」「結婚までの腰掛け」から、仕事を一生続けたいという「キャリア志向」に変化してきている。テポラリーセンターが独身女性五八四人に対して行った「以前勤めていた会社を辞めた理由ベストテン」の第一位は「他の仕事がしたかった」であり、「結婚退社」という言葉を否定するかのように、「結婚のため」は第一一位という下位にある。働きたい女性たちの気持ちをよそに、ＯＬたちへのリストラは進んでいる。

反面、長期継続者、既婚者、子持ちなどＯＬの概念にはおさまらない女性も増えてきている。労働力過剰の不況の時代にも、自分の能力を生かしながら仕事を続けている女性たちだ。今後はＯＬという、職業でも職種でもない、「若くて未婚で特別な才能がない女性事務」という高度成長と共に生まれた「身分的な用語」は消滅するのではないだろうか。＊「キャリアウーマン」の項参照。

雄々しい　おおしい

男らしいこと、勇ましいこと。男性が危険に出会った時などに勇気を持って立ち向かう様子をいう。男性の理想の形とされ、限りなくプラス表現。反対語は「女々《めめ》しい」で、男性のあってはならない姿とされ、もちろんマイナス表現である。文字からも、もっとも男女の性差を表す形容詞といえる。「雄々しい」は成人に達した男性にしか使われない。

例－山中で熊に出くわした彼は（彼女は）（子供は）、家族を守るために雄々しく立ち向かっていった。

同じ光景に対して、成人の男性の場合は「雄々しく」が当てはまるが、女性や子供の場合は「勇ましく」「けなげにも」などの言葉の方が適当である。これらの使い分けは、「雄々しい」がいかにも男性的な特徴を表す語であることから、女や子供に対しては使えないというところから生じる。

ここでは、仏教の出家僧の代表格である西行《さいぎょう》（一一一八～九〇）と、日本にハリスト聖教会を布教したニコライの二人の「雄々しさ」について考えてみたい。

●論文より●

▨「雄々しき曲者―西行の現代性を問う」『西行物語絵巻』のなかで、麻の苔衣に身を包み、背に笈《おい》を手に菅笠《すげがさ》をもって吉野の山奥に向かって黙々と歩いていく図がある。一枚の絵の効力は恐ろしい。人はこんな絵に見ほれて、漂白の意味を鵜《う》呑《の》みにしてしまう。

「願はくは　花の下にて春しなむ　その如月《きさらぎ》の望月の頃」―の一首から立ちのぼってくる求道の詩

心に捕縛され、吉野山の花影を添えて、旅人西行の孤独な姿を浮かび上がらせる。この常套《じょうとう》手段に人は慣れて久しい。……世をはかなむ人のデリケートな神経は、虫も殺さぬほどであると見ていいが、西行は「出家遁世《とんせい》」していても、そんなひ弱な人間ではなく、武士的猛々しさや雄々しさを内に隠して、外見で人を騙《だま》し、遊行《ゆぎょう》の道中で腹が減れば蛇でも殺して食うほどの図太さを失わなかった、と私は思う。（『短歌』86・1、松永伍一）

▨「雄々しい伝導者―日記の中のニコライ」 明治時代にロシア正教を日本で布教した人物で……背が高くて、骨格がたくましかった。目鼻だちが一体におおぶりで、その目に強い光があった。……およそ幕末期の函館ロシア領事館に修道司祭として着任以来、テロリズムの危険に身をさらしてもいささかもたじろがなかったというエピソードは、ニコライについていくつも伝説のように語り継がれている。ニコライのこのような恐れを知らぬ性格や生来の堂々たる体軀は、ロシアのフォークロアである英雄叙事詩に登場する勇士を連想させる。……日記全体を通読すれば、ニコライの細やかな心づかいが信徒の一人一人の身の上まで及んでいることがよくわかる。雄々しい伝導者の心の中には慈母のやさしさが同居していたのだ。（『図書』97・6、中村喜和）

「雄々しさ」および「雄々しさ」に反すると思われる語に傍線を施した。

まず西行だが「出家遁世《とんせ》」していて「デリケートな神経」を持ち合わせ「虫も殺さぬ」「ひ弱な人間」のように見えながら（ここまでは「雄々しい」に反する性格）、実は「武士的猛々《たけだけ》しさや雄々しさ」を備え、蛇でも殺して食するほどの「図太さ」を持っていた。蛇は毒を含んだ蝮《まむし》や大蛇を想像すると、出家僧が蛇に立ち向かう「雄々しい姿」が浮かび上がる。

西行の容姿が「雄々しい」のイメージに程遠いのに対して、ニコライは容姿そのものも背が高く、骨格がたくましく、堂々たる体軀《たいく》は「男らしい」。性格は「恐れを知らず」、危険に身をさらしても「たじろがない」。しかし心の中には「慈母のやさしさ」（雄々しいに対する語）があった。

西行もニコライも女性の入りえなかった出家僧、宣教師であり、その二人が期せずして論文のタイトルに「雄々しい」を冠されていることに、書き手（男性）の「雄々しい」に対するあこがれに似た気持ちをくみ取ることができる。

オールド・ミス

和製英語 old miss. 英語では old maid という表現があるが、日本語のオールド・ミス同様、死語化している。オールド・ミスという語は明治時代から使われはじめ、多くの国語辞典の説明では「未婚のまま婚期を過ぎた女。老嬢」（『広辞苑』第4版）と大同小異である。

これに似た表現で「婚期を逃した」「売れ残り」「行かず後家」などもある。これらは、女性が結婚する年齢を社会的に規定するところから生まれた発想であり、男性には絶対に使われない。

男性に対して使われる英語の old boy はスポーツの世界で先輩の選手に対して使われる尊敬をこめた表現であり、大学の卒業生に対しても使われる。old という語が女性に使われるとマイナス概念になり、男性に対して使われるとプラス概念になる一つの典型である。

同様の表現だがオールドのニュアンスを嫌い「ハイ・ミス」high miss という語が一九六〇年くらいから使われている。しかし、この語にも「結婚」を女性の人生の一区切りととらえる社会が背景にある。自ら結婚しない自由を選ぶ女性が増えてきている今、ハイ・ミスも死語となった。

日本人の未婚率の推移を見ると、男性の未婚率は七五年の高度成長を終えた時期くらいから右肩上がりに急上昇して、三〇歳から三四歳までの男性の約三五％が未婚である。それに対して女性は、七〇年くらいから少しずつではあるが未婚率が増加し、男女とも晩婚化・非婚化の現象が進行している。

結婚しないことで、社会の一員と認められなかった時代から、結婚することも人生の一つのチョイスである時代へと社会は確実に移行しつつある。

●小説・文献より●

■女学校の体操とやらの教職に在ったというひとに聖書学について質問を受けようとは思いがけなかったので、……その調子があどけない少女のようでもあり、またすれっからしのオールド・ミスのようでもあった。（檀一雄『焼け跡のイエス』）

■『北国』の詩が井上靖の文学の基礎となった……特に短編には詩と同じように絵画的イメージを抱いたものが多い。『グウドル氏の手套』の大きい革の手袋とか、『湖上の兎』の冬の猪苗代湖の湖面に騒ぐ白い波頭などである。これらのイメージはそのまま作品のモチーフとなり、そのまま一人の人間の姿を象徴し、それぞれ周囲の白眼に耐える老いた姿、吝嗇で狷介なオールドミスの姿と重なり合う。（福田宏年『井上靖「人と作品」』）

■「それが、男はみんなろくでもない目にあい、女は海千山千になってしもた。……ミイさんのような賢夫人や、小ツやんや早苗さんのオールドミスのおえらがたにはできんことも、わたしらはするもん」（壺井栄『二十四の瞳』）

「オールド・ミス」という用語は明らかに差別語である。小説に使われている例をみると、傍線の箇所にあるように、「オールド・ミス」をマイナスイメージの語で形容することによって、あたかも「オールド・ミス」であることが「悪」であるようなイメージを読むものに与える悪い意味での相乗効果を果たしている。

「すれっからし」＝人生の様々な経験をなめつくし、人柄が悪くなっていること、「吝嗇《けち》」＝極端なほどのけち、「狷介《けんかい》」＝自分で決めたことは、人が何と言おうと曲げないこと。性格が悪くひねくれているという意味にとられ、限りなくマイナスイメージ、「海千山千」＝世の中の経験を積んで、物事の裏の裏まで知り抜いている悪がしこい人。

「オールド・ミス」の用語が死語となると同時に、そのイメージも「死イメージ」させていかなければならないと思う。

お母さん・おっかさん

おかあさん

母親を呼ぶ時にもっとも一般的に使われる呼び方。夫が妻に向かって、子供の立場に立って「お母さん」と呼ぶことも多い。明治末期以降、国定教科書でこの呼び方が採用されたため、広く用いられるようになった。「おかあさん。おはやうございます」（『尋常小学校読本』明治三六年）。

それ以前は、時代や地方によって呼び方も異なっていた。「おかかさま」（おととさま）は近世に武家や豪商の子供たちが用いた呼び方。「おかか」（おとと）は、母親に対しての呼び方というより自分の妻や他人の妻を指す事例が多い。「おっかさん」（おっとさん）は「おかかさま」の変化した語、その他「かかさま」（ととさま）「お母様」（お父様）など。

江戸末期、上方では成人した男子は「おかかさま」の変化した「おかあさま」と母を敬って呼んだと『守貞漫稿』にあるが、現在男性が「お母様」と自分の母親を指して呼ぶのは稀であろう。

現代語では、テレビの普及などにより地方差が見られなくなったが、高度成長期前までは母親を呼ぶ語は実に様々であった。歌の「東京だヨ、おっ母さん」は、東京という都会に出てきた成人した女性でも母親を呼ぶ時は、子供の時から呼び慣れた「おっかさん」がそのまま母親と合致することを示している。おそらく「東京だヨ、お母さん」という歌詞では、地方から東京に出てきた若い女性にとって「よそゆき」の言葉となってしまい、歌詞自体も庶民に訴える力を失ってしまっただろう。

●歌詞より●

▩「東京だヨ、おっ母さん」

一、久しぶりに　手を引いて　親子で歩ける　嬉しさに　小さい頃が浮かんできますよ　おっ母さん　ここがここが　二重橋　記念の写真をとりましょうね

二、やさしかった兄さんが　田舎の話をききたい

と　桜の下でさぞかし待つだろ　おっ母さん　あれがあれが　九段坂　逢ったら泣くでしょ兄さんも

三、さあさ着いた　着きました　達者で長生きするように　お参りしましょよ　観音様です　おっ母さん　ここがここが浅草よ　お祭りみたいに賑やかね（野村俊夫作詩、船村徹作曲、島倉千代子唄）

この曲が作られたのは一九五七年で、ちょうど日本が高度成長を始めようとするその時だった。この曲が歌いつがれた一〇数年間は、正に日本の高度成長の時期と一致する。この歌の中で、歌手が力をこめて言う「おっかさん」と、「自分の母親像」とのイメージをダブらせた日本人がどれほど多かったかは、想像に難くない。

高度成長期は集団就職する若者たちで都会に人口が集中した。『昭和家庭史年表』によれば、東北や九州から都会に向けて走った「就職列車」のピークは一九六三年（昭和三八）で、全国で三万八千人もの中学卒業者を都会に働き手として運んでいる。

この歌は東京に初めて出てきた母親を娘が案内している光景が描かれている。「やさしかった兄さんが田舎の話を聞きたいと」と「会ったら泣くでしょ兄さんも」などの歌詞からも、「九段坂」「桜の下」といった表現からも、兄は戦死し靖国神社にまつられていると類推できる。島倉千代子の歌声が地方出身の若者たちに、望郷の念を引き起こしたのであろう、この曲は大ヒットとなった。

二一世紀を迎えようとする今、その人たちも孫のいる世代になっている。その孫たちは、自分の母親を「おっかさん」とは言わない。父親や母親となった地方出身者が子供に「おかあさん、おとうさん」と教え、地方にあった呼称は消えようとしている。しかし、今でも年配者たちが自分の親を語る時には、子供の時から慣れ親しんだ呼び方をしている。

●年配者の発言から●

▒「おっかさんは、傷痍《しょうい》軍人を見るとすぐに財布を出してね……」（八十三歳・男性、東北出身）

福岡―オッカシャマ、福井―オカン、和歌山―オカハン、岩手―オガハン、福島―オガチャ。

小説にもさまざまな呼び方が表れる。中でも翻訳物の『小公子』の「おっとさん」「おっかさん」には味がある。

●小説より●

▨「おっとさんはイギリス人だということだけは、おっかさんにきいて知っていましたが……」（若松賤子訳『小公子』）

▨「私は小さい時から慈母（オッカ）さんはなくて、厳父（オット）さんに育てられたというし……」（坪内逍遙『当世書生気質』）

▨「亭主は女房を『おッかア』、女房は亭主を『ちゃん』と呼ぶものもあった」（永井荷風『墨東奇譚』）

▨ほどなく彼女は大阪城二の丸に移り、男児を生み上げた。この年の八月三日である。秀吉は喜び……「健康のため灸点《やいと》をめされよ。ただし拾《ひろい》には、やいとはご無用である。かかさまがしてやってもいけない」という手紙も出している。（司馬遼太郎『豊臣家の人々』）

坪内逍遙は「おっかさん」に「慈母」という漢字を当てはめている。まさに、母とは子供を「慈しみ育てる」をそのまま当てた漢字のようだ。母とは、生まれながらに子供を愛し慈しむものとして生まれついているのだろうか。残念ながらそうではないことを、昨今の「幼児虐待」のニュースは教えてくれる。何日も食事をさせない親、コインロッカーに子供を入れたまま、食事をしていた親などだ。

結婚して子供を産み育てることが女性の一生であった時代から、結婚することも子供を産むことも女性の生きかたの選択の一つとなり、その中で「お母さん」と敬意を込めて呼ばれる経験を持つ女性たちも減少してきている。子供にとって理想のお母さんとはどんな人なのだろう。

●新聞より●

▨「お母さんがステキに見える時」　長男が小学校六年生の時、一枚のアンケート用紙を持ってきた。親の意識調査かと読んでみると答えにくい問ばかり続く。最後の質問は「あなたのお子さんは、どんなお母さんが素晴らしいと思っていますか。次の中から一つ選んでください」①お母さんが仕事に行く時 ②ごはんを作っている時 ③お父さんと話している時 ④お母さんが趣味のことをしている時 ⑤その他。「4番かなー」と長男、小学校四年生の次男は黙りこくって考えている。「どんな時でも何をしていてもいい。一番ステキなのは、お母さんの機嫌のいい時なんだよ。僕はそう思っている」（朝日89・12・16、三十八歳主婦）

小学校の意識調査の調査項目は、①と②は男女役割分担に関するもの、③はコミュニケーションのある家庭かそうでない家庭か、④は家庭以外に自分の世界を持っている母親かどうか、と意識的な問いになっている。この記事の興味深い点は次男が「機嫌がいい時」と答えていることだ。現代の「お母さん」は、子供たちの前でそんなに「機嫌が悪いこと」が多いのだろうか。その原因は何なのだろう。

▨「第八回全日本お母さんコーラス大会」（全日本合唱連盟）今年は全国二十一会場で五百二十五団体、一万七千二百五人が参加した。各支部大会で選ばれ、この日登場したグループは自作のドレスや浴衣、Tシャツと個性豊かな装い。（朝日85・8・26）

●論文より●

▨「いいお母さんを演じないで」子供虐待と現代の子育て風景――私は七年間、東京の世田谷の家の寮母をしていました。これは家庭が崩壊した子供たちの家です。ここはティーンエイジャーの家なんです。親を殺してきた子供たちもいました。親に殺されそうになったから親を殺したんだろうな、親に非常に嫌われてた子供なんだろうな……この三年前から「子供虐待防止センター」を作りました。……匿名で名前を言わない電話相談、七ヵ月の子供が脳挫傷を起こしている、子供が憎らしいからと激辛カレーを食べさせる、「夕べも首をしめそうになっちゃった」「包丁をつきつけたくなる」（母親たちからの電話）、相談した母親に「ところであなたも独りぼっちの育児ですか」と聞いてみました。夫は朝六時三〇分に家を出て、夜一一時に家に帰ってくる。……アメリカでは子供を連れて歩いていると「ハーイ！」とか「キュート」とか「グッド」とかいろいろ言ってくれる。日本なんか誰も言ってくれませんよ、皆無関心だから。アメリカにいる時、ああ子供って一人ぼっちで育てているんじゃないんだな、と思いました。日本では、子供を外に連れ出せば連れ出すほど、「私って一人ぼっちだな」と。……このグループのお母さんたちは次のような特徴があります。

マイナス志向が強い／自分の過少評価／「べき志向」……すべきと考える／まわりに対する評価が高い／etc.（『教育』94・8、広岡智子）

「お母さん像」が変化している。「慈母」ではなく「厳母」でもなく「恐母」さえ生まれている。母性を味わい、「母性愛」という語を実感として味わっている「お母さん」が大部分だとは思うが、情報過多の中で孤立し、逃げ場を失って子供にあたっている「お母さん」が増えていることも事実だ。

「お母さん」は前述のアンケートの①から④のどれでもいい。自分の熱中できることを持っている「お母さん」が現代の社会で求められている母親なのだ。

＊「お父さん」の項参照。

おかみさん

「お上様《かみ》」「御内儀様《おかみ》」という公家《くげ》言葉の「おかみさま」から変化した語であるが、江戸時代には町人の妻をさしていた。次に引用した富塚氏の言葉からも「おかみさん」は商人の妻で、サラリーマン（勤め人）の妻は「奥さん」と、「戦前」まではかなり厳密な言葉の区分けが存在したようである。

現代語でも、新聞などの用例から「おかみさん」（女将）は旅館や料亭の女主人、商店の経営者、あるいは経営者の伴侶をさす場合が多い。夫のサラリーに頼るのではなく、自立して旅館・料亭・商店などの経営に携わる女性を指す。相撲部屋の「親方」に対して、その妻にも「おかみさん」が使われる。

辞典によっては「おかみさんは現在ではやや卑俗

な言い方」とある。「卑俗」と受け取るかどうかは、その人の社会的な立場からくる発想であり、江戸時代の「士農工商」的発想がそのまま引きずられていると考えることもできる。

「おかみさん」は奥さんより経済力があり、逞《たくま》しいという印象を与える。

●参考文献より●

▨さて、戦時中のある日のことである。おかみさんが祖母のところにやってきて長話をしていると、急用ができたのですぐ帰るようにと下の娘が言いに来た。取り次いだ祖母のお手伝いが「お宅のお嬢さんがお迎えにみえました」と言った。おかみさんは上機嫌で帰っていった。祖母は後でお手伝いに「ああいう人は娘さんとお呼びなさい」と注意した。戦前に「奥様」と呼ばれるのは勤め人の奥さんで、商家の奥さんは大抵「おかみさん」と呼ばれていた。（富塚素子『童女のごとく〈母　円地文子のあしあと〉』）

●小説より●

▨ところでバーについてみると、そこには主人の他に誰もいなかった。……ジョー・ベル自身がまるでおかみさんよろしくの入念さで、生け花を生けておくのである。私が入っていくと彼はちょうど……。（トルーマン・カポーティー、龍口直太郎訳『ティーファニーで朝食を』）

▨樋口より七つも年上だった彼女は、この七年間のうちにまるで別人のように老け込み、……。そしてあのころはデパートにつとめていて、なかなかお洒落《しゃれ》だった人が、今はこんな小さな飲み屋の女将です。（三浦哲郎『忍ぶ川』）

▨「料亭のおかみさんは若くはないんだが愛嬌があってキビキビしていてね、……」（ゲーテ『若きウエルテルの悩み』）

▨おかみさんが七月の腹をかかえて、苦しそうに厠《かわや》の掃除をする―その姿がわけもなくわびしく見えた。（川端康成『伊豆の踊り子』）

●新聞・雑誌より●

▨「人生に棹《さお》さして　涙と笑いのおかみさん」　勝負は気になるけれど、丈夫で長持ちしてほしい。妻の本音放談―」（『潮』86・10）

▨「横綱貴乃花誕生　おかみさんの涙」対談花田憲子《のりこ》二子山親方夫人／阿川佐和子《あがわさわこ》エッセイスト　阿川―先場所、横綱昇進を見送られた時は、おかみさんが悔し涙を流したと聞きましたが。花田―涙を流している私に光司（貴乃花）が「おかみさん、僕は大丈夫ですから心配しないでください」（『文芸春秋』95・1）

▨「浅草おかみさん会」奮戦記　六区の灯「細腕で守るわ」、自主運営の団体は「浅草おかみさん会」会員は約四十五人、会長はそば屋の社長、富永照子さんだ。（朝日89・3・10）

▨「全国の『おかみさん』集まれ　商店街を活性化させ、町に活気取り戻そう」　情報交換へサミット開催「男社会のやりきれなさ」語ろう。（朝日93・4・17）

▨「銀座のおかみさん初のよりあい参加―女性たちの意見反映を」　何か会合があると「だんな」が出てくるのが当たり前だったのが銀座の商店街。（朝日97・9・23）

▨「落語家　三升家勝二《みますやかつじ》氏　小勝を襲名　新作も古典も」「師匠のおかみさんからは、すぐにでも八代目をと話はあったんです。今年は師匠の二三回忌でもありますし、これも縁かと」（日経94・8・2）

新聞からは、スーパーや大型店舗に顧客を奪われ、さびれていく一方の個人商店の「おかみさん」たちが、結束して立ち上がっている様子がうかがえる。サラリーマンの妻の約半数が「奥さんと呼ばれたくない」と思っている（「奥さん」の項参照）のに対して、「おかみさん」たちは、意気軒昂《けんこう》である。

おきゃん

お俠

「お」は接頭語。「きゃん」は「俠」の唐音読み。江戸時代ごろから俗語として、活発な女性を指して、からかい半分に使われる場合が多かった。最近まで使われた語であるが、死語化している。漢字の「俠」はそもそも男性を指し、「男気」「男伊達《だて》」に通じるものがある(その項参照)。俠骨、義俠心など男性に使われればプラス概念であるのが、女性で同じような特質を持つ場合には「お」を付け加えることによって茶化して使われる。

小説例などからも、若い女性に対してしか使われていない。それ故か宮本輝『流転の海』の染乃のように、「おきゃんな娘」に好感を持つ男性も多かったのだろう。

●小説より●

▨おきゃんな性格で色好みの染乃を、熊吾は気に入っていたが、昭和十九年の秋に、かなりな額の手切れ金を渡して別れたのであった。(宮本輝『流転の海』)

▨顔はふくれているが、こんな結構な男を捨てて赤シャツに靡《なび》くなんて、マドンナも余っ程気の知れないおきゃんだ。赤シャツが何ダース寄ったって、これほど立派な旦那様ができるものか。(夏目漱石『坊ちゃん』)

▨「人は怪しがりて病の故かと危ぶむもあれど、母親一人は笑みては、今にお俠《きゃん》の本性は現れまする……」(樋口一葉『たけくらべ』)

●新聞より●

▨「映画館の客が総立ちで拍手　戦後五十年　美空ひばり」　銀幕のひばりは、高島田の似合う無邪気でおきゃんな娘に扮し、弱者を食い物にする旗本奴《やっこ》を相手に孤軍奮闘の末こらしめ、江戸は下町の平和をとりもどすというストーリーだが、……。
（朝日94・10・16）

歌手の美空ひばりは、大変な役者でもあった。彼女が『たけくらべ』の「みどり」に扮した芝居でも、やはり「おきゃん」な雰囲気で舞台をわかせていた。この語を他の語に置き換えるとすれば「お転婆」（その項参照）だろうが、「お転婆」には「女性の義侠心」といった概念は含まれない。「おきゃんな女性」がことばと共に消えているのかもしれない。

奥さん
おくさん

結婚している女性に対する「呼びかけ語」の代表である。また「隣の奥さん（奥様）」「奥様、お元気でいらっしゃいますか」のように言及語としても使われる。名前を知らず、またその人の職業も知らない場合の中年以上の女性に対する「呼びかけ語」としては「奥さん」が多用される。それは、結婚しているか否かにかかわりなく、「奥さん」に代わる呼びかけ語が存在しないためだろう。

セールスマンが電話してくる場合、決まり文句は「奥さんでいらっしゃいますか」であり、それに対して「私は結婚していませんから」とガシャンと電話を切ったという友人がいる。独身で大手商社の部長である彼女は会社では「部長」と呼ばれ、「奥さん」という呼ばれ方は屈辱的に感じたという。男性と伍して働いているのに、夫の給料で暮らしている人に対する「奥さん」とは失礼だと言うのだ。

「奥さん」の「奥」は平安時代の女房言葉に端を発している。貴族が住んでいた寝殿造の中にあって、正妻は北にある御殿にいたことから「北の方」「奥の方」と呼ばれた。現代の住まいは「表」も「奥」もない2DKや3DKが主流であり、「玄関で立ち話もなんですから奥へどうぞ」といった表現さえ、日本語から消えようとしている。その中で、平安時代の「奥の方」がしたこともないであろう「炊事、洗濯、家事、育児」をする女性たちが、「奥さん」と呼ばれているのは皮肉な現象である。そして既婚女性の約半分が「奥さん」と呼ばれることに抵抗を感じているのだ。

●新聞より●

▨「奥さん」と呼ばないで　既婚女性の半分近くが抵抗感　アンケートで（朝日97・5・12）

▨「奥さん」に満たされず　「農村医療をやろう」、翌日から診療が始まった。だが、郁子がはりきってみると、「男の先生は留守かのん」と不安がる。……同じ医者なのに、郁子は「医者の奥さん」になっていく。（朝日95・6・19）

▨「奥さん」財産は主人まかせ？　「名義なし」が三人に一人　外資系の生命保険会社ナショナル・ライフ保険が東京二十三区内に住む主婦五百人を対象に調査したところ、こんな結果が出た。「考えたこともない」「主人まかせ」と答えた主婦も多かったという。（朝日91・9・26）

　妻が自分名義の財産を持たないということは、どういうことを意味するのだろう。①金銭面で夫に頼りきっている、②男性中心の日本社会の構図が見える、③夫が妻に多額の財産を譲る場合には多額の税がかかり問題がある、などが考えられる。しかし、財産を持たず離婚する場合、財産ゼロの妻に夫からわたる財産の平均は一〇％に過ぎない。妻よ、自分の名義の財産を半分はつくるべしと忠告したい。

●参考文献より●

▨日本でも結婚すると「お嬢様」が、その日から「奥様」に早変わりする。広東人の間でもお嬢様が奥様になることは変わりようがないが、奥様にもいろいろ呼称があって、息子に嫁をとった大奥様を「ナイナイ」と呼ぶのに対して、若奥様を「シューナイ」と呼ぶ。「シューナイ」のことをまた「タイタイ（太太）とも呼ぶ。（邱永漢『奥様はお料理がお好き』）

●小説より●

▨「自宅で甘いものはいくらも食べようけれど親のこしらいたは又別物、奥様気取りは捨てて今夜は昔のお関になって、見栄を構わず豆なり栗なり気に入ったを食べて見せておくれ」（樋口一葉『十三夜』）

▨「むかし、殿様はね」といきなり言った。「奥方のお腹が大きくなると、大広間いっぱいに豆をざっと撒《ま》いて、それを奥方にひろわせたもんだそうだ」（三浦哲郎『忍ぶ川』）

▨家にいる時は斎藤の娘、嫁入っては原田の奥方ではないか、勇さんの気に入るようにして家の内を納めてさえ行けば何の子細はない……。（樋口一葉『十三夜』）

▨「清や、清や」と細君が下女を呼ぶ声がする。「こいつは大変だ。奥方はちゃんといるぜ君」「ウフフフフ」と主人は笑いながら「構うものか」と言った。（夏目漱石『吾輩は猫である』）

現代語では「奥方」という語を呼びかけ語には使うことはない。また、言及語として使う場合は「部長の奥方だけど……」「君の奥方どうしてる？」と多少のユーモアをこめて使う場合がある以外は、ほとんど使われない（『吾輩は猫である』の奥方の例）。奥方の「方」は「奥にいる方」で、直接名前を言うのではなく遠回しに言う「方」であり、敬意が込められている。＊「細君」の項参照。

押しかけ女房
おしかけにょうぼう

男性の家に押しかけて無理に「女房」になった女。「女房」とはいっても単に一緒に暮らしているだけでは正式には「妻」ではない。

夫にばかりではなく夫の親族、また「女房」となった妻の親族から認められ社会的関係をつくり、二人の間に生まれた子供が認知されてはじめて「本当の女房」になれる。

「押しかけ女房」という語は「女性から好きな男性のもとに押しかけることはできない、社会的な規定の中でルールに則《のっと》って婚姻はなされるべきである」という「嫁入り婚」が始まってから生まれたのであろう。この嫁入り婚は『日本女性史』によれば、鎌倉時代からであろうとしている。

●参考文献より●

▨鎌倉期の婚姻形態がなお招婿婚《しょうせいこん》的形態を残し、妻の実家への依存度が高く、妻もまだ実家の姓による「氏女」を称していたとはいえ、すでに嫁入り婚を基礎とする婚家の一員への転化が進みつつあったことも見逃してはならない。(『日本女性史』中世、永原慶二)

それ以前には「婿入り婚」「足入れ婚」「嫁盗み婚」などさまざまな婚姻の形があった。女の方から男の方に押しかけて「女房」となることも当然あっただろう。しかし、婚姻の形が「嫁入り婚」になり、家父長制社会が浸透していく中で、女性の方から結婚に積極的な姿勢が嘲笑《ちょうしょう》の色合いを持つ「押しかけ女房」ということばが日本語の中に生まれたと思われる。

●小説より●

▨「お願いします」「私は結婚を申し込むためにここにきたのです」「断られてももどるところはありません。学校も下宿もみんな引き払って出てきたのです。お願いです」

何とも無茶な男である。無謀というか勝手というか「押しかけ女房」というのがあるが、これでは「押しかけ亭主」である。無茶も度が過ぎる。

(渡辺淳一『花摘み』)

この小説では男性が押しかけたことに対して「無茶」という語で表現されている。作者の頭の中に「男性が女性のもとに押しかけて結婚を申し込み、一緒に住もうとは、誠にもって無茶である」という認識があるからであろう。

▨問題はあなたのお返事だけです。……こないだのお手紙にも私、押しかけ愛人、と書き、またこの手紙にも、中年の女の押しかけ、などと書きましたが、いま考えてみましたら、あなたからのお返事がなければ、私押しかけようにも何も手掛かりがなく、一人でぼんやり痩せていくだけでしょう。(太宰治『斜陽』)

『斜陽』では、ある中年の女性が、妻子ある男性に出した手紙の中で、自分を「押しかけ愛人」と使っている。恋愛の主導権を男性が握っていることをうかがわせる表現だ。現代の日本の社会でも、このような手紙を書く女性はいるのだろうか。

「それはいるとも」という男性の声が聞こえてきそうだが。

おしゃべり

お喋り

「電話でおしゃべりをする」のように名詞として使われる場合には単なる雑談を意味するが、「おしゃべりな人」と形容動詞として使われる場合には明らかにマイナスの意味が含まれる。単に多弁というだけではなく、何でも人に話してしまう人という意味も含まれることがある。「おしゃべり！」という一語が人を非難する表現ともなる。

辞書の例文をみると、「おしゃべりな娘」（『大辞林』第二版）、「電車の中で女子学生のおしゃべりはうるさくてかなわない」（『罵詈雑言辞典』）、「おしゃべりな女の子」「彼女はおしゃべりだ」（『類語例解辞典』）と圧倒的に女性の出場回数が多い。

「沈黙は金」ということわざが今も日本の社会には生きている。「男は黙ってサッポロビール」というコマーシャルのキャッチフレーズが人々の記憶に残るのも、「沈黙」が美徳とされるからだ。「おしゃべり」は明らかにマイナス表現である。それなのに、なぜ、辞書の例文に堂々と女性が登場し、それが認められてきたのだろうか。

辞書の多くが男性によって執筆され、男性の視点から書かれているということもある。しかし別の理由としては、男性と女性の話題の違いによるところも多い。

●新聞より●

▨「『メシ』夫におしゃべり妻　四国学院大教授が会話研究」　とかく女性はおしゃべりと言われるが、男女の会話量を実際に測って比較した日高康子さん（社会言語学）の研究では「相手をおしゃべり」と感じるかどうかは、発した声の量ではなく、会

話するもの同士の力関係で決まる傾向があきらかになった。男女間の場合、特にはっきりするという。（朝日96・6・7）

日高氏は小説やテレビ番組に登場する男女の会話、新聞への投書などを分析し、「性差と発話行為に見られる男女関係」という論文を発表している（『四国学院大学論集90号』96年）。

日高氏によれば、新聞の投書のテーマを男女別に分析したところ、男性は一般に社会性のあるテーマを取り上げて自分の立場を主張するのに対して、女性は身近なことや個人的体験にもとづく感想など私的視点が多いという。ここには「話題」と「おしゃべり」の関係が見事に指摘されている。

「井戸端会議でベチャクチャ」という表現も、内容が私的であり「取るに足らない話題」を暇つぶしに話していると見られるからであろう。私的な場面では女性はよく話すが、公的な場面では、あまり話す機会がない。女性の話す内容は私的であり、社会全般を見据えてのことではない。

男女の話題の違いは、男女役割分業から発するものであり、日本特有の現象ではない。夕食後、男は男どうしで政治や経済の話をし、女性は育児や噂話をするというのは世界共通に見られる（見られた？）現象のようだ。

映画「タイタニック」は九八年の興業収入ナンバーワンをあげた人気映画だが、船の一等船室では、食事の後に男性たちがサロンで戦争や政治を話題にする場面が映し出される。口角泡《こうかく》を飛ばして話していても、誰もそれを「おしゃべり」とは取らない。政治の話を話題にしているからだ。

「女三人寄れば姦《かしま》しい」ということわざも、単に話す量や声の大きさというよりも、女性たちの話題が取るに足らないものという意味が背後にある。英語にも Three women, three geese, and three frogs make a market. ということわざがある。女性が「市場のにぎわい」をなすものとして、山羊《やぎ》や蛙と一緒にされているのだ。

しかし「おしゃべり」の意味もプラス・イメージに変化しつつある。ある生命保険会社が行ったアンケート調査「関西女性のイメージ」では、「おしゃべり」「エネルギッシュ」「しっかり」「積極的」という答えが九〇パーセント以上で、関西女性の代表は与謝野晶子だという（『しなやかにしたたかに―関西女性考』明治生命「関西を考える会」）。

このアンケート調査は関東・関西の男女一〇三一人になされたものだが、そこで「おしゃべり」がプラス・イメージの「エネルギッシュ」「積極的」「しっかり」という三つの語と並んでいるということから、「おしゃべり」が肯定的に受けとめられている感じをうける。

●新聞より●

▨「『おしゃべり　男もしゃべらんと』　しょう地三郎の世界」　福岡教育大学の教授をしていたころ、大学に肢体不自由児課程を作って欲しいと大蔵省に陳情に行った。一緒に行った教授連中は重々しく構えてラチがあかないので、ボクが一人でしゃべった。（中略）「ショッチュウ　シャベロウ」とだじゃれを飛ばす。（朝日94・10・4夕刊）

ここでの「シャベル」は必要なことを陳情することであり、「沈黙」を守った教授たちは陳情の目的を達していない。「おしゃべり」の意味が少しずつ変化している。「おしゃべり」がマイナス・イメージからプラス・イメージに移行するにしたがって、「おしゃべりな男たち」が価値を持ちはじめつつあるのだと言えるのかもしれない。

現代の若者たちは男女を問わず、「おしゃべり」のように思える。これらを「おしゃべりシンドローム」と名づけ、論考した文を参考にしたい。

●論文より●

▨「おしゃべりシンドローム　なぜ」「意味の充実した沈黙こそ」（筆者抜粋）　東京の下町の中学三年生の修学旅行、バスガイドの言葉を無視してしゃべり続ける中学生たちの例、最後にバスガイドの女性は泣きだしてしまったが、中学生に反省の色はない。東京の商業高校で女性教師が授業中の生徒の「おしゃべり」をとめたところ、「何よ、私たちしゃべりたいからしゃべっているのよ。ほっておいてちょうだい」とすごい剣幕で言いかえされたという例から「生徒が主体となり、意味を充実させる授業を」と提案。「ポイントは、授業を言葉と言葉のぶつかりあいによるきびしい対話空間へと組織する工夫をしない限り、生徒が主体的に考え、参加する授業にはならないし、おしゃべりという形で抵抗することをやめないだろうということだ」としている。（『教育』85・9、汐見稔幸・東京大学教科研常任委員）

ガイドの説明や授業など「聞くべき時」に「おしゃべり」し、話すべき時に話さない。まさに「姦しい」といえる。これは、これまで女性に当てはめられていたことが、そのまま若者に当てはまる事例ではないだろうか。

ここでは「若者」と男女を含めて書いたが、実際のところ「若者」の中でも「おしゃべり」と見られているのはやはり「少年」ではなく「少女」である。

▨「少女のおしゃべりと「デン文化」（筆者抜粋）　小学校四年生から高校三年生までを対象にした毎日新聞社の「学校読書調査」（一八八一年六月実施）の中に「あなたはどんな時に楽しいと感じますか」という質問項目があり、その中で「友達とおしゃべりしている時」という項目に対する回答が対象九学年を通じて男女で著しい相違がある。中高生になるとこの項目の選択者（少女）がどの学年も八十%を超える効率で二位以下を大きく引き離している。「おしゃべり嗜好《しこう》」が少年より少女の方に顕著な現象であることを数字的に裏づけた資料としてこれを読むことができる。（A）

本誌が「おしゃべりシンドローム」という特集を組まねばならないほどそれが教育現場での大きな問題になってきたのは、女子中学生たちの日常生活の全体が「おしゃべり化」しているように見えるからであろう。彼女たちはところかまわずのべつまくなしに、授業中であろうと平気でおしゃべりを続け……。（B）

彼女たちのおしゃべりは真面目なものに向かうための息抜きではないし、かといってそこから何か人生上有意義なものを獲得し合っている様子も見えない。話題は身辺のことに限られた狭くて軽いものばかりであり、HRのような正式の討論の

場において日頃の饒舌《じょうぜつ》性が意見表明として発揮されることもほとんどない。(C)(『教育』85・9、評論家・松崎晴夫)

Aでは「友達とおしゃべりしている時」を楽しいとする回答が男女に違いがある(これは資料からの事実)とし、さらに「少女におしゃべり嗜好《しこう》がある」としている。この質問から、別の内容に導くことも可能なはずではあるが。

さらにBでは、「彼女たち」と限定して「おしゃべり」を非難しているが、男女共学の学校では、話し相手には当然「少年」も含まれるだろう。

Cで、その内容が「人生上有意義なもの」についてでもなく、話題は「身辺のこと」に限られとしている。まさに「おしゃべり=女」を実証する文だ。

筆者の知りうる限り、大学生の話題に男女の差はなく、むしろ女性の方が真摯《しんし》に人生に立ち向かっていると感じられる場合も多い。この文は多くの日本人男性の社会通念に上に書かれたものであり、こうして「姦しいは作られるのか」という思いを抱くのは筆者だけではないと思う。

お転婆

おてんば

少女や娘がまわりの大人たちの言葉を気にせず、活発に動きまわること。この語の使用例は明治期からある。語源はオランダ語の「オテンバール・馴らすことのできない、負けん気の・ontembarr」(大槻文彦『大言海』)が有力だが、オランダ語の意味にしても日本語の使い方にしても、「少女や娘は大人や男性の言うことをきくもの」という意識がなければ生まれない言葉だろう。

少年が「腕白」であることは歓迎され、少女が「お転婆」であることは諭《さと》される。

漢字の「お転婆」は当て字であるが、ワープロにまで組み込まれているこの漢字は「音」だけを当てたものにしても、「お婆さんが転ぶ」とはあまりにも年配の女性を貶《おとし》めた使い方ではないだろうか。

一度辞書に組み込まれた漢字をおいそれと変更す

ることはできない。音だけとるなら「お点波」でも「お天羽」でもできそうなものだが、当て字を考えた人（恐らく男性）は、この「お転婆」が意味にももっとも近いと考えたに違いない。参考までに「腕白」は中国ではいたずらの男の子を「枉惑」（わうわく）といったが、その音が伝わり当て字で「腕白」と書くようになった。

日本の高度成長期以前と以後では、「お転婆」に対する概念もずいぶん変わってきている。木登りをしたり、剣道を習う少女はお転婆の部類に入ったが、今では柔道の「ヤワラチャン」を目標に柔道を習う少女や男の子と一緒に野球やサッカーに興じる少女も多い。

明治期の儒教の影響のもとに育てられ「男女七歳にして席をおなじうせず」という意識を持っている年代が、もし現代の日本の少女や娘の姿を見たら「お転婆ばかり」と写るのではないだろうか。

●小説より●

▨花子は生まれてはじめてスキーを履いた。履き方も滑り方も知らない彼女に、加藤はいちいち手を取って教えてやった。当時女性でスキーをやるのは、よほどのお転婆とされていた。（新田次郎『孤高の人』）

▨お転婆のナオミは海さえ見れば機嫌良く、もう汽車の中でしょげたことは忘れてしまって「あたしどうしてもこの夏中に泳ぎを覚えてしまわなくちゃ」と私の腕にしがみついて……。（谷崎潤一郎『痴人の愛』）

●論文より●

▨「腕白と於転婆」　淡谷のり子をオテンバの代表としたのは、いたずらっこ子できかん坊でオテンバで大人たちがもてあましたからである。自分でこうしようと思ったらそれを実行する。大人の決めた道徳などは問題にしない。そういう意味で淡谷のり子のオテンバは私に言わせれば第一級である。（『児童心理』89・10、評論家加太こうじ）

●新聞より●

▨「おてんばダイアナ嬢」　乳母をトイレに閉じ込めたり、服を屋根の上にあげたり、それはもう手に負えないほどのおてんばぶりで、……幼い日の思い出を語るのは乳母を務めたクラークさん。両親が離婚した時まだ九歳。大いに動揺して周囲を困らせたようだ。寛容で、心優しく、空想的なところのある女の子だったと……。（朝日87・4・22）

▨「女らしさってなんだっけ―おてんばだけど優しいんだ。将来は船に……」　サッカーが好き。小学校の時学童クラブで男の子といっしょに教わりました。中学校でもやりたかったんだけど、女子のサッカー部はないからソフトボール部でがまんしてます。スカートはあまり持っていません。キュロットやズボンの方が好きだから。今は制服があるからスカート。「あなたみたいになりたい」って私と同じショートヘアにした子もいるけど、外見だけ似せても……。おてんばは反面、読書も大好きです。自分で言うのも変だけど、私って優しいんじゃないかなと思います。けんかじゃなかなか泣かないけど、本を読んで感動して泣いちゃったりするの。東京都内の公立中一年生の女子（13）

（朝日89・9・27）

朝日新聞の家庭欄が、この「おてんばな少女」に大きく紙面を割いている。それだけ編集者、ジャーナリズムが「おてんば・優しさ」をあわせ持った少女像を歓迎していることがうかがえる。「おてんば」もひらがなで書かれている。この文面から将来は女子サッカーチームがあっても不思議ではないこと、なぜ制服はスカートなのか（大人の女性たちのパンツスタイルは普通になっているというのに）、ロングヘアとショートヘア、「おてんば」とは心優しい人のこと、などというメッセージが伝わってくる。この紙面に編集者名はないが、おそらく女性ではないだろうか。

同様のことが、NHKの朝の連続テレビ小説のヒロインに関してもいえる。最近のドラマのヒロインは「あぐり」（袴《はかま》で木の上に登っていた）、「うらら」（大工の棟梁《とうりょう》を目指したヒロインはお寺の屋根の上に登っていた)、一九九九年の春に終わった「やんちゃくれ」はタイトルそのものが大阪弁で「お転婆な女の子」だという。

　朝という時間帯から視聴者が主婦ということを意識してのことか、あるいは日本の社会の傾向を先取りしているのか、いずれにしても、これらのドラマのヒロインたちは、自立した女性たちに成長していく。

　ある意味では出版界やジャーナリズムの取り上げる女性像が、日本の論点を変えていく原動力になっているともいえる。

お父さん

おとうさん

　父親を呼ぶ時の呼称が、現在の「おとうさん」(おかあさん)のように「とお」「かあ」(共に母音を長く伸ばす長音)に変化したのは、明治二〇年代くらいからだ。

　それ以前に用いられていた音は、「トト」「カカ」のように子音を重ねる用い方で、「テテ」「トト」「カカ」などは平安・鎌倉時代から使われている。また、「トッ」(オトッさん、トッツァマ)、「(お)ッカ」(オッカさん、オッカア)のように「ッ」(促音)が使われる例が江戸時代に見られる。

　これらが姿を消していったのは、明治末期以降、国定教科書(「お母さん」の項参照)に「おとうさん、おかあさん」が使われたことなどから、これらの呼称にとってかわられたと考えられる。

　パパ・ママという外来語は、既に明治末期から存在する。現代の新聞の見出しにも「教育パパ」といった表現が使われている。むろんこれは「教育ママ」と子供の教育に熱心すぎる母親を皮肉る言葉として生まれたものだが、「パパ」「ママ」という呼び方は、既に「おとうさん・おかあさん」を席巻した感がある。

　父親を「言及語」として使う場合には「父(母)からの伝言ですが……」のように「呼びかけ語」とは異なるスタイルをとり、会社の面接の際なども「お父さんのお仕事は？」「はい、父は……」という形をとる。

最近「親は今出張中で」のように、自分の父や母を言及する際、「親」という使い方をする若者が増え、年配者には耳障りな言い方として聞こえるようだ。「『親』には違いないが、なぜそのように言われるのか、『父』と言われた方が血が通っている感じがしてうれしい」という感情を抱く世代は、高度成長期に働きバチであり、二〇世紀の終わろうとするときに定年を迎える世代だ。単身赴任、残業などで子供と接する時間の少なかった「高度成長期の戦士たち」が、なかなか「お父さん」と呼びかけてもらえないようである。

●小説より●

▨三四郎は少し要領を得た。……「御父《おとっ》さんや御母《おっか》さんは」よし子は少し笑いながら「ないわ」と云った。（夏目漱石『三四郎』）

▨お父さんは先よりも、ずっとやさしくおなりになったの。だからお家は天国のようよ。こないだね、私が寝るときに、とても優しくお話してくださったから……。（ディッケンズ、村岡花子訳『クリスマスカロル』）

▨お母さんたら、ご機嫌が悪い。……まあそれも理由のないことではない。お父さんが出張でもう一週間も帰らないからで「いなくて静かでいいわ」などと言いながら、その実甘えん坊で……。（赤川次郎『二人』）

▨「誰かが上野くんにきみ暴走族だったのと聞いたら、そんなこともやっとりましたなあといったでしょう。おとん行方不明で、おかん精神病院やなんて、流行歌みたいなこといって悪ぶってるんだから……」「……おれにいうたことみんなほんとのことやしな」（灰谷健次郎『少女の器』）

▨「覚えている」老人はいった、「知ってるよ。お前が離れていったのは、俺の腕を疑ったからじゃない」「おとっつぁんだよ、いけないっていったのは。僕は子供だ。いうことをきかなくちゃならないんだ」（ヘミング・ウエイ、福田恆存訳『老人と海』）

ここに引用した小説例は翻訳小説も含め「御父《おとっ》さんや御母《おっか》さん」「お父さん」「おとん」と父親に対して実に多様な表現が存在することを示し、中でも父親の存在が家庭の中でいかに重要であるかを示している。

●新聞・雑誌より●

▨「教育パパ、受験に夢中」 子供の受験といえば、母親が主導権を握り、父親は傍観者か蚊帳《かや》の外というのが従来のイメージ。ところが最近は父親が子供の受験指導に積極的に係わる動きが目につく。(日経94・7・7)

紙面での「教育パパ」の分析は現代の日本社会を映し出していて面白い。

◇権威回復型 子供に自分の得意だった科目を指導することで子供に父親を尊敬させ、失っていた権威をとりもどす。

◇二人三脚型 父親は自分を「受験トレーナー」と位置づけ、息子の性格、学力の分析から学習日課表作り、体力増強トレーニングなどつきっきりで受験指導に当たる。

◇受験ゴッゴ型 子供の受験勉強を見たり、親の面接の準備をするのは会社生活にない楽しくて新鮮なことととして、子供の受験の手伝いを楽しむ。

◇仕立て扇型 一流の学校に行かせ、可能性を最大限に広げることが親の義務と考え、幼稚園の時からスポーツ、受験指導、ベランダに花を植えるなどの知育教育と徹底して受験に備える。

いずれにしても、父親に時間的・精神的余裕がなければとても「教育パパ」にはなれない。彼らは会社と子供の受験指導のバランスをどうとっていたのだろうか。

▨「休日を父の日に」 一家のよりどころであるお父さんに感謝の気持ちを表すのはぜひあって欲しい。休日はせめて一日中テレビのチャンネル権をお父さんに提供したり、ごろ寝でも魚釣りでも「ご自由に」というのも、疲れたお父さんへの感謝のしるしかもしれない(日経91・6・11)

▨「アニメの登場人物に例えると……父親像トップ波平さん」 お父さんをアニメのキャラクターに例え

ると、トップは『サザエさん』の父、波平さん、次いで『バカボン』のパパ、三位は「マスオさん」の順。（日経94・6・16）

これは大阪の大手衣料品メーカーが実施したアンケート結果に基づくもので、応募総数は約六二〇〇通、二〇代から三〇代（一九六〇年代から七〇年代にかけての高度成長期に生まれた子供たち）の応募者が多かった。父親の世代は五〇代から六〇代（高度成長時代をくぐり抜けてきた企業戦士たち）だ。

『サザエさん』の父親は、ガンコだが子供には優しく甘い。また威厳はあるがオッチョコチョイでもある。もはや「威厳があり、一徹で自分の言ったことはまげない頑固者」よりは、多少三枚目的な要素を持つお父さんの方が人気が高い。『サザエさん』の作者は、実に素晴らしい「お父さん像」をアニメにしたものだと改めて関心する。

なお三位に入ったマスオさんも『サザエさん』の登場人物であり、長谷川町子が描きはじめた頃は頼りなげで、とても「理想の父親」には程遠いと思えたものが、現代の社会ではむしろ「優しさ」が受け入れられる。

作者のつくり出したキャラクターは「マスオさんしている」（女性に優しく仕える）などという表現まで生み出した。これから求められる父親像というのは、限りなく「マスオさん」に近づいていくのではないだろうか。

▨「職場内で父親家庭講座―旗振り役文部省が実施」学校週五日制の実施で家庭でも教育のありかたが問われているが、とかく母親に任せがち。残業に追われることが多い同省職員にも、もっと関心を持ってもらおうと、婦人教育課が企画した。（日経94・2・14）

▨「若者だって仕方なく『個食・コンビニ食』をしている現代日本の家庭事情―日本のテレビを斬る―NHK教育少年少女プロジェクト特集」スタジオに集まった十代の若者たちが本音を語る、今回のテーマは「食生活」だった。今回スタジオに集まった若者たちは予想通り「家族とは食べない」「コンビニが多い」と話した。「一緒に食べてもオヤジは何も話さないし……」「どうせ飲んで遅く帰るか

ら」と父親の評判の悪さが目立った。(『週刊ポスト』99・8・6)

食事を家族と共にするというごく当たり前と考えられていた光景が、日本の家庭から消えつつある。「個食」(一人で食べる)などというわびしい語彙《ごい》さえ生まれた。「一家団欒《だんらん》」が姿を消しはじめたのは、父親が会社や役所に縛られているからであり、文部省が「父親の家庭講座」を省内の職員を対象に行ったのも、そうした現実を反映している。

「父親は家族と夕食を共にとるのが理想の姿」という理念が社会に浸透しない限り、父親の居場所は家庭からますます締め出されてしまうだろう。＊「親父」の項参照。

男気　おとこぎ

男らしい気性をいう。その気性は「義侠心」ともいうが、非常にプラスイメージで、男性を褒める場合に使う。「親分肌」「責任感がある」「硬派」「無謀と隣り合わせ」。日本人はなぜこれらを指して「男気」というのだろう。

一九九九年四月、都知事に就任した石原慎太郎氏は故勝新太郎氏と雑誌(『文芸春秋』93・6)で「侠《おとこ》気《ぎ》について」という対談を行っている。見出しには「男がすたるな、戦争がないと」「そうなんだよ」と二人のものものしい会話が載っている。果たして「男気」はどんな意味合いで使われているのだろうか。

また、「男気」に対して「女気《おんなぎ》」という表現は存在せず、また女性を褒める場合には絶対に出てこない言葉である。なぜなのだろうか。

●新聞より●

▨「ただいま制作中　萩原聖人」　ツッパリ高校生役が多い。それも男気のあるカッコいい役が。「とんでもない。せいぜい少年気ってとこですよ。実態は」とテレる。(日経91・4・12)

▨「『無謀と義侠心』長谷川堪兵衛さんは歌舞伎の大道具方」　親しく話し合っているうち彼の男気には

すっかり感心させられてしまった。昭和二十九年イタリアのベニスで世界演劇祭があり、日本からは能の観世栄太……が参加した。その時能舞台の設営を担当したのが堪兵衛さんである。ところが出演者には旅費が出たのに、道具方には出なかった。……先祖の遺産である鎌倉の別荘を親に内緒で売り飛ばして費用に充てたのである。(日経93・1・30、永山武臣)

▨『クレージーキャッツ率いるハナ肇さん死去』男気の強い親分肌—参議院議員で作家の青島幸男さんの話」一九五九年、フジテレビ開局の頃、「大人の漫画」で仕事をご一緒して以来、三十年をこえるお付き合いになる。男気の強い親分肌の人でタフだっただけに……。(日経93・9・10)

●小説より●

▨「それから、どないしやはりまして」「どうしたいうたかて、あんた、角さんのとこには四人も子オがあります。そこへ赤味噌をつれてきた。赤味噌が二人になりますと……」「角さんは男気のある人ですさかいな。とうと、おかんさんを説得して、大きゅうしましたや」(水上勉『雁の寺』)

▨その若い女性は、小柄ないかにも気っぷの良さそうな人物で全てにテキパキしていて面倒見がよかった。……大きな荷物を持っている人には置き場所を作ってやったりと誰に対しても親切だった。女ではあるが、日本風に言えばおとこぎ(俠気)のある人、ということになるのだろう。(沢木耕太郎『深夜特急』マレー半島)

小説の最後に引用したタイの女性を、作者は「おとこぎのある」としている。やはり女性のこういう感じの人を表現する言葉が見つからなかったのだろう。現代の日本にこういう女性はたくさんいる。皮肉なことに、そういう女性が「オバサン」「おせっかい」などと差別的に呼ばれるのは、「女性らしからぬ」と思われるからだろう。少なくとも日本語の上では、こうした女性たちがプラス表現で呼ばれる素地ができていないようだ。

男盛り・女盛り

おとこざかり
おんなざかり

「盛り」とは、元気でエネルギーの満ちている状態をいう。しかし、この「盛り」の前に「男」がくるか「女」がくるかで意味は全くことなる。大部分の日本人は「男盛り」とは「働き盛り」と考え、「女ざかり」を「女のもっとも美しい時」と考えているのではないだろうか。事実、辞書にもそうした記載がある。

同じ「盛り」という語を用いながら、男性に対しては「働き」を尺度とし、女性には「容貌」を尺度にする。働きものの課長（女性）に「こんなに遅くまでお疲れさま、さすが課長は女ざかりですね」とはいえない。

この語の使い方からすると「盛り」の年齢も当然違ってくる。「働くこと」が基準である男の「盛り」は五〇代までいえたとしても、「容貌」が基準の女性に対しては三〇代後半が「盛り」の限界ではないだろうか。「彼女は盛りを過ぎていて」などという表現があるが、考えてみれば女性にとってはひどい差別である。

●新聞より●

▨「男盛りに黄信号　三十歳代、肥満増える―コレステロール値が急上昇」　総じて女性の方が値は高いものの、働き盛りでの男性のコレステロールの上昇ぶりが目立ち……外食が増え、栄養も偏りがちのうえ、仕事が忙しくて運動不足に陥り、健康管理に気を回す余裕のない現代の「仕事人間」の姿が浮き彫りになっている。（朝日93・2・4）

●論文より●

▨「市民小説」の今昔　丸谷才一著『女ざかり』　そもそも『女ざかり』という表題自体、フェミニズムの時代への風刺なのかもしれないのだ。主人公南弓子は四十五歳、ふつうなら女ざかりというには薹《とう》の立ちすぎた年齢なのだが、男盛りの方が四十代の男をさす呼称で通っている以上、それと平等に四十五の女を女盛りと呼ぶことで、性差不問の今日的風潮を皮肉ったと勘ぐって勘ぐれなくはないのだから。（『文学界』93・3、向井敏）

ここに挙げた「三十代」で既に活力を失いつつある「仕事人間」の男盛りと、四五歳という年齢にかかわらず、聡明で文章が書ける「女盛り」のある大新聞社の論説委員は、ある意味でこれまでの辞書が定義する「女盛り」「男盛り」のアンチテーゼといえないだろうか。

新聞記事は「男盛りといわれている男たちの悲劇」を、社会の鏡としてとらえている。それに対して、丸谷才一の小説は、今後起こりうる（あるいは既に起こりつつある）女性の社会での可能性を示唆《しさ》しているように思える。

これまでの小説にも、スーパーウーマンは多く登場した。しかし、それらはいずれも「架空の世界」でしか起こりえない小説の上の出来事だった。しかし、「女ざかり」の主人公は、「新聞社で働くごく身近な女性」でありながら、最後には首相に国有地払下げまで約束させる。そこに共感した女性たちは多かったと思う。

事実、この小説はベストセラーとなり、女たちは、「女盛り」とは仕事ができる女であること、「女盛り」とは男たちが築いてきた社会の中で自分の領域を確保するためには、自分の才能（美貌も含め）を最大限に発揮しなければならないこと、「女盛り」とは年齢に関係なくチャーミングな人間であることなどを、鋭い第六感で感じ取っていったからだ。

「女盛り」「男盛り」の概念が変わろうとしている。「盛り」とは一人一人の生きかたによって異なるものだ。それぞれが「女盛り」「男盛り」と思う期間が長いほど、社会は生き生きとしたものとなるだろう。

男好き・女好き
おとこずき
おんなずき

「男好き」とは男性の好みに合う女性という意味。

逆に「女好き」は女性の好みに合う男性のこと。小説の使用例では「女好き」より「男好き」、つまり男性の見た女性に対する好み（評価）の方が圧倒的に多い。それだけ、男性側から女性を「評価する」機会の方が多いということだろう。次の二つの文を比較した時、前者の方が使用率は高い。「彼女は男好きのする顔だ」「彼は女好きのする顔だ」

第三者をさして言う場合はともかく、「君は男好きのする顔だ」（男性から女性に）、「あなたは女好きのする顔ね」（女性から男性に）などと面と向かって当人に言った場合、言われた当の本人にとっては、決して褒め言葉ではない。むしろマイナス表現として受け取る人が多いのではないだろうか。小説例から、作者が「男好き」「女好き」をどのように表現しているか見てみたい。

●小説より●

男好き

〈男好きするタイプ〉

▨さとというのは桐原里子のことで、南嶽が上京区の出町の花屋の二階に囲っていた女である。……三十二だが、小柄で、ぽちゃっとしており、胴のくびれた男好きのするタイプで、かなり美貌であった。（水上勉『雁の寺』）

▨肌は白くてきれいだし、目もちょっと海の色みたいでさ。おまけに、とっても男好きのするかわいい顔してんだもの。（『ティーファニーで朝食を』）

「男好き」する要素として挙げられているものは、さと＝「小柄」「ぽっちゃりしている」「胴がくびれている」「美貌」。ティーファニーの主人公（この場合は外国人だが）＝「肌が白くてきれい」「目の色」「かわいい顔」。

〈男好きしないタイプ〉

▨マドモアゼル・ワーレンカはもう余り若くはないというよりも、まるで若さをもたぬ人のようであった。……彼女はどう見ても男好きのする方ではなかった。彼女は花弁こそそろっているが、もう盛りを過ぎて、かおりのなくなってしまった、美しい花に似ていた。その他、彼女が男好きのしないもう一つの点は、キティーにはありあまるほどある、あの抑制された命の炎と、自分の魅力に対する自信が、全く欠けていたことであった。（トルストイ『アンナ・カレーニナ』）

男好きしない理由として挙げられているものは、「若さがない」「香りのない美しい花」「自分の魅力に対する自信がない」。

女好き

▨くどかれたら、考えてみる気になるかもしれない。それだけの女好きのする魅力を、安田の顔と人柄は持っていた。（松本清張『点と線』）

ここで作者が「女好き」する要素として、挙げている点を抜き出してみよう。恣意《しい》的にではあるが、そこには昭和の高度成長期以前の通念がうかがえるからである。

○顔・容姿＝安田辰郎は三十五六で、広い額と通った鼻筋をもっていた。色は少し黒いが、やさしい目と、描いたような濃い眉毛があった。

○人物に対する評価＝安田はここでもいい客で通っていた。もろん、金の使い方はあらい。それは彼の「資本」でもあると自分でも言っていた。／もっとも彼はどんなに女中たちと親しくなっても、あまり自分の招待した客の身分をもらしたことはなかった。／人柄も商人らしく練れてあっさりしている。女中たちには人気があった。しかし安田はそれにのって、誰に野心があるというでもなさそうだった。彼は誰に対しても愛想がよかった。／（自分の客に対して）いかにも落ちついたものなれた態度だった。大きな商売をしている経営者の自信といったものが、この中年の人物の様子に出ていた。

女好きする要素として挙げられているものは、「広い額」「通った鼻筋」「色黒」「やさしい目」「濃い眉毛」「金に糸目をつけない」「口がかたい」「人柄があっさりしている」。

ここで共通していえることは、女性はその魅力として容姿が真っ先にあげられるのに対し、男性に対しては一応容姿も述べているが、むしろ仕事をしている（この場合は商人）人物に対する評価の方に重きがおかれている。この語に限らず、一般的に男性・女性に対する「何を評価の基準にするか」が、時代の風潮や通念を示すスケールであると考える。もしこの表現が日本語の中に生き残るとすれば、その「基準」のスケールも変化していくに違いない。

男伊達

おとこだて

男としての面目を大切にし、それを通す人のこと。個人の考え方や行動に権力の統制が始まった頃（近世）、江戸や城下町などの都市にみられたことばである。強いものをくじき、弱いものを助けるという意味で「生類憐《しょうるいあわれ》みの令」に憤慨し「犬殺し」をした「男伊達」の面々、また旗本たちの乱行から庶民を守り「男伊達」として歌舞伎などでその名も高い幡随院《ばんずいいん》長兵衛、彼らは庶民の代表としての「男伊達」であった。

●参考文献より●

▨元禄十四年の播州赤穂浅野家の城開け渡しの時にも、五匹の城付き犬がいて、大石良雄はこれを目録にのせて、受城使いに引き渡している。大名の城地でさえ、この通りだったから、市中一般の人々の難儀はこの上もなく、犬と言えば武士も町人も恐れて、手を出すものもない有り様であった。

その頃、江戸には「男伊達」と呼ばれる無頼の徒があった。彼らはこの「生類御憐みの令」に憤慨し「たとえお上より何とお触れが出たにしても、たかが犬ではないか。それが今大切にされるため、増長して女こどもに噛みつき、迷惑をかけることおびただしい。我らなど軽いものであるとはいえ、これでも天下の御百姓の一人だ。もし噛みつく犬があったら即座に蹴り殺してやる」と……。徒党の十一人の中、二人は犬殺しの事実がわかったので斬罪となり、他の九人は新島へ遠島となった。元禄三年二月のことである。（海音寺潮五郎『江戸大奥列伝』）

▨「旗本奴と町奴の確執深まる　幡随院長兵衛殺害」面目をつぶされた旗本奴白柄組の頭目水野十郎左衛門成之は、和睦を結ぶと称して町奴幡随院長兵衛を屋敷に呼び寄せた。通説によれば、長兵衛は風呂を勧められ、丸腰のところを槍で殺されている。(萩原裕雄『大江戸おもしろ事件史80』)

■「無頼から侠へ　近世大阪男だて戯曲の展開」「芝居の男だて」という言葉によって現代の観客がまず思い浮かべるのは、助六や幡随院長兵衛などであろう。江戸風の男だてである。しかし近世の戯曲史をさかのぼると、男だてが主役となる芝居は大阪から始まる。……一般の通念として考えられる男だては面目を重んじ、意地を貫き、信義を重んじ、物事の筋道をたて……このイメージの中に男だての倫理と美学があったといっていい。……当時の男だての概念を見直す、このことについては前田金五郎氏による的確な語彙《ごい》考がある。それによれば男だてとは博打と同類の乱暴者で、無法者である。……一般に初め無頼や悪のイメージで描かれていた人物でも、たびたび書き替えて上演されているうちに立役化し、無頼は侠へとイメージアップされる傾向が見られるが、後に江戸侠客の代表者となった播随院長兵衛も、かつては無頼の面影を脱していなかったことを示す例がある。(『文学』87・4)

*「伊達男」の項参照。

男泣き

おとこなき

男が泣くこと、ではない。「泣かないはずの男が」「激しい感情をおさえられずに」「涙を抑えて」泣くことなのだ。反対語にあたる「女泣き」はない。「彼女は男泣きに泣いた」という例文は作れても「彼女は女泣きにないた」とはいえない。なぜなのだろう。

日本の社会では子供の時から「男は男らしくあるもの」、そのためには「女のようにメソメソ泣かない」として育てられる。そこには女は「メソメソしても良い」という前提がある。

悲しい時には涙を流し、嬉《うれ》しい時には声をたてて笑うのは、人間が持って生まれたごく自然な感情だ。その表現が「社会のルール」によって規制されているのだ。「男は感情を抑えられるが女は抑えられない」という「暗黙のルール」の存在が、「男泣き」という言葉を産み育ててきた。

女は泣くことを恥じたり、抑えたりはしない。しかし男は人前で泣くことをできるだけ抑え、「メソメソ」「シクシク」泣くことはしない。泣くとすれば「オイオイ」と感情を抑えかねて泣くのだ（実はこの擬音語・擬態語の使われ方そのものにも性差がある。メソメソ、シクシクは女性に、オイオイは男性に使われるからだ）。

小説や歌の歌詞の中から「男泣き」の使われる方を見ると、「なぜ男泣きなのか」という疑問が浮かんでくる。

●小説より●

▨発明者は貧窮のうちに努力を重ね、うっかり一枚のガラス板を砕いてしまったとき、男泣きにないたことも再三にとどまらなかったという。（北杜夫『楡家の人々』）

▨「どうして僕はこんな心になったのだろう……」と後は男泣きに泣く。時子はこう露骨に言われようとは思いがけなかった。（二葉亭四迷『其面影』）

▨嫁は蒼白い顔をして死んでいた。鐐は男泣きに泣いている。因果な赤児は傍らに放り出したまま誰も構い手がない。その死んでいる蒼白い嫁の顔！（田山花袋『生』）

努力した結果が無駄になる、自分の感情の動きに戸惑う、愛するものの死に直面して感情を抑えきれない、どれも「男＋泣き」でなくてもよい。単に「悔し涙を流した」「泣いた」などの表現で事足りる。しかし作家は、「男泣き」という言葉を使うことで、「ふつうなら決して泣くことはないのだが、それほどにひどい（悲しい）状況なのだ」と読者に思わせる、プラスアルファの効果を期待しているのだろう。

●歌詞より●

▨「あじさいの雨」　雨　雨　あじさいの雨　声をころして　男泣き（水木かおる作詩、遠藤実作曲）

▨「酒と泪《なみだ》と男と女」　忘れてしまいたいことや　どうしようもない悲しさに　包まれた時に女は泪を

見せるでしょう　泣いて泣いて一人泣いて　泣いて泣きつかれて眠るまで泣いて　やがて女は静かに眠るのでしょう　俺は男　泣き通すことなんてできないよ……俺は男　泪見せられないもの（河島英五作詩・作曲）

歌には、「男泣き」が示すものがそのまま表現されている。女は眠るまで泣き尽くす、しかし男は、声をころして泣き、泪は見せられない。「男泣き」という現象は、日本人の心を揺するものがあるのだろう。新聞の見出しにも頻繁《ひんぱん》に登場する

●新聞より●

【A】

■「この勝利を君に　アメフト日本一の京大選手　友の遺影に男泣き」（朝日88・1・4）

■「応援団長　男泣き（ピンチチャンス）」（朝日89・7・21）

■「14年目に百勝　男泣き　中日『郭』」（朝日94・9・22）

■「2年ぶり勝利に男泣き　アイスホッケー長野冬季五輪」（朝日98・2・13）

【B】

■「男泣き　党の行方思い……（変わるか九五統一地方選）」（朝日95・3・1）

■「責任押しつける会社に男泣き　味の素事件公判」（朝日97・9・24）

■「無残な姿に博多っこ男泣き　祇園山笠『飾り山』炎上で」（朝日94・7・7）

「男泣き」は二つのタイプに分けられる。Aは嬉し泣き、Bは悔し泣きだ。特に「責任押しつける会社に……」の例は、株主総会の議事進行にからみ総会屋に金銭が渡された事件で、総務部長と課長だけがスケープゴートにされた「恨みを伴う男泣き」の例である。

●雑誌より●

■「涙は男の武器—人前で泣く男たちの時代」（『AERA』98・4・27）

①思わずこぼれる涙なら分かる。でも見せびらかすようにわざと人前で泣く男だった。

②女性の方から別れ話を切り出した。「何とかやり直せないか」と彼はおいおい泣いた。
③病院の医師（男性）が「研究会」で他病院の医師からきつい口調で問われ、「目いっぱい涙をにじませ固まってしまった」
④ホテルでアルバイトをしていた男性が失敗を上司に見つけて怒鳴られ「周囲の目もかまわず、ひっくひっくとしゃっくりあげ、泣きだしてしまった」

ここでは「男泣き」ではなく、男なのに泣く例が載せられている。しかも、女性の厳しいコメントつきである。

・コメント1　男のくせに女々《めめ》しいなと思った。
・コメント2　表向きは男らしく、強がってたり、虚勢を張っている人に限って、彼女の前では泣くみたいです。でも、「私だけに心を許してくれた」ってうれしいのは最初だけで、頻繁に泣かれたらこっちも腹が立つ。
・コメント3　男のくせに挫折《ざせつ》を知らずに育って、プライド傷つけられたのは初めてだったんでしょう？
・コメント4　同じようにミスして叱られても、女の子はトイレに駆け込んでから泣くのに。男の子も耐えることを覚えろと言いたい。
・まとめのコメント　女の子は泣くと「涙を武器にしている」って言われるから、泣くことはかっこ悪い、人前で泣かないのが当たり前になった。逆にそう言われないで育った男の子たちが昔の女の子みたいにわざとポロッと泣くのよね。

男性が泣く事例として取り上げられた例も、また女性たちのコメントの口調も、男性（男の子）が泣くことに対して手厳しい。そこには「苦しみや悲しみを抑えるのが男性たるもの」という社会通念に支配されている女性たちの感情がある。

男性が泣くこと自体は「ジェンダー意識」からの解放とも受け取れるが、これらのコメントが堂々と一流誌の記事として載るということは、未だに日本の社会は「男が泣くこと」をよしとせず、泣くなら「男泣きでなければならない」というジェンダー意識に縛られていることになる。

男振り・女振り

おとこぶり
おんなぶり

『広辞苑』(第四版)には「女っ振り」 女としての風采《ふうさい》、女の容貌、器量。そして「男振り」には男子としての風采、容姿、また面目、とある。男子と女子の違いは「面目」の有無という感じの記述である。だいたい「女(男)としての容貌」という記述そのものが何を指しているのかわかりにくい。たとえばある外国の男性のように、男とは髭《ひげ》をはやしているもの、女とは外出する時黒いベールを被っているものといったルールがあれば別だが、現代の日本では男女の容貌・容姿の区別はつけにくい場合がある。

また「男振り」に関しては「髪を切ってぐっと男振りがあがりましたね」(容姿・風采)、「彼はいざという時に私財を投げ出して会社を救って、ぐっと男振りがあがりました」(面目)などと使うが、男子の大学生たちに言わせると「男振りなど必要ではない」という意見もある。最近は面白いことに「女振り」の使用例が変化してきている。

●雑誌より●

■「スキャンダルと女っぷりの研究」 山口智子・自分の信じた生きかたを貫いているというところで大きな支持を呼んでいる。「女っぷり」という飛び道具を手にした山口智子。その人気はますます躍進しそうな気配なのである。 吉川十和子・媚《こ》びない負けないヒロインのキャラクターと、その凛《りん》とした態度が重なり、そのブレイクを果たす要因になったことは確かだろう。「自分を大切にしている生きかたが好き。イメージだけで売っている他の女優が、薄っぺらく見える」(三〇歳のOL)(『ダカーポ』96・7・3)

ここでは「女っぷり」に対して容姿については一言も述べられていない。むしろ「信じた生きかたを貫く」「媚びない」「負けない」「凛とした態度」「自分を大切にした生きかた」と従来では男性のための形容であったようなフレーズが並んでいる。

ここでの「女振り」の使い方がどこかフレッシュな感じがするのは、従来にはあまりなかった使用法だからだろう。今後、「男振り」と同様の意味で「女振り」が使われていくようになるかもしれない。

男前
おとこまえ

男らしい容姿や態度を言う。プラス評価。若い世代ではもう使わない。大学生のクラスで「髪を切って男前があがったね」といっている人を想像してもらうクイズでは、中年以上、関西人、女性をあげた人が多い。しかし、現実には新聞にも、またコミック誌にもこの「男前」という言葉は使われている。「ダンディー」ではおしゃれな感じはしても、苦み走った高倉健のようなタイプには使いにくい。かといって「おとこぶりがいい」ではニュアンスは近くても、単語が長すぎて、新聞のタイトルにはおさまりにくい。他に置き換えにくい言葉の一つなのだろ

う。

●小説より●

▨あの時分、もしも私が結婚したいなら候補者は大勢あったでしょう。田舎者ではありますけれども、体格は頑丈だし、品行は方正だし、そういっては可笑《おか》しいが男前もふつうであるし、会社の信用もあったのですから、誰でも喜んで世話してくれたでしょう。（谷崎潤一郎『痴人の愛』）

▨金持ちの漁師の倅《せがれ》で、腕っぷしも強く、男前で艶福家の潮田という寮生が、一夜内密に忍ぶ川を志し、そっと暖簾《のれん》をはじいたが、……。（三浦哲郎『忍ぶ川』）

▨「ちょっと男前ね。いくつぐらいかしら」とみ子は男の方に興味を持った。「二十七八かな。五ぐらいかしら」（松本清張『点と線』）

▨「べつに男前あがったとは思えんけどな」「男前やありませんか。ムードですね。男前は昔から変わってませんけど」（田辺聖子『ブス愚痴録』）

●コミック誌より●

■「その男二人がたいした奴らで、ギャルソンパブに出したいくらいの男前なのに腕もたつ」（原のり子『六本木コマンド』）

●新聞より●

■東京上野公園の西郷さんの銅像が十日きれいに洗い清められ、紋付き袴の正装をして一段と男前をあげた。（朝日88・4・11）

■「ルールの中で男前をあげる」　なぜ男性たちは旧態依然とした背広スタイルなんだろうと疑問をお持ちの方も多いようですが、このスタイルは今のところ男性たちの外観を保つ道具です。男性の服にはルールがあります。男性たちはそのルールにそってベーシックな形の服を組み合わせて着て、男前をあげなければなりません。……男性の服は基本的には変化しませんが、幅や丈、長さやボタンの位置やらが、流行で変わります。（朝日90・8・7、大橋歩）

小説やコミックの中で使われる「男前」は面白いことに、「体格は頑丈」「腕っぷしも強く」「腕も立つ」といった言葉と共に使われることが多い。そういう点、上野公園の西郷さんの銅像は、黙っていても「男前」プラス「体格は頑丈」でわざわざ言う必要はない。

最近の新聞のコラムや小説（田辺聖子）では、「スーツ姿で男前をあげるには」「男前＋ムード」といった雰囲気を重視する傾向も感じられる。本来「男前」という言葉が持っていた「男らしい態度＋容姿」の、「容姿」だけが気にされるとすれば、それは嘆かわしい現象と言わなければならないだろう。

男冥利・女冥利

おとこみょうり
おんなみょうり

「冥利」とは知らず知らずのうちに受ける恩恵のこと。近松門左衛門の浄瑠璃『五十年忌歌念仏』では冥利と同じ意味で「冥加《みょうが》」が使われている。本来は仏教語である。

「冥利につきる」という使い方をする場合には「自分としてはもったいないほどの待遇を受け、ありがたい」という意味になる。「男冥利につきる」という場合には、小説や新聞例からみても、男性としての魅力や能力を認められた場合に使うことが多い。男性としての魅力や能力に自信がない男性でも、相手(男性・女性)から好待遇を受けた場合には、「こんな待遇を受けるなんて、男冥利につきます」と言える。

ただし女性の場合「女冥利につきる」という表現は、相手の男性(特に自分が好ましいと思っている人)から好待遇を受けた場合に使うことが多く、それ以外の男性から好待遇を受けても、相手への媚《こび》が含まれる場合を除いて、この表現を使うことはない。また、相手が女性の場合には「女冥利につきる」とはあまり使わず、「女冥利」という表現の使用の幅は、仕事の力量まで含む「男冥利」よりは比較にならないほど狭い。こうして見てみると、「男冥利」と「女冥利」とは対比される表現のようでありながら、

実際の使用例では大きな差が見られる。

▨それ程に、この男を不憫《ふびん》に思しめさるるかや。冥加につきぬもったいなや。(そんなにこの男を不憫に思われるのですか。それも仏のおかげでもったいないことでございます)(浄瑠璃『五十年忌歌念仏』近松門左衛門)

「男冥利」「女冥利」は「男・女」として知らず知らずに受ける恩恵ということになるが、日本語ではどんな風に使われているのだろうか。

●小説より●

▨そのうちみんなが席をはずして、しばらくの間二人きりになったんですが、いきなり私の首にとびついて……「素直で貞淑ないい妻になります、きっとあなたを幸福にします。……」なんて誓うんです。……これが誘惑でなくてなんでしょう。ぐらッとなるじゃありませんか。男冥利につきるじゃありませんか。え？(ドストエフスキー『罪と罰』)

●新聞より●

■「再建の大役　男冥利と意気込む」　大和団地の再建を人ごとと感じていたところ、筆頭株主の大和ハウス工業から急遽《きゅうきょ》送りこまれた。「五十代半ばから新たな事業に打ち込めるのは男冥利につきる」と意気込む。（日経93・8・17）

■「ときめきカレンダー」　過日「女性ヴォーカリストＣＤベスト５」というアンケートが送られてきた。こういう企画は男冥利に、いや音楽ファン冥利につきる。（日経94・5・22）

　ここで使われている男冥利は、『罪と罰』のように女性にプロポーズされた―男性として魅力があると思われた時、「再建の大役」のように、仕事ができる男性と認められた時、の二つに代表される。「仕事の上での力量」が加わる点では「女冥利」よりも幅が広いといえる。

　最後の「男冥利」いや「音楽ファン冥利」と言い換えているのは、恐らく「女性ヴォーカリスト」を選べるとは男性に生まれた身の幸せと言いたいところを、「女性」ではなく「ＣＤアンケート」ということを意識すべきだと思いなおして言い換えたものだろう。

　ここにみるように冥利にはさまざまな使い方がある。参考までにいくつかの例を載せておこう。

■「疑問山積み　政治家冥利とか　首相」（朝日87・2・18）

■「コック長冥利の日々」（朝日90・6・13）

■「高木侍医長が退任　お仕え医者冥利」（朝日91・3・29）

■「福岡大の中原一監督　柔道指導者冥利」（朝日93・5・25）

■「棋士冥利　将棋の羽生名人、竜王位獲得で史上初の六冠」（朝日94・12・10）

■「届いた招待状　教員冥利」（朝日95・10・30）

乙女

おとめ

「少女・成年に達した女性で未婚の人」と、これだけでは乙女の説明にならない。「清らかな乙女」という表現が存在するように、「乙女」に大切なのは処女性である。

乙女の「乙」は象形文字であり、早春、草の芽がまだ柔らかい状態をいい、これを女性にたとえている。まだしっかりした芽になりきらない芽、やがて緑濃き葉となるが、もうその時は乙とはいわない。まして枯れ葉となっては。

小説にも歌にも乙女は登場する。しかし、乙女はすぐに育つもの、そして失われるもの、だから乙女と死が隣り合わせなのだろうか。男性たちの憧れである（あった）乙女、果たして現代の社会でも、「乙女」はかつてのような「価値」を持つものなのだろうか。

「少年・成年に達した男性で未婚の人」で「処女性」を持つ男性に対しては「童貞」という表現があるが、女性に対する処女性と同じ次元の言葉なのだろうか。

「乙女」に変わる男性を指す語が存在しないのは、男性に「処女性」が求められないことから来る。

●論文より●

▨Chaucer の女たち—聖女、乙女、貴婦人（チョーサーの『カンタベリー物語』より）「The Physician's Tale のテーマは virginity である。悪徳裁判官の手から逃れるために、自ら父親の手にかかって死ぬ娘の名は Virginius —ヴァージニアス—である。彼女はおよそ乙女としての美徳は全て供えていた。肉体においても精神においても清浄であり、処女として花であった。謙譲、節欲、節制、忍耐に富んでいた。（『甲南大学紀要』92、斎藤朋子）

ここではカンタベリー物語の中の乙女について論じているのであり、中世のキリスト教思想が背景にある。しかし、この舞台を日本の中世に置き換えてもストーリーは十分に成り立つ。「悪徳代官の手にかかるくらいなら」と武士は娘を自らの刃で……。処女性を美しいもの、汚れのないものとする価値観においては、西欧と日本では見事に類似している。

●お菓子屋のチラシより●

▨瑠異紗　静かに眠る……木漏れ日の深きしじまに緑映ゆ　白き十字架　豊の国　竹田の乙女　ひとすじの祈りをこめて　秘めにしは銀のロザリオ。見事なキリシタンの墓が横たわっている。露天にさらされながら、その表面には模様化された美しく大きな十字架が浮き彫りになっている。元和五年正月廿二日（『LUISA』大分県長久堂）

豊の国は豊後《ぶんご》（大分県）であり、元和二年は一六一六年である。長久堂の伊藤氏のお話では、「LUISA」は殉教した乙女ではないかとのこと、その名からLUISAというお菓子を考案したという。チヨーサーの「乙女観」と「殉教した乙女」には、合い通じるものがあるようだ。

●小説より●

▨「昔、この村に、最良の乙女という、美しい長者の娘がおりましたそうな。これから五丁東へ下ると、道端に五輪塔がござんす。ついでに最良の乙女の墓を見てお行きなされ」（夏目漱石『草枕』）

▨まだ髪を二つにわけ三つ編みにして背にたらしたこの恋愛の権威者は、まったく頼りのない、自分で自分におろおろする、目的も何も夢のように霞んだ恋する乙女に変じていた。（北杜夫『楡家の人々』）

●歌詞より●

▨朝はまだ　眠っている北国の　しじまの中をつきぬけて　一番列車が　今走り抜ける恋の戦争に破れた乙女は　悲しくて　あなたと別れて　北国へ北国へ北国へむかうの（「だからわたしは北国へ」林春生作詩）

▨亜麻色の　長い髪を　風がやさしくつつむ　乙女は胸に　白い花束を　羽根のように　丘をくだり

やさしい彼のもとへ（「亜麻色の髪の乙女」すぎやまこういち作詩）

●参考文献より●

▒「乙女の羞《は》じらいは敷居まで」　結婚に気のそまぬふりをしている娘も、内心は嬉《うれ》しいのだ。いったん夫の家の敷居をまたいでしまえば、羞じらいも何も忘れてしまう。（ロシアの諺『故事名言由来ことわざ総解説』）

「乙女」の命は短い。だからこそ、小説・歌に登場する乙女たちのキーワードは、別れであり、死であり、墓である。結婚もある意味では、「乙女性がすぐに消え去るもの」である。この現実をロシアのことわざは見事に言い当てているようだ。＊「処女」「童貞」の項参照。

鬼婆
おにばば

酷《むご》く情けを知らない老女をいう。テレビのバラエティー番組で「うちの姑《しゅうとめ》は鬼婆のような人です」と若い女性がいい、人気タレントの司会者が「じゃ僕が年取ったら鬼爺《じじい》かいな」ととっさのユーモアを働かせていたが、それは「鬼婆」という表現はあっても「鬼爺」という表現がないことから来るおかしさでもあろう。年とった女性が「鬼婆」という嘲《あざけ》りを受けて返す言葉がない悔しさは、十分に想像できる。

鬼という現実に存在しないものが、いつごろから日本には「いる」のだろうか。鬼は神・霊と共に日本人の古代信仰の対象である。「鬼」は外来語であろうという説もあるが、折口信夫《しのぶ》氏は「鬼」は日本古来の言葉であるとする。

●参考文献より●

「おに」という語にも、昔から諸説があって今は外来語だとするのが最盛力であるが、おには正確に「鬼」でなければならないという用語例はないのだから、私は外来語ではないと思うている。日本の古代の信仰の方面では、かみ（神）とおに（鬼）とたま（霊）とものとの四つが、代表的なものであったから、これらに就て、総括的に述べたいと思うのである。鬼は怖いもの、神も現今の様に抽象的なものではなくて、もっと畏しいものであった。（『折口信夫全集』第三巻「古代研究民俗学編2「鬼の話」」）

折口信夫氏は、日本固有の「おに」は日本の仏教が伝来してから、仏教の「地獄の入口に立つ閻魔《えんま》大王」の従者になってしまったのであり、古来はおには「かみ」と同じ性格であったとする。

それでは日本の鬼はどこから来たのだろうか。小林忠雄氏（国立歴史民俗学博物館助教授）は日本の鬼は「客人神《まろうど》」であるとしている。

●雑誌より●

秋田県の「なまはげ」は山からおりてくると伝承する。しかも古い伝説では海から来たともいう。

能登の輪島崎町では、小正月の十五日に「あまめはぎ」と同系統の民族行事「面様年頭」が行われており、そこでも鬼面系の異類面をつけた「かみ」が海からやってきて人々に祝福を与え、再び海にもどっていくという。

福井県越前海岸の断崖絶壁の前浜に挟まれた集落には「あっぽっしゃ」と呼ばれる旧正月六日の行事がある。……アモメサンと呼ばれる鬼が、お餅の方言である「あっぽ」をもらいに各家を廻る。この場合の鬼は伝説によれば、異国から漂着し、海岸の洞穴に棲む、ザンバラ髪の異人だったという。（『週刊ダイヤモンド』96・12・14）

小林氏は、「異人」を鬼の扱いとしつつも一方では客人神として丁重にもてなそうという気風があるとする。海に囲まれた島国の日本には、漂流民も多かったに違いない。そういった「異質な体軀」「異質な言語」「異質な慣習」を持った人々を「おに」として迎えたとすれば、日本人は古代から「国際化」していたことになる。

●参考文献より●

▨『宇治拾遺《しゅうい》物語』　鬼の形相《ぎょうそう》は背丈二メートル、肌は紺青《こんじょう》、髪の色は朱で痩せているが腹の部分は膨れ、足は長い。

▨『古今著聞集《ここんちょもんじゅう》』　背丈は三メートルもあり、髪は赤黒く、目は丸く猿の目と似て、腰には蒲《がま》の葉で編んだものを巻く。

▨『古事記』「私を追いかけないでください」と言い残して黄泉《よみ》の国に去ったイザナミノミコトを、約束に反してイザナギノミコトは追いかけ、黄泉の国の蛆《うじ》虫のわいたイザナミノミコトを見てしまう。彼は鬼女の黄泉津醜女《よもつしこめ》に追いかけられる。

こうして見ると、『宇治拾遺物語』の鬼は「紺青の肌」で背丈は二メートルもあり、白色人種がその原型かと思う。『古今著聞集』では背丈は三メートルにもなっているが、これは背が高いことの強調で、目が丸いということは二重瞼《まぶた》か、身にまとったものなどから南方系の外国人が原型とも考えられる。想像の域を出ないが、「鬼」の原型はやはり外国人であるように思う。

ここまでは、男女いずれとも分からない。それが『古事記』になると、鬼女として黄泉の国にいるという「醜女」が登場してくる。鬼は美しくあってはならないようだ。山姥《やまんば》を「鬼」として、人の肉を食べるという物語もある。

▨『今昔《こんじゃく》物語』　宮仕えの若い女が、男と通じて子供を身ごもってしまった。人の目のないところで出産をと、京都の粟田《あわた》の山中で男児を出産した。出産の介助をしてくれた老女がその赤子を見て「ああ、おいしそう。一口で食べてしまおう」と言った。それを聞いた女は驚いて「これこそ噂に聞く鬼婆」と逃げたという。

これらの物語が「鬼婆」の原型と考えてもよいだろう。日本の昔話では「鬼」は退治されるものと相場が決まっている。現在鬼の姿と考えられているのは、角《つの》・牙《きば》を生やし、虎の皮の衣をつけたもので、

「桃太郎」などの絵本にはこの姿で登場する。虎は日本にはいない動物で、これも「ある外国」が想定されているのではないだろうか。

『今昔物語』に類似した「鬼婆」は歌舞伎や謡曲でも有名な「黒塚」に登場する。奥州安達が原に今も残る「黒塚」の「鬼婆伝説」をたどってみると、悲しい女性の性《さが》が見えてくる。

●歌舞伎より●

■安達が原の「鬼婆」はその名を「岩手」といい、京都のある公卿《くげ》屋敷の乳母であった。長年手塩にかけて育てた姫の病気を直したい一心から「妊婦の生き肝《きも》を飲ませれば直る」という易者の言葉を信じ、遠く陸奥《みちのく》に旅立ち、たどりついたところが安達が原の岩屋だった。〈姫を思う心優しい乳母〉木枯らしの吹く晩秋の夕暮れ時、生駒の助・恋衣と名乗る若夫婦が一夜の宿を乞うたが、その夜身ごもっていた恋衣がにわかに産気づき、生駒の助は薬を求めて出ていった。老婆は待ちにまった人間の「生き肝」をとるのはこの時とばかり、出刃《でば》包丁をふるって、苦しむ恋衣の腹を割き、「生き肝」をとったが、恋衣が苦しい息の下から「私達は小さい時別れた母を捜しているのです」と語るのを聞き、そのお守り袋を見て驚く。それは、まぎれもなく自分の娘と分かり、老女は気が狂って鬼と化してしまったという。〈鬼婆になったのは自分の愛する娘を自分の刃にかけてしまったという自責の念からである〉

●小説より●

■乞食の子たちはエミヤをマリヤ様と言い、鳩宮の母を「鬼婆」と呼んだ。……ある日鳩宮の母は自分のためにエミヤが薬を注いで差し出す杯を、エミヤに投げつける。エミヤの白い額から血が流れた。（三浦綾子『塩狩峠』）

こうして見ると、歌舞伎や能が鬼と化した女性の怨念《おんねん》をテーマに取り上げるには、母親でありながら自分の娘を犠牲にせざるを得なかった日本の民衆の生活が背景にあるからであろう。

現代語で用いられる「鬼婆」は、残念ながら、年老いた女性に対する嘲《あざけ》りの言葉でしかない。

お姫様
おひめさま

日本では、高貴な人の娘を敬って呼んだ。しかし、子供たちにとってのお姫様は「シンデレラ、白雪姫、親指姫」など童話の世界のお姫様だろう。一九二三年（大正一二）『少女倶楽部』に発表された、加藤まさを作詩の「月の砂漠」も、強烈なインパクトで、アラビアのお姫様へのイメージを当時の子供たちに与えたに違いない。

月の砂漠をはるばると　旅の駱駝《らくだ》が　行きました。
金と銀との鞍《くら》おいて　二つ並んで　行きました。
金の鞍には王子様　銀の鞍にはお姫様
二つの鞍は　それぞれに　紐で結んでありました。
（『月の砂漠』歌詞一部抜粋）

この歌詞は、ある一定のイメージを子供たちに与えるのに成功している。二匹のラクダは並んで歩いている。ここでは少なくても王子様と王女様の立場は対等である。しかし、ラクダは紐で結ばれていた。もちろん砂漠の中で二頭のラクダが離れ離れにならないようにという配慮を感じるが、そこには暗に、王子は先導役でお姫様は紐で結ばれたラクダでついてゆくというイメージを持たせるものがないだろうか。

なぜなら、次の「金」と「銀」が二人の関係を言い表しているからだ。金は王子様、銀はお姫様、もちろん「金」の方が「銀」より価値が高い。「金貨」が「銀貨」より価値が上であり、展覧会の「金賞」が「銀賞」より上の賞であるように。

「お姫様育ち」という表現も存在するように「お姫様」は人に守られる立場にあり、自分の意志で行動したり、相手の意見に異を唱えたりはしない。こうしてみると、「お姫様」は本当に幸せだったのかどうか、子供たちに考えてもらわなければならない。「王子様と結婚して、お姫様は幸せになりました」という結論ではない、別のストーリーがそろそろ出てくるべき時である。

「最後のお姫様」と形容された前田家のお姫様は、もう「人に守られて生きるお姫様」ではない。ハクビ総合学院学長として、着物教室を全国に展開したり、「マナー教室」を開催したりと、活動的に積極的に生きている。絵本の「お姫様」の「王子様と出会ってから」のその後のストーリーのモデルにしたいような気がする。

●新聞より●

▨「お姫様みな器量よし」　子供が読んでくれとせがむ絵本はすべてお姫様もの。主人公がどの話も美しいことと人柄が良いことが、まるで相関関係があるように書かれていることが何とも気持ちが悪い。「美人であることは関係ない。要は中身だ」というお話こそ読まれて欲しいと思うのは、……不器量の自覚がはっきりしたおばさんだからなのだろうか。（朝日93・9・1、主婦三十五歳）

▨「お姫様の居館―東京探見　駒場」　駒場公園に東京都近代文学博物館が建つ。この洋館は加賀百万石前田家十六代当主の利為元侯爵邸だった。シャンデリヤや暖炉が華族の暮らしぶりを表す。展示室の一つに「旧長女居室」と記す札がある。この長女とは、「最後のお姫様」とも形容される酒井美恵子さんを指す。敗戦後、多くの華族が没落する中で、たくましく生き抜く。その姿は江戸時代を全うした前田家のしたたかさに重なる。（朝日95・10・13）

おふくろ　御袋

男性が、自分の母親を親しみを込めて言う場合に用いる。古くは「おふくろさま」といわれ、尊敬語だった。語源は、鎌倉時代、お金などの財物、貴重なものを入れた袋を取り仕切っていたのが貴族の邸宅などの主人の妻であり、その「袋を取り仕切る人」から「おふくろさま」と呼ばれるようになった。

「おふくろ」は、一家の中で一番大きな権限を持っている女性の略称ともいえる。現在でも家計を一手に握る妻を指して「うちの大蔵大臣」などと呼ぶ人がいるが、それに近い。

小説の中で語られる「お袋」はさまざまな姿を見せる。『太郎物語』では、息子が受験発表を心配してくれるだろうお袋の姿を想像し、『アメリカひじき』では、半病人のお袋をかかえて逃げる。息子が母を思う気持ちが「お袋」という言葉の中ににじみ出ている。

『若き数学者のアメリカ』では、数学者が偉そうなことを言いながら、自分の一生を決める結婚相手は、「お袋」のすすめてくれる人になるだろうと思い、『塩狩峠』では、「お袋」は娘たちの指導者としての姿を見せる。

●小説より●

▨〈あらそう、やっぱりだめなのねえ。久男君は入ったの?よかったわねえ。太郎はきっと羨ましがると思うわ。太郎はね。本当は浪人するのが恐ろしくたまらないの〉

お袋はそんな風に言うに違いない。あの女は、何でも本当のことを言いさえすればいいと思っている。もちろん太郎は母が、

〈まあ、そうでしたの。ご親切に。ええ、もううちの子は初めから、明輪はダメだって諦めてましたのよ。うちの子、それほど頭良くないんですもの〉

などと言われたら、それも〈嘘つけ〉という感じになるだろうと思う。(曽野綾子『太郎物語』)

▨八月十五日、俺は新在家の焼け跡の壕に、お袋と妹をかかえ、十四五歳の子供がかかえもおかしいけど、内地で十四五歳の男いうたら、もっとも頼り甲斐のある存在、雨振ったら水浸しの壕かいだすのも、断水で井戸まで水汲みにいくのも俺がおらなできへん、お袋は神経痛と喘息《ぜんそく》で半病人やねんから。(野坂昭如『アメリカひじき』)

▨学生は最初の授業の時に、教授に何と呼ぶべきか聞くのがふつうである。学生にこの質問をされた時は、少々弱った。日本にはもちろん、こういう意味の愛称などというものはないし、学生にマサヒコなどと呼ばれたら、お袋に叱られたような気分になってイヤだ。仕方がないので……。(藤原正

彦『若き数学者のアメリカ』)

▨「日本には見合い結婚などという習慣があるが、あんなのは封建時代の名残以上のなにものでもない。形式はどうであれ、愛のない結婚なんて、絶対に認めないね」などと得意になって熱弁をふるった。……「でも結局は僕も、お袋の選んだ娘と見合い結婚するんじゃないか、と思っているんだ」と言ったら……。(同前)

▨うちのお袋がたくさんの娘たちを集めて、裁縫を教えていたんだよ。(三浦綾子『塩狩峠』)

娘が母親を思う気持ちと息子が母親を思う気持ちには、どんな違いがあるのだろうか。親を思う愛情に変わりはなくても、やはり、娘はいつか他家に嫁ぎ、他家の者になるという「結婚観」が根底にあり、「息子」と「お袋」の絆《きずな》がより強いのだろうか。

『十三夜』には、他家に嫁いだ娘を見る母親の目と、愚痴をいう母親を見る息子の目が「内と外」の構図で描かれている。

▨「嫁にいった身が実家の親の貢をするなど思いもよらぬこと、家にいる時は斎藤の娘、嫁入っては原田の奥方ではないか、勇さんの気に入るようにして家の内を納めてさえ行けば、何の子細は無い」(母親)……「女などというものはどうも愚痴で、お袋などがつまらぬ事を言いだすから困りきる」(息子)(樋口一葉『十三夜』)

演歌歌手森進一の十八番に「オフクロさん」という歌がある。「おふくろさんよ、おふくろさん」と息子が母親を思う気持ちを切なく歌い上げ、コンサート会場はわれんばかりの拍手となる。これは男性歌手が(亡くなった)母親に対して歌うからであり、女性歌手には踏み込めない領域という気がする。

おふくろの味

現代語で「おふくろ」に対してすぐ思い浮かぶイメージは「おふくろの味」だろう。子供の時から慣れ親しんだ母親の味を、男性は一生涯懐かしみ、その男性の妻となった女性は、夫の母親の味を覚えることに努力したり、「マザーコンプレックス」と嫌悪したりする。

日本では戦後、一九六〇年代前後から高度成長による加工食品の大量生産、外食産業の増加などで、親や地域から次の世代に伝統の食べ物が受け継がれる機会が少なくなっていった。核家族の増加も、この現象に拍車をかけている。今の子供たちは大人になった時、何を「おふくろの味」として懐かしむのだろうか。

●新聞より●

▨「伝統の味　各地で見直し　おふくろの味も」家庭で伝統食を作らなくなっている反動なのか、居酒屋や観光旅行などでは郷土料理や「おふくろの味」への人気は高い。居酒屋のチェーン店「客層の中心は三十代以上。故郷を懐かしがってくるサラリーマンが多い」という。「田舎料理と銘打って、ゼンマイや切り干し大根など、いわゆる「おふくろの味」を日常メニューに加えている。（朝日94・7・4）

▨「カレーおふくろの味で定着」夏目漱石も大いに好んだようで、小説『三四郎』には一皿六十銭也のハイカラ料理としてカレーライスが登場する。日本には明治の初期に入ってきて以来、急激に人気を得て、大正時代には既に大衆料理店の常連メニューとして普及していた。そして今では家庭で頻繁に作られる料理の一つとなり、子供たちから絶大の支持を得ている。（日経94・7・7、小泉武夫）

▨「おふくろの味　発展目指す―日本の伝統食品を考える会」日本の「おふくろの味」や郷土食の継承・発展を目指す市民グループ。「米、魚、大豆、野菜、海苔を基本とする日本の食事は、卑弥呼《ひみこ》の時代から戦前までほとんど同じだったが、戦後に急速に変化した」おばあさんたちに話しを聞くと、元気の秘密はゴボウ、茎わかめ、目刺しなど伝統食にあることが分かった。（日経94・10・17）

▨「おふくろの味を娘にしっかり伝授」私は幸運なことに、母からたくさんの「おふくろの味」を受け継いだ。七輪、火鉢、そして今やストーブでコトコト煮る豆、きんぴら、肉じゃが、おからには、抑えられない懐かしさがある。料理上手は女性にとって大切な財産と考える私は、娘が小さい

頃から危険を覚悟で包丁を持たせた。(朝日86・5・5、投書)

一九八四年に学校給食に郷土料理が登場し、農林水産省が「よみがえれ、おふくろの味」運動をスタートさせたのが八六年である。その後、各地の小学校の給食メニューには郷土料理が百種類以上も登場しているという。正に官民一体となって「おふくろの味」を取り戻そうとしているかのようだ。果たして子供たちは給食による「おふくろの味」を懐かしんでくれるのだろうか。

しかし、この現象は日本に限らないようである。ニューヨークの「おふくろの味」も変化しているようだ。

●雑誌より●

▨「たまらなく日本人　オフクロの味」　ニューヨーク、石倉久栄さんというひとりの日本人女性がヴィレッジの片隅で「ヒサエの店」を始めたのは一九七五年のこと。その小さな店先には連日客があふれ、忍耐強い行列が続いたのは、何といっても久栄さんの手作り料理のためだった。人気のあるメイン・ディッシュにはミックス・ソテー・ベジタブルがある。言うなれば野菜炒めのことで、ナス、ピーマン、ズッキニー、さやえんどう、人参などありとあらゆる野菜が山のように饗される。……考えてみれば戦後、チョコレートやハンバーガーに尽きせぬ憧れと尊敬を抱いてきた世代としては信じられない変化を目の当たりにしている思いだ。バター、ミルク、ステーキこそ体に良いものだと教えてくれたあのアメリカ人が、白いテーブルクロスの上でサンマの塩焼き、きゅうりの酢の物、果てはぬか漬けまで食べているのだ。……故郷の味、オフクロの味というのは誰にとっても一番わすれられないものだ。そう考えてみるといまニューヨークの街角で、日本食で育ちつつあるアメリカ人というのは、この先いったいどうなるのだろうか。(『諸君』86・11、青木富貴子)

▨「おふくろパワーの爆発でっせ!―日本の伝統食を考える会の活動―宮本智恵子さんにきく」「衣服は一代、住まいは二代、食は三代」といいますでしょ。人間としての機械装置は母親の胎内でつくられますが、その設計図は祖父母の代からもらっているわけです。どんなものを食べるということは、孫の代まで影響するということですね。(『月刊社会教育』86・12)

自然食品を多く取り上げている「おふくろの味」の中で、一つ毛色の変わっているのがカレーである。カレーがこれほどに各家庭の台所に入り込めたのは、何といっても即席加工食品「カレールー」の発明だろう。しかも「ご飯と食べられる」「じゃがいも、ニンジンというなじみの野菜と一緒」、日本独特の「福神漬」「らっきょう」といった付け合わせで、カレーは日本的な「おふくろの味」に変身した。

　インドや東南アジアのように暑くて湿気の多い地方で、食欲を増進させるために、スパイスの効いた香辛料を使うカレーとは、一味も二味も違う。「おふくろの味—日本風カレー」というべきものだろう。

お前

おまえ

現代日本語では、親しい間柄や目下の人に対して呼ぶぞんざいな言い方であり、主に男性が使う。平安時代には、貴人たちを直接さすと失礼になるところから、尊敬の意を込めて「御前」という使い方をしている。「御まへの有り様のをかしさ、蔦《つた》の色の心もとなきなど口々聞こえさするに」(『紫式部日記』寛弘五年九月九日)。

　もともとは目上を指す語が、ぞんざいな言い方に変化している。大学で「御前」を読ませたら「おめえ」と読んだ「日本語教師志望」の学生がいた。紫式部が現代の日本にいたら、「御前」と「おめえ」の使われ方の違いに仰天《ぎょうてん》することだろう。

　「おめえ」は「御前—おまえ」の変化した語で、江戸時代には男女両方が使い、目上に使うこともあった。今では目上に使うことはない。

家族の間では小説例のように、父親・母親（年長者）が子供（年少者）に対して「お前」とごく自然に使っている。こういう例は日常生活でもよく見られると思う。ただし今の子供は「お前、それでも親か」と親を「お前呼ばわり」することもある。世も末である。

二人称を指す代名詞には「あなた」「きみ」「あんた」「おまえ」などがあるが、平安時代に使われていたような目上の人を指す代名詞は消滅してしまった。ここに挙げた中では、かろうじて「あなた」が男女ともフォーマルな場面でも使えるが、それも目上の人に対しては使えない場合が多い。

部下が社長に「あなたもご一緒に昼食、いかがですか」と誘ったとする。文法上も語彙《ごい》上も何の問題はないが、こう言われた社長は、少しムッとするのではないだろうか。部下に昼食に誘われたことにではなく、「あなた」が問題なのだ。「よろしかったら、ご一緒に昼食、いかがですか」と目上の人に対しては「あなた」を省略して使う場合が多い。

「あなたも一緒に行きますか」（男女フォーマル）「君も一緒に行くかい」（男インフォーマル）「あんたも一緒に行く」（男女ぞんざい）「お前も一緒にどうだ」（男ぞんざい）……ここには社会言語学的な待遇の違いが出ていて、これを他の言語に翻訳するには、よほどその言語に精通していないと難しい。

●歌詞より●

たとえこの世で一番きれいな人が僕《ぼく》を好きだと言っても／たとえこの宇宙で一番きれいな星をくれるといっても／僕は何もいらない／お前だけが／お前だけが／お前だけがいてくれたら／それでいい（「お前だけが」　作詞伊勢正三）

この歌詞で僕は男性、当然のことながら相手の「お前」は女性だ。この男性は女性を「お前」と呼ぶことで「親しさ＋相手は自分より下（年下、弱い）」という思いがあるのだろう。

歌の歌詞には、女性を「お前」と呼んだものが多い。どれにも「守ってやりたい」というステレオタイプの男性が、守りたい女性を対象に歌っている。逆に女性から男性に対して「お前」と呼びかけられている歌詞は、残念ながら見つからなかった。

「たとえこの世で一番素晴らしい男が、あたしを好きだと言っても／あたしは何もいらない。お前だけが　お前だけが　お前だけがいてくれたらそれでいい」。この歌詞から、読者はどんな男性と女性を想像するだろうか。

●小説より●

▨幸枝と母親が話している言葉が鮎太の耳に入ってきた。「お前がばかなことをするからさ」（井上靖『あすなろ物語』）＝母が娘に

▨父が苦虫をかみつぶしたような顔で、コーヒーを飲みながら言った。「全く、うちの社でも女の子はしゃべってばかりおる。よくまあ、飽きないもんだな」「仕事を与えないからよ。お茶汲み、コピーだけじゃ、女性の知性を馬鹿にしてるわよ」「お前なんかに何もできないじゃないか。タイプもそろばんも。ええ？」父は経済紙を手にとりながら「全く、お前に給料払っている会社に同情するよ」と言った。（赤川次郎『女社長に乾杯』）＝父が娘に

▨「おい」と彼は息子に呼びかけて、「あれは誰を見舞いに行ったのだったかな。お前を一緒に連れていっただろう」「ぼく、知らないよ。なんのことかさっぱりわからん」、息子は自由な口の聞き方をした。彼はなるべく息子を闊達《かったつ》に育てようと思っている。（吉行淳之介『砂の上の植物群』）＝父が息子に

▨「あの犬も家族の一人だからね。家族はわしと、あそこにいる家内と、五郎（犬）の三人だ」といった。これは後で知ったことだが、五郎はある高貴なお方から拝領したもので、子供のない兵藤夫妻が自分たちの子のように溺愛していた。そして彼等は、五郎のことを「君」と呼び、我々のことを「お前」と呼んだのである。（三浦哲郎『忍ぶ川』）＝目上の男性が犬には君、目下の人間には、「お前」と呼ぶ

▨恋人時代、私達はつまらないことでよくケンカをいたしましたわね。あなたは決まって私に言いました。「お前なんか嫌いだ」。（宮本輝『錦繍』）＝恋人同志男が女に

『女社長に乾杯』の父の態度は、娘を全く馬鹿にし「お前」と使っている。また『砂の上の植物群』では、父親は息子に「闊達に育てよう」と心がけ、それでも「お前」を使っている。まだ父親の権威が相当ある時代だからこそ、作者も自然にこういった文章が書けるのだろう。現代の日本の社会で、父親が子供をどう呼ぶのか調査してみたい気がする。おそらく「お前」という言葉はだんだん使われなくなってきているのではないだろうか。

『忍ぶ川』では、「君」と「お前」の関係を犬と人間に当てはめて比較し、その対比の面白さを出している。高貴な方から拝領した「犬」が「君」で、自分たちを「お前」とは、相手は何を考えているのだろう……という皮肉な視点が見えてくる。

それほどに「お前」という呼ばれ方にこだわる人がいる（たとえ小説の中でも）。

しかし夫が妻に、恋人の男性が女性に（『錦繍』の例）、どれだけ男性から女性に「お前」と使われていることだろう。世の女性たちは、それでも「親しさをこめた愛の表現」として「お前」を受け入れつづけていくのだろうか。

親父

おやじ

語源はオヤ・チチが転じてオヤジとなったという説が有力。現代語では、男性がくだけた場面で父親を「おやじ」と呼ぶことが多い。「おやじは仕事をしている背中を見せていればいい」という時代が長い間続いた。父親が家族の頂点にいて指導性を発揮できた時代のことだ。

しかし、二一世紀を迎えようとする今、おやじの価値観は変わってきている。父親が「父親業」をどうこなすかの「おやじフォーラム」まで開かれる時代なのだ（一九九八年「思春期問題研究会」主催）。

他人で年をとった男性に対して「おやじ」と言う場合には親しみをこめて言う場合（プラス概念）と、見下して言う場合（マイナス概念）がある。男性が店の主人に対して「おやじいる？」と言う場合は前者、女性が「あのおやじ」と使う場合には後者の例が多い。

「おやじ」という語が若者たちに見下された用例としては「オヤジ狩り」という語の出現だろう。この表現が新聞の見出しに載りだし、「おやじ」は少年たちに襲われるターゲットにさえ成り果ててしまっている。

「おやじ」という語はまさに現代の価値観を象徴する言葉であり、使う年代や性差によっても、意味する内容が全くことなる。「おやじ」という語は日本語でありながら、コミュニケーションの用を足さない語になりつつあるというのは、言い過ぎだろうか。以下「おやじ」のさまざまな用例をプラス概念から、徐々にマイナス概念として用いられている用例へと並べてみることにする。

父親に対して使っている例　●新聞より●

▨「楽しく下町のおやじ役」「嫁の出る幕」では十人兄弟の父親役を演じる。「この話では、一昔前の古き良き味を出してみたいですね」と……。（日経94・7・8）

▨「おやじの会」 それまでは、みな残業、交代勤務、出張が「男の道」とばかりに働いてきた父親たちだった。だが、家庭の中で自分たちの存在感を確かめようと、……多彩なイベントを催し子供たちをひっぱってきたのだ。……テント張りやゴミ拾い、ドブ掃除など裏方の仕事を黙々とこなす父親たちに、子供たちは共感を覚えたようだ。「おやじ」の一歩が　家族を変えていく。（日経94・1・1）

▨「単身赴任」―子供との溝埋める方法、心配りで「おやじの背中」、週末呼び寄せ、まめに帰宅・ファックス活用」　単身赴任のサラリーマンにとって、気になるのは子供との関係。遠く離れて暮らす息子や娘に、「おやじの背中」をどう見せたら良いのか、思い悩む人も多いようだ。赴任先に子供を呼んだり、こまめに帰宅したり、……。（日経93・11・22）

▨「おやじの米」アピール　米穀卸の京都府米穀は父

親のイメージを全面に押し出した新しいブランド米を発表した。新しいブランドは「親爺の選択―がんこ親爺が選んだお米」。日本のなつかしい父親像をアピールすることで、従来にない意外性をねらった。（日経93・5・26）

▨娘を驚かしたおやじの意地（朝日85・2・8）

▨僕もおやじも大学一年生（朝日87・4・8）

▨おやじに弟子入り　古今亭志ん朝さん（朝日95・11・1）

●雑誌より●

▨「親父は背中で語れない」　子への語りかけに涙ぐましい努力、こんなに息子や娘のことを思ってるのに、なぜか言葉が届かない。こんなに話をしたいのに、本音をぶつけられない。ひたむきな心が戸惑う。（『AERA』98・7・6）

雑誌の特集には、次のように書かれた男性の背中の写真がある。

・たばこはまだ早い。・学校へ行きなさい。・朝御飯食べた？・何だ、その髪は？・自分で責任とれるように、ちゃんと勉強しているか？・弱いものいじめをするな・人に迷惑かけるな・継続は力なり

子供に自分の哲学を語れない、いや語る機会のない父親は、もはや「おやじ」とは呼べない。職業訓練協会によれば、「親業訓練」を受講する男性が四割くらいに増えているという。ここでは父親は「子供との心の橋の築き方」を勉強する。果たしてこれで「おやじ」の復権は可能なのだろうか。

男性が店の主人に対して使っている例

●新聞より●

▨「プロムナード」　今では昔と言ってしまった方がふさわしい頃の話だが、わたしの町に「河童亭《かっぱ》」という泡盛のうまい店があった。おやじさんが俳人だったこともあって、作家や画家、劇団の俳優や落語家といった常連客で賑わった。（日経94・12・26、小関智弘）

女性が男性を見下して使っている例

会社で「おやじ」と呼ばれる人の「おやじ度チェック」（『AERA』98・4・8）によれば、「自分を偉いと思う人」「客と喧嘩してしまう人」「仕事が適当な人」＝危険水域。責任転嫁や意地悪をせずに一生懸命働けば、「おやじ」から「おじさん」に格上げ可能かも（OLやオヤジに詳しいコラムニスト苑田知江）とある。

ここでは「おやじ」は「おじさん」より格が低い。日本語の語感も変化したものだと思う。苑田氏は、「仕事のやり方や経済状態など環境の変化に合わせ、新しい方法を認め、受け入れる柔軟な精神が、おやじにならないポイントです」という。

●雑誌より●

▨「増殖するお局《つぼね》オヤジ—同僚・上司の女性は大迷惑」　スネオヤジ・特徴／男尊女卑思想のため、女性にミスを指摘されるとスネる。プライドが高い。トリ頭オヤジ・特徴／伝達事項や決定、自分の出した命令すらすぐ忘れる。「知らない」「聞いていない」が口癖。職場ではサンダル履き、バーコード頭、カーディガンと外見からして典型的なオヤジ。ガキオヤジ・特徴／好き嫌いが激しく、感情的。重箱の隅をつつき、すぐ妬《ねた》む。意地悪。おしゃべり大好き。（『AERA』98・4・6）

▨「退治できるか援助交際オヤジ」「無垢《むく》」「純真」を演じる女子高生たちに、夢を失った寂しい男たちが、声をかける。そんな「援助交際」に歯止めをかけようと、東京都が大人に対する処罰を新設した。男たちに、少女たちを買う罪の意識は芽生えるのか。（『AERA』97・11・10、ジャーナリスト速水由起子）

オヤジキッズ（おやじのような子供たち）

●新聞より●

▨「家族ニューワード—おやじキッズ」　立ち食いそば屋で、かけそばをすすり、駅のスタンドでスタミナドリンクを一息に飲み干す。若い女性を席巻《せっけん》したオヤジ現象が子供の世界にまで広がっている。おやじキッズの特徴は、考え方が即物的で子供らしくないところ。「将来の夢は」という問い掛けに「都内に百坪（約三三〇平方メートル）の自宅を持ちたい」と答える小学生。男らしさ、女らしさといった言葉も最近はやらないが、子供らしさも今や死語になりつつある？（日経91・7・13）

オヤジ狩り（おやじを襲う少年たち）

●新聞より●

■遊ぶ金欲しさに「オヤジ狩り」　少年二人逮捕（横浜）（朝日98・2・19）

■集団、ナイフ武器に「オヤジ狩り」　容疑で中学生ら十人逮捕（群馬）（朝日98・2・27）

■「少年院送致が相当」中学生ら八人家裁へ　太田のオヤジ狩り（朝日98・3・7）

何とも醜い響きの「オヤジ狩り」という新語が新聞に登場しはじめた。少年たちがナイフなどを武器に集団で「オヤジ」を襲い、金品を強奪する。なぜ少年たちは、そんな行動に出るようになったのだろうか。

●雑誌より●

■「オヤジを狩る少年少女」「女子高生が金でオヤジについていくのが許せない。オヤジをバットとか、鉄の棒でぶん殴るといい音がする。オヤジは泣いて謝ってくる」、つまり同世代の女子高生たちをオヤジに「とられる」のが悔しくてたまらず、憎悪の塊と化す、というわけである。女子高生を買うオヤジを成敗《せいばい》してくれるという「正義」を彼らはもっているつもりなのだ。／カネを持った肉を「狩る」のは何も男だけではない。わたしは、女子高生もある意味でオヤジたちを「狩って」いると思えてならないのである。（『世界』97・4、藤井誠二）

筆者は決して少年たちを弁護するわけではない。しかし道徳を説きながら「売春」をするおやじを見、「真面目に働くこと」を説きながら、一方では汚職事件が多発し、「援助交際」の法規制をしながら「売春広告」の載った新聞を電車の中で堂々と広げる。こういった社会を少年たちが憎んだとしても不思議ではないという気がする。

すさまじいことになってしまった。「おやじ」という言葉が、かつて使われたように、温かく懐かしく、親しみと尊敬を込めて使われる時代が、また返ってこないものだろうか。

一九九六年に出版された『父性の復権』（林道義・中公新書）が十数万部売れ、静かなロングセラーになっている。読者は働き盛りの団塊の世代で「父親不在」という子供の教育に対する風当たりが一番強い世代だ。今、なぜ「父親の復権」なのだろうか。林氏は著書の中で「父性とは家族を統合し、価値観の中心となり、文化を継承していく理念である。その欠如によって、利己的で無気力な若者が増加し、現代社会のさまざまな問題が引き起こされている」と指摘する。「再び父親が家族の価値観の中心にいる社会を」と読者たちはひそかな願いを込めて、この本を読んでいるのだろう。

最後に「おやじの復権」について述べられた論文を挙げておきたい。

●論文より●

▨「ガンコオヤジの復権」　ガンコオヤジ待望論「ダメ子供」になったと指摘されて久しい。そしてその原因を父親に求める主張が多い。また私達の「子供臨床」の世界でも、いじめ・非行や問題行動の背景を父親の在り方とかかわって論じる意見が少なくない。こうして「父親原因論」の論調の中で、ひときわ強く主張される中身は「父親が甘い」という点である。この「甘い」父親が子供をダメにしたというという論調の中には「ガンコオヤジ」の到来を期待する思いが陰に陽に秘められているように思われてならない。（『児童心理』95・12、小林剛）

▨「貧乏・下町・がんこおやじ」「まっ、オヤジはどっちかっていうと、仕事してブスッとして、気難しかった」（『思想の科学』85・3）

▨「がんこ親父のもち味」「がんこ親父」という言葉のようにガンコという名詞が直接形容詞的に使わ

れているのは親父という言葉に対してだけである。「がんこお袋」という言葉を聞いたことがないし、……「がんこばばあ」という言葉は言いえて妙であるが、かなり否定的な意味で、「頑固親父」のように両義的ではない。（『児童心理』95・3、堀内聡）

ここで堀内氏は「がんこおやじ」を以下のように分析している。「がんこは表面に過ぎず、内面は優しく涙もろい」「考えや態度を変えない」「損得抜きの態度」「些細《ささい》なことには動じない」「世間体や周囲の評価を気にしない」、日本の社会全体が、この「がんこおやじ」の復権を真に願っているかどうかが気にかかるところだ。もしそうだとしたら、「おやじ」という語も、かつての意味を取り戻すに違いない。

オヤジギャル

「オヤジ」という和語と「ギャル」（女）という外来語をミックスさせた造語で、いまだ市民権を得たことばではないが、平成の社会現象の一つとして生まれた用語だと思われる。

その特徴は若い女性でありながら、中高年で可処分所得の多い中小企業のオーナー社長レベルの男性と行動様式が近いこと。ゴルフに注ぎ込む金銭的なゆとりがあり、おしゃれな女性。独身で「オヤジ」のように住宅ローンをかかえていたり、妻子を養う義務がない。長年の勤務で男性の部下を持っている。

この語は漫画家の中尊寺ゆつこ氏が描く人気漫画『スイートスポット』（扶桑社）に登場する女性キャラクターから生まれた。

このキャラクターから出た「オヤジギャル」という語が雑誌などで取り上げられるには、二〇代から三〇代の女性たちの行動様式の変化がある。

ここに代表的な「オヤジギャル現象」を書き出してみよう。

オヤジ・ギャル現象ベスト10

①かつてパチンコやマージャンに興じている姿とい

えば男性が主流であった。それが今やパチンコ店にも女性の姿は多くみられる。また、換金する女性の姿も増えている。パチンコ店によっては、女性向けのコーナーまで作っている。

②タブロイド版のスポーツ新聞は男性を読者層におき、内容も女性が公の場所で見ると赤面するようなことが書かれている。しかし、今では女性でも堂々と電車の中でスポーツ新聞を広げる姿がある。

③赤提灯《あかちょうちん》の飲み屋は仕事を終えた男性がとぐろを巻く場所であったが、今では若い女性たちが仕事の後で焼酎などを飲んでいる。

④駅にあるスタンドのそば屋で、立ち食いそばをする女性の姿が増えた。

⑤駅で栄養ドリンク剤をその場で飲む女性が増えた。コマーシャルには、男性しか登場しないが、これからは女性も登場させる方がよいのではないかと思う。

⑥たばこを吸いながら歩く。駅の灰皿のある場所を若い女性が占めている。

⑦競馬・競輪などのギャンブルをする女性が増えた。これまで女性にとってタブーとされていたことが、女性が男性と肩を並べて仕事をするようになり「タブー視」されなくなった。キャリアがあり自立している女性で、男社会の中でそれなりの習練を積んでいるのでマナーにはうるさい。おばさん・オバタリアンと呼ばれる女性はマナーが悪いことと逆の現象。

⑧出張で新幹線に乗る時は、キヨスクで新聞・ビール・たばこを買う。かつて、これは男性の買うセットだった。

⑨男性におごってもらわないで割り勘にする。

⑩仕事着はスーツ、女らしいおしゃれはしない。

さすがに四〇代以上の女性となると、これらのことを自らの中で「タブー視」し、自らを律している。しかし、男性が楽しいこと、面白いことを独占するのは「けしからん」という気持ちが起きるのも人間として自然なことで、一度生まれた「オヤジギャル現象」は、ことばそのものは消えても行動様式としては定着するのではないだろうか。

●雑誌より●

▨「オヤジギャルが増殖している―虚を捨てて実をとりはじめたＯＬたちの実態」渋谷のあるバーの主人によれば、最近の二十代後半の女性は、飲み屋に自分のテリトリーを持っていて、そこに同僚や部下らしき男を連れてくる人が多くなったとか。……女性が完全に主導権を握ってるんですね。（『文芸春秋』90・1）

いくら女性たちにキャリアと金銭的なゆとりがあっても、これまで構築されてきた男性社会の中で、男性たちが受け入れてこそ「オヤジギャル」も存在できる。その意味では、女性の行動様式の変化を男性たちが受け入れる時代が来ているといえる。

親分　おやぶん

グループの中で「頭《かしら》」と仰ぐ人をいう。この語は江戸時代にあった「仮親《かりおや》」の習俗からきたもの。父親の地位が低い者が結婚する場合や就職する場合に、自分の身分を保証してくれる人が必要だった。多くの場合、親族の中で有力な人が「仮親」になることが多く、その人は「親の分」までつとめた。江戸町火消しの大親分新門《しんもん》辰五郎は、その一人といえる。

「親分肌」はプラス概念で、グループの長として面倒見の良いという意味を持つ。新聞から、なだいなださんの小学生時代、駐日韓国大使、西武の会長の例をあげたが「弱気を助け、強気をくじく」「自ら率先して行動する」という「親分肌」が日本人に好まれていることが分かる。

博徒《ばくと》の頭が「親分」と呼ばれるようになったのは、孤児の多かった江戸時代に、身寄りのない人たちを集めて面倒を見たことからくる。「子分」という語は、「親分」に面倒を見てもらい、言いつけに従うという意味を持つ。「あいつは〇〇の子分だから、気をつけた方がいい」「いつから彼の子分になった」などと現代語でも使われる。「親分」がプラス概念を持つのに対して、子分はマイナス概念で使われる用法が多い。現代の社会で「親分」「子分」の関係は、博徒の世界や政治の世界（新聞例参照）に見られる。どこかに共通性があるのだろうか。

　親分は普通、男性に対して使われ、女性に使われる場合には「女親分」となるが、その場合は特殊なケースである場合が多い（新聞例参照）。

●新聞より●

▨「親分肌で厳しい新大使─気さくで山歩き好む」韓国の次期駐日大使にコン・ノミョン氏が内定した。部下をどなることもなく、月二〜三回は土曜日の午後に研究院の山登りサークルのメンバーを引き連れて山登り。その後会食を楽しむという。（日経93・3・15）

▨「親分肌、障害児に字を教え　なだいなださん」がき大将でしたね。小学生の頃は。知的障害のある同級生に字を教えたこともある。親分肌のがき大将としては、放っておけなかったんだろうね。今思えば、そんな体験が精神科医になったことと、どこかでつながっているかもしれない。（朝日95・7・19）

▨「西武百貨店建て直し─三年後に経常利益一〇〇億円」　西武百貨店会長・和田繁明氏　どちらかと言えば親分肌の人物で、会長だからといって後ろから社長を操《あやつ》るようなタイプではない。実際、「前線にまで出て、自分がこの会社を全面的に取り仕切るんだ」という意思をはっきり表示している。（日経92・10・23）

▨「唯一の子分が親分の思い出」　河野健三・元参議院議長の思い出の記を自称「ただ一人の子分」の栗原祐幸前防衛庁長官がまとめ出版記念会を開いた。……一度も大臣にならないなど、政界の常識からは一風変わった道を歩んだ「親分」への気配りを見せていた。（朝日85・5・24）

▨「親分代議士」どこへ　戸惑い隠せぬ系列区議ら（朝日91・6・26）

▨「脱ファミリー」指つめけじめと「女性親分」　身寄りのないキャバレーホステスら孤独な女性ばかり約三十人集めて「ファミリー」を結成、誕生会などのパーティーを開いたり金に困ったメンバー

に金を貸すなどしていた。（朝日86・1・21）

▨「殺されたのは女親分だった」　星野さんはかつて暴力団○○一家の貸元の一人だった。関東ではただ一人の女性親分といわれていたが、……。（朝日86・6・19）

▨「江戸っ子は楽じゃない」　江戸町火消しの大親分新門辰五郎の晩年は、最後の将軍慶喜のボディーガード。明治八年七十余歳で往生したが、翌九年の十七日付け郵便報知紙によると、せがれ仁右衛門の代になって借金がかさみ、……。（朝日87・7・16）

▨「現代的な親分の人生応援歌」　捕物帳を代表する銭形平次、テレビの人気番組の舞台化。男っぽい印象の強い北大路の平次が、女房がいるのに客の座布団を片づけたりと、……共働き夫婦のように見える。（日経95・5・13）

●小説より●

▨御用聞きは町奉行所の手先となって働くものだが、どこまでも下部組織として刑事活動をする。まだ四十前の弥七であるが人柄のよく練れた男で、女房が「武蔵屋」という料理屋を経営しており、そのため土地のものは「武蔵屋の親分」などとよび、人望も厚い。お上の風を吹かせ、陰へ回っては悪辣なまねをする御用聞きが多いなかで、弥七のような男はめずらしいといえよう。（池波正太郎『剣客商売』）

▨「欧州はなかなか人望があってねえ。どこか親分肌のところがあるんで、いろいろと活躍していますよ。たしか柔道部で……」（北杜夫『楡家の人々』）

▨「やはり門から出よう」……こういうときの理兵衛には親分肌のところがあった。……理兵衛はてきぱきと指図した。……この時分、九人の少年の脱走を、少年院の職員たちは誰も気づいていなかった。（立原正秋『冬の旅』）

▨百数十軒の家はことごとく同じ造作だった。ここでは総元締の親分をたよれば、お尋ね者も容易にかくまわれると云われていた。親分がベルが鳴らすと、遊廓中の一軒一軒に響きわたり、お尋ね者に危険を知らせるのだそうである。（三島由紀夫『金閣寺』)

小説に登場する親分は、ある共通性を持っている。「人望」があり、「人柄」がよく、その上リーダーシップを発揮して「てきぱき」と指図できるタイプだ。『金閣寺』の親分は「お尋ね者」をかくまってくれる。「親分」は「お上」に対しての反体制側に立つこともできる、という暗黙の了解のもとに、三島由紀夫は「親分」という語を用いているのだろう。

『剣客商売』の弥七も「お上の風を吹かして」、陰にまわっては悪いことをする「悪辣《あくらつ》な」御用聞きが多い中で、おそらく「お上」の風を感じさせない正義感ぶりが、作者に「親分」と呼ばせているのだろう。現代社会でも「親分」は存在する。これだけの要素を「親分方」はお持ちなのだろうか。

御曹司　おんぞうし

名門の子息に対して使われる語で、現代の社会では政界・経済界の二代目・三代目に対して使われることが多い。血筋や育ちの良さを暗示させる語で、「御曹司」「子息」「息子」「伜《せがれ》」「餓鬼《がき》」(一般に子供をののしる時)と息子を表す表現の中でも「最高の位」にある。

「御」は接頭語で、「曹司」は部屋の意味。平安時代、貴族の住む洗練された調度などの置かれた部屋を「曹司」といったところから、部屋住み(嫡男《ちゃくなん》がまだ相続しない間、または相続しない次男以下)の貴族に対して「御曹司」と使われるようになった。当時は結婚する前までの呼び方で若い貴人を指すが、現代語では結婚・年齢には関係なく用いられる。

平安時代末期、貴族が没落し、武家である源氏と平氏の勢力が大きくなり、その子息に対する呼び方も「源氏」の子息は「曹司」、平家の子息は「公達《きんだち》」と呼ばれるようになった。「公達」がより貴族的であるのに対して「御曹司」は荒々しい武将を連想させるものへと変化した。鎌倉初期の英雄源義経も物語の中にたびたびこの呼び名で登場する。

『平家物語』(八、法住寺合戦)では「九郎御曹司」

という呼び名で、また『保元物語』(白河殿へ義朝夜討ちに寄せらるる事)では、「御曹司の弓手《ゆんで》の草摺《くさずり》をぬいざまにぞ射切りたる」と単に「御曹司」として源義経を指している。その後、この「御曹司」という語は脈々と受け継がれ、現代語に生きつづけている。

●新聞より●

▨「御曹司たち―はた目ほど楽ではない」　世襲、血縁候補ラッシュの中で、毛なみの最たるものと言えば歴代首相の係累たち。麻生太郎は祖父が吉田茂、義父が鈴木善幸という毛並みだが、前回はこれを頼りにしすぎ……。(朝日86・7・7)

▨「文相　鳩山邦夫氏『御曹司』の殻破れるか」　子供の頃から政治家を志し、東大を卒業するとすぐに当時の田中首相の秘書に。「甘さ」を指摘する向きもあり、入閣を機に名門、鳩山家の御曹司という殻を打ち破れるか。(日経91・11・6)

▨「松下三代目は社長になれるか―御曹司への大政奉還説―実力主義の社内に違和感」　戦後飛躍的な成長を遂げた日本の代表的なビッグカンパニーが代替わりの時期を迎えている。トヨタ自動車の豊田家、ソニーの盛田家、ダイエーの中内家など創業者一族のメンバーの人事にはひときわ注目が集まる。……今年六月松下電器産業の松下正幸氏が専務に昇格した。経営の神様、松下幸之助氏の孫は社長の座を射止めることができるのだろうか。(日経92・7・13)

▨「総帥へ試練の御曹司―東急建設社長の哲氏実績づくりが鍵」　東急グループを創業した五島家の三代目五島哲氏(41)が東急建設社長に就任した。……七十五年に二十七歳の若さで東急建設取締役として入社した時点で、少なくとも将来の社長の地位は約束されていたといえる。(日経90・7・9)

▨「誇り傷つき取締役退任―大物三代目、失意の退場」　川上浩ヤマハ前社長(現取締役51)ヤマハの経営を約六十年間世襲したきた川上家、三代目の御曹司が六月限りで取締役を退任する。……上島清介社長が浩社長時代の施策を次々と否定するに及んで、御曹司の誇りは傷ついた。……浜松市で記者会見に臨んだ浩氏は終始うつむきかげんで寡

黙だった。十年前に四十一歳の若さで社長に就任した時の輝きはなく、経営者としては失意の退陣となった。（日経93・3・9）

▨「交遊抄―中西啓介（防衛庁長官）」　わが来し方を振り返ると、難しい局面にぶつかる度に、必ず親身の激励や厳しい忠告をしてくれる何人かの先輩がいた。現在和歌山銀行社長を務める尾藤昌平氏はそんな一人である。……佐賀の五町田酒造という造り酒屋の御曹司。俳優でも通用するような伊達男ぶりに加え、なかなかの博識家であった。（日経93・8・25）

現代の「御曹司」たちを新聞から抜き出してみると、そこには「栄光」と「影」が常につきまとっている。一企業が巨大化することによって、その企業は社会的な役割を担うようになり、創業者の「御曹司」の影は薄れ、経営も世襲から実力のあるものへとかわっていく。

新聞には「御曹司物語」が書けそうなほど、「御曹司の悲喜劇」とドラマチックな世界が展開されている。しかし、いまだに世襲制を続けている歌舞伎界では、主役は常に「御曹司」たちである。

▨「われらカブキの研修生　御曹司横目に「端役で結構」（朝日85・2・20）

女手・男手

おんなで
おとこで

「女手」の場合は「女手一つで子育てをした」のように、夫のいない身でありながら、「自力で働き、収入を得て」という意味が含まれる。それに対して「男手だけで子育てをした」という場合には、家に妻がいれば当然妻にまかせたであろう「育児」を男性がしたということになる。男＝稼ぎ手、体力のある人、女＝家事・育児という図式である。「女手」「男手」という表現には、男女役割分担の意識が明確に感じられる。

●新聞より●

▨「息子二人を男手で―昭和人間史」　満州から引き

上げてきた時、長男健次は三歳、次男はまだ生後十一カ月の乳飲み子だった。妻を亡くし、幼い二人の男の子を男手で育てなければならない。(朝日98・9・24)

▨「障害者介助『求む男手』」　東京都町田市の「町田ヒューマンネットワーク」の登録介助者は約百二十人だが、女子学生と主婦が多く男性は十人ほど。(朝日92・6・22)

▨「女手一つで体当たりの子育て」　次男の口癖が「あらまあ、どうしましょう」となれば私はあわてて男言葉になる。父親がいて欲しいと思ったのは、子供が構えているバットにボールをあててやれなかった時、……長男が小学校に入るとき、二人を並べて手をつき、父親がいないということを前提に行動して欲しいと頼んでの子育て。強くたくましく真っ直ぐに育ってくれて感謝している。(朝日89・11・14)

▨「女手一つの母　反発あったが」　「お母さんを頼む。幸せになってください。父より」という手紙を託して、三十八歳の若さで父はがんでなくなりました。残された母の哀しみと不安は当時高一の私と小六の弟たちをかかえ、どんなに大きかったでしょうか。喫茶店を始めた母は「女手一つで子供を育てる」美談を看板にして一生懸命働きました。(朝日94・1・15、投書欄)

▨「女手で田植え無事終わる」　農作業は機械化されたとはいえ、育苗から代《しろ》かき、田植えまで、女手でこぎつけるのは容易ではない。……夫は不慮の事故で身体の自由を奪われ五年余、いまだに入院の身である。夫が倒れてからは、田と畑を私がまもる。以前は稲作りは夫まかせであったのに、今、私の頭の中は稲作りでいっぱいである。(朝日92・6・17、投書欄)

国勢調査によれば、「男親と子供からなる所帯」「女親と子供からなる所帯」が離婚率の増加や単身赴任のための別居に伴って増加しているという。そういう意味では「女手」や「男手」だけの家庭が増えているということになる。

　しかし、新聞記事にあらわれる「女手一つ」の相手の男性はがんで早世した、あるいは不慮の事故で入院中など美談として取り上げられる場合が多い。自分の都合で離婚した場合には、「男手で・女手で」子供を育てたとはいわない、という意識が働くのだろうか。

投書にしても、新聞社の編集者が数ある中から選んだであろう投書は、読者が読んでも胸を打つ美談である。ここでも見られるのは男女役割分担の意識で、「稲刈り」を女性がすることは大変なのだなあと読んでいても「もっとも」と同調したくなる。「男女同権」などという言葉が古くさく聞こえる今も、「女手」「男手」の使い分けの中に、「男女同権」ではない証《あかし》が生きつづけている。

駆け込み寺

かけこみでら

別名「縁切り寺」ともいう。妻の方からの離婚が認められなかった江戸時代にあって、寺に足かけ三年在寺すれば離婚が成立するという特権を持っていた尼寺をさす。特に有名なのは、群馬県（上野国）新田郡の満徳寺、神奈川県（相模国）鎌倉の東慶寺などである。

東慶寺門前での駆け込みの図

●東慶寺の資料より●

▨男尊女卑の当時、それを当然だと思っていたのは男だけではありません。駆け込む者を不心得者と見ていた女たちの視線にも、堪える覚悟がなければなりませんでした。家を出たものの途中で足を止めたもの、門の前で捕らえられた女房、駆け込みながら仕方なく帰縁した女など、黙って涙した例は決して少なくはなかったことでしょう。

▨寺へ駆け込んだ女は、寺役所で身元調べを受けたあと、御用宿に預けられます。江戸末期には駆け込んだ女人があとを断たず、門前には三軒の御用宿がありました。

歴史的に見ると、女性の側から離婚することが難しくなったのは、中世以降の武家社会になってからである。「妻問い婚」が行われていた時代には、夫が妻を訪れることをやめることが実質的な離婚であり、『枕草子』にも「家ゆすりてとりたる婿《むこ》のこずなりぬ」と記述されている。

中世以降、父権社会となり、結婚生活が夫側で持たれる「嫁入り婚」になると、離婚は妻が夫の家から出されることであり、妻が離婚を希望する場合には、非常手段に頼るしかなかった。これは武士社会だけではなく、広く農村でも同様だった。

●参考文献より●

▨近世農村家族の婚姻形態は嫁入婚が支配的であり……。女性の側からの離婚申し立ての難しさは日本に限ったことではなく、中国でも人民共和国成立の前は、夫は妻を一方的に離婚でき、妻は結婚は「天合（天の申し合わせたもの）」という理由で離婚することができなかった。儒教の経典である『例記』や「唐律令」には、夫からの離婚（棄妻）は妻の側に無子、姦淫、不孝、饒舌《じょうぜつ》、盗窃《とうせつ》、嫉妬、悪疾《あくしつ》の七出がある場合に限られ、また七出であったとしても、いくつかの離婚できない理由が並べられていたが、いずれにしても夫の側にはこの七出は適用されないのであり、いかに妻が離婚されやすく、離婚しにくかったかを示している。

（『日本女性史』第三巻）

現代の日本では、調停離婚の場合、妻からの離婚申し立てが約七五パーセントと、夫からの申し立てよりも圧倒的に高い。離婚者の年齢別割合も中高年層が多くなっている。

「駆け込み寺」が現代語の中でどのように用いられているか、新聞から用例をみることにする。

●新聞より●

▨「スイス版『女性の駆け込み寺』事情」 パートナーから虐待や暴力を受ける女性が避難する一時保護施設が日本でも誕生しているが、スイスでは七十年代後半に生まれた民間施設「女性の家」が数多くの女性たちを保護してきた。（日経94・11・9夕刊）

▨「駆け込む妻、後絶たず―夫の暴力からの緊急非難所」 夫の暴力に耐えかね、家を出た妻が一時的に逃げ込める現代版駆け込み寺、いわゆる「シェルター」を利用する女性が後を絶たない。（日経94・4・22夕刊）

▨「アジア女性の駆け込み寺―私は動物ではない―相手を対等に見ない男性側、安易な結婚にも責任女性側」 妊娠を知った男性が逃げ出す、結婚後夫が暴力をふるうようになる……。そんなアジアの女性たちが「駆け込み寺」として集まり住む。（朝日92・3・16）

「駆け込み寺」は男性の暴力などから女性が逃げる場合に使われている。しかし、最近では「避難所」や「訴える所」の意味でも使われるようになった。

▨「管理職駆け込み寺―関西にも拠点結成―東京管理職ユニオン関西支部」（朝日97・3・23）

▨「駆け込み寺―新党頼みの社民党」（朝日96・9・25）

▨「合祀《ごうし》墓―孤独な人達の駆け込み寺に―全国に20箇所以上」（朝日93・6・16）

▨「消費者保護―暮らしの駆け込み寺」（朝日89・3・26）

家政婦　かせいふ

家庭に雇われて家事に当たる職業の女性をいう。最近では、女性の家事の中で老人介護の比重が多くなり、在宅介護に家政婦が雇われることも多い。雇用形態はパートタイム、日雇い、期限付きの臨時契約などがある。

家政婦の存在は、日本人の性別役割分業意識と大きく関わりがある。一九八二年に行われた六ヵ国の女性の国際比較調査で「男は仕事、女は家庭」に賛成の国は日本七一％、フィリピン五六％、アメリカ三四％、西ドイツ三三％、イギリス二六％、スエーデン一三％だった。この数字は、日本では「妻が家庭にいて家事をすべき」と考えている人の率が他国に比して格段に高いことを示している（総理府「婦人問題に関する国際比較調査」一九八二）。

専業主婦が家事労働に費やす時間は平均七時間一八分（NHK放送文化研究所、一九九〇）、年間の家事労働時間は二五八五時間にものぼる。「家政婦をやとった場合には、いくらになるだろうか」という調査に対して、妻の自己評価は月給にして一二万五〇〇〇円（大和ハウス工業生活研究所、一九九二）だが、AIU保険の算定では「主婦が家事で働いた時間だけ家政婦を雇うとすると約二四万七千円（子供がいた場合）」になる（日経93・5・1）。

ではなぜ、日本では主婦が家事をする率が高いのだろうか。参考までに小中学校の教科書を見ると、「お母さんの仕事―炊事、洗濯、掃除、買い物、育児の挿絵」（小学校1年社会科）、共働き家庭の挿絵、母親は家事、父親は男の子とジョギング（小学校家庭科）―（日本弁護士連合会の調査結果、朝日89・7・16）とある。子供の頃の教育から性別役割分業意識が植えつけられていることが分かる。

主婦に期待されている仕事として、老いた親の世話、長期の病気の介護がある。西暦二〇〇〇年には日本の高齢化の水準は六五歳人口比率一六・三％になるが、三五歳以上の男女従業員への労働省の実態調査「長寿社会における女子労働福祉に関する調査研究会中間報告」によると、「介護は妻がする」という男性が七四％、「自分がする」という女性が八四％であり、親の介護は八割が女性に頼っているという現状である。「家政婦」という言葉が日本語の中で生きつづけている背景に、こうした日本社会の実態があるといえよう。

●新聞より●

①「家政婦さんがんばって―老人介護の戦力」／資格

制度を新設／老人介護力の高い家政婦さんは労働大臣が「介護アテンドサービス士」と認定します／。寝たきり老人の世話など介護サービスに欠かせない戦力となっている家政婦のレベルアップを目指して、労働省は家政婦に初の資格認定制度を導入する。関係団体は「家政婦の社会的な地位のアップにつながる」と制度導入を歓迎している。（日経90・11・17）

②「介護労働者の福祉改善へ基金制度」　家政婦を中心とする介護労働者の福利厚生改善のため「介護労働者福祉基金」の創設が決まった。（日経91・12・28）

③「付添い介護解消は遠く―人手不足・医師の抵抗が壁」　厚生省は老人医療を中心に患者に過大な保険外負担となっている付き添う介護の解消に向けて乗り出した。病院外の家政婦が紹介を受けて患者の付添い介護にあたる現在の方法から、病院の介護職員が患者の世話をするしくみに返る「院内化」を押し進めたい考えだ。（日経91・12・5）

④「介護労働者の労働環境改善」　労働省は……同法が対象とするのは、社会福祉施設の職員、ホームヘルパー、入浴、食事サービスなど民間シルバーサービス産業の従業者、家政婦で合わせておよそ七〇万人。（日経92・2・5）

⑤家政婦紹介業やベビーシッター業在宅介護に参入（日経93・8・11）

⑥家政婦もプロの時代―民間資格の取得者増加―在宅介護化にらむ―賃金面で優遇の動きも―　家政婦も資格ができたことで介護知識をもっと身につけたいと思うようになる。（日経94・2・9）

①の「介護アテンドサービス士」という名称は、もはや「家政婦」のような「婦」ではなく「士」、男女双方を視点においていることがうかがえる。そして②では「労働者」に、③では「介護職員」に、④では「介護労働者」にというように、年を追っていくにしたがって、労働省や厚生省を中心に、名称が男性をも含んだものへと変化している。その背後に、「介護は男女双方が受け持つもの」という意識があるという見方もできるのではないだろうか。

しかし、発展途上国では、「家政婦」は貴重な女性の収入源にもなっている。

■サンパウロ支える内助の功、家政婦さんひっぱりダコ、働く女性の一六％、四三万人も。（日経92・6・28）

■「家政婦百人クウェート脱出」　雇い主にレイプされた、給料を払ってくれないなどと訴えてクウェートのフィリピン大使館に逃げ込んでいたフィリピン人家政婦四百二十四人のうち……。（朝日93・7・2）

男女役割分業のある限り、「家政婦」は必要であり、それが「家政夫」に変わることはありそうにもない。

堅物

かたぶつ

「きまじめで融通がきかない人」をいう。「とっつきにくい、話しにくい、付き合いにくい」の三つの「〜にくい」が当てはまる。「堅物」が日本の社会でどのように評価されているかを、新聞や小説の文脈の中から探ってみたい。

●新聞より●

①登場　ドイツの第七代大統領に選出、R・ヘルツォーク氏、法学者、地方政治家、司法のトップ、そして国家元首に。二三日の連邦会議でドイツの第七代大統領に選ばれた。極右勢力の支持を拒否するなど、中道保守を自任しているが「右より」との評が多い。いかめしい風貌も手伝って、かなりの堅物という印象を受ける。（日経94・5・24夕刊）

②男へのメッセージ　トモエそろばん社長　藤本トモエ　わが社の取引銀行の得意先係O氏。三四歳で長身、ルックスも抜群だ。いわゆる三高をクリアしているのに、なぜかいまだに独身を貫いている。たくさんの女性社員に囲まれていながら独身でいるのは、かなりな堅物か変わり者と最初は思っていた。（日経92・9・6）

③高座―上方落語ベスト一〇　大阪は商人の町であ

る。その街の芸である上方落語には、大阪の商人哲学が織り込まれている噺《はなし》がある。「百年目」がそれである。表向きは堅物と思われている番頭は裏を返すと大の遊び好き。春のある日、桜の宮へ芸者を引き連れてやってきている現場を旦那に目撃されてしまう。（日経92・7・11、落語作家・小佐田定雄）

●小説より●

①「そうか。君は全くみかけによらないところがあるんだね。小説なんか目もくれないような堅物に見えるけれど……」「君は高邁《こうまい》な哲学でも論ずるような、そんな感じでちょっと恐れをなしていたんだ」（三浦綾子『塩狩峠』）

「堅物」には、上記のような一般的な人物評としての意味だけでなく、「男性が女性に関して生真面目である」という意味あいもある。新聞でも小説でもこの用例は多い。多くの場合、「堅物」はプラスではなくマイナスの要素として表現される。

「堅物」がマイナスとなるのは、男性が女性に対して性的関心や性衝動をもつのは「本能的」であり、「自然」だとする社会文化的な規定が存在するからではないだろうか。その半面、女性がそのような「生物的本能」を持った場合には、「ふしだら」などと社会からマイナスの評価を受けることになる。

②「そちは妻女を大切にするあまり、遊女とも寝ぬそうじゃな」……光秀が無頼の堅物という評判は、織田家の家中にもある。「女は嫌いか」「好きでござりまする。しかし多数の妻妾を持ち、それを手なずけて奥を穏便にしてゆく器量はこの光秀にはござりませぬ……」「そちほどの豪傑にも似合わぬことだ」（司馬遼太郎『国盗り物語』）

③「ただもう考えるのはあの女のことばかり。仕事も何も手に付かない。物笑いの種になっているのはよく分かるのだが……」「自分で自分を恥じている。しかしどうしても自分を思い切れないのだよ」「私は今まで堅物で通ってきた男だ。色めかしい噂もついぞ立てられたこともない。不風流、野暮、情け知らずと陰でわらわれていたのも知っている」（田辺聖子『新源氏物語』）

新聞②の例は、書き手が女性であるにもかかわらず、「堅物」を「変わり者」と並列させることでマイナス要素を暗に示している。新聞③は「堅物」と思われていた番頭が、実際は「遊び好き」、しかしそのことが露顕しても番頭の評価が高まっている面もある。これは現代社会でも同様であり、世界の指導的大国の大統領がセクハラ疑惑で裁判にまで事が公になりながら、支持率に影響がないことと共通している。

小説②では、光秀が一人の妻を大切にし、多数の「妻妾」を持たないことが「豪傑にも似合わぬこと」というマイナス評価で描かれている。「一夫一婦制」など「豪傑にあるまじき行為」なのだ。

小説①では「堅物」であることは「無風流、野暮、情け知らず」という語と同義のように表現されている。作者は読者がこの表現を何の疑いもなしに受け入れるだろうことを想定して書いている。「堅物」をマイナス要素にしているのは、紛れもなく日本の社会そのものといえる。

家督　かとく

相続すべき家の跡目。また跡目を継ぐもの。多くの辞書に「長子」と書かれている。「長子」は「最初の子」か「長男」を意味し、必ずしも男性を意味しない。

●論文より●

▨「姉家督相続の地域的なひろがり」　男女の別を問わず、最初に生まれてきた子どもが家を継ぐことをを初生子相続という。そして、この中でも特に長女が家を相続し、第二子以下に生まれた長男を婿《むこ》に出すか、分家させる慣行を姉家督相続と呼ぶ。この姉家督を行っている庶民の間には、現代の男女同権とは多少意味の異なった、いわゆる素朴な男女平等の思想が見られた。ところが妻の従順が美徳とされた儒教的武士的道徳が庶民の間にも浸透してきた明治の中頃に、この姉家督の慣行は衰退する。
この慣行は明治の中頃までは、北関東から東北地方、さらには新潟県の北部にまで広く分布していた。姉家督した家での婿の立場は、実にみじめなものである。たとえば働きの悪い婿は容赦なく離縁された……。(『関西大学社会学部紀要』第一六巻第一号、一九八四、前田卓・藤田道代・山本準)。

ここでいう「姉家督相続」は農業・漁業・林業・畜産業などを営む人々の間で行われたようである。そこに「素朴な男女平等の思想」があったとすれば、それはその職業の性格にも負うところが大きかったと思われる。

家督は、古くは一門の首長を指す言葉であった。その後家長を指すようになり、転じて家産の意味を持つようになった。平安時代後半から鎌倉時代にかけて、武士には血族的団結が発達し、家督の地位は軍事的統率権を意味した。室町時代以降、財産の単独相続法が発達して家督の重点は家産におかれるようになった。一八九八年(明治三一)の民法は家督相続を家産・戸主権を合わせたものとした。

●新聞より●

▨「私の履歴書—父の早世」　父は大正一五年四月に他界した。私は八歳、……家督相続人の重み、戸主の役割が大きかった時代で、父の死後は一家の代表となる役目が私に回ってきた。元日は学校の祝賀式のあと、森村邸にあいさつに行き……だから私は小学生にして名刺を持っていた。(日経94・8・1、竹見淳一)

現代日本の相続は民法の基本理念である「個人の尊厳と両性の本質的平等」(民法一条の二)にもとづいており、「家＝長男」という意識を排除し、当事者の意思を尊重した上で兄弟姉妹が平等な分け方をすることになっている。しかし、現実問題としては、長男が「〜家の墓」を守るという家制度の意識が今も根強く残っている。

家内・主人

かない
しゅじん

「家内」は家の中という意味だが、夫が自分の妻を指して言う。夫を「主人」、妻を「家内」という呼び方は本来の意味を考えると、性による夫婦の役割固定観念にしばられたものであり差別語といえる。しかし日本の社会で、特に年代の高い世代では、「妻＝家内」と考え、習慣的に使っているのが現状である（新聞例①）。たとえ妻が外で働いている場合でも「家内」が使われることが多い（新聞例②）。「家内」と呼ばれることに反発する女性が増えてきている（新聞例③）。これからの長寿社会では「家内」の仕事は夫婦共同でという動きも出てきている（新聞例④）。

●新聞より●

①「他人に紹介する時は『妻』で」　妻が夫を紹介する時の上位五位は、次のような具合。「主人」「夫」「ウチの人」「お父さん」「名前で」。夫が妻を紹介する時は「家内」「妻」「女房」「ウチのやつ」「奥さん」……。役割固定用語として特に女性からの批判の高まっている「主人」「家内」が、実生活の場では使用頻度がもっとも高い。……ちなみに妻たちが一番嬉《うれ》しいと答えた呼称は「妻」だった。―クラレが首都圏、近畿圏に住む主婦にアンケート調査を行った結果から。（日経93・11・22）

②「忙しい妻を支えたい」　「家内がジュネーブにいるので、できるだけ頻繁に欧州に来て取締役会に参加するとともに、家内を家庭面から支えたい」と語るのは、日本人として初めて英大手銀行のバークレイズ銀行非常勤取締役にご就任した緒方四十郎さん（六三）。緒方さんの夫人は、国連難民高等弁務官事務所の緒方貞子高等弁務官。（日経91・5・25）

③「家内、奥様、主婦、夫人―女性の呼び方どこか変―役割固定ダメ『妻』や『名前』で」　当事者同志は名前で呼び合うなど納得しあっても、間接話法となると解決できない場面も。いくら意識の高

い妻でも、夫の上司に対してはつい「うちの主人が」と言わざるを得ないようだ。伝統的な夫婦の呼称は主従関係や男女の固定的な役割を引きずっているとして、これを洗いなおすグループも誕生した。「配偶者の呼称を考える会」がそれ。当初は「主人」という呼び方が召使を連想させて不愉快と、まず夫側の呼称検討から始めたが、「家内」や「奥さん」も女性を家に縛りつけるようで要再考と路線拡大。……（日経90・3・12）

④定年準備お早めに、妻が「家内授業」を　夫が四〇代後半になったら一部の大手企業は、社員が四〇代、五〇代になると定年準備研修を受けさせ、老後の生活プランの作り方などを教えはじめるが、……老後に生活者として夫を自立させるためには、妻たちが夫の自立を促す「家庭内研修」が欠かせない。（日経90・4・1）

●小説より●

▨運転手の小境さんの声が聞こえ、私と父は車に乗りました。「山科まで行ってくれ。家内の墓参りや」と父は小境さんに言いました。（宮本輝『錦繡』）

▨弟は無口な方で別段何も言いませんでした。家内を三年前になくし、前から、二度目の結婚の話がもちあがっていたのでした。（松本清張『点と線』）

●参考文献より●

『女大学宝箱』（一七一六年・享保元）

第二十課　夫は外の事をつかさどり、婦は、内の事をさむ。これ夫婦の職分なり。外の事とは、士農工商の業をいふ。内の事とは、朝夕のいとなみ、衣服の裁縫、小児の教育などをいふ。

『新選増補女大学』（荻原乙彦編、一八八〇年・明治一三）

第十節　婦人は別に主君なし。夫を主人と思い、敬い慎みて事うるべし。軽しめ侮るべからず。婦人の道は、和《やわ》らぎ従うにあり。

これらの内容にうなずく男性も多いと思う。「主人」「家内」という日本の家制度とともに使われてきたことばは、果たして死語となるのだろうか。

可憐

かれん

かわいらしい様子、愛らしい様子、姿がやさしく美しいこと。対象は女性、それも少女に使われることが多く、男性に対して使うことはほとんどない。男性と女性には文化的な背景の中で形づくられる「性役割」がある。「可憐」は女性に求められる好ましい「性役割」の代表といえる。

伊藤裕子（一九七八）の「性役割の評価に関する研究」――「日本における性役割のステレオタイプ項目」で、Femininity に当たるものを一〇あげている。⑴かわいい、⑵優雅な、⑶献身的な、⑷ことば遣いの丁寧な、⑸繊細な、⑹従順な、⑺静かな、⑻おしゃれな、⑼愛嬌のある、⑽色気のある。

新聞・小説・広告に使われる「可憐」の用法を見ると、このうち⑴〜⑻の意味あいが含まれるようだ。場合によっては、⑼⑽の意味も含まれることがある。「可憐」には、いわゆる「女性らしさ」が万華鏡のように込められている。

●新聞より●

①「人気作家古典にスパイス」　大正期の作家、佐藤春夫は少年のころから『伊勢物語』を「青春の書」「恋の教科書」として愛読したという。……ぬりごめの中に幽閉されたまま、その笛の音に身もだえる女の可憐な物語の一節にすっかり魅了された。（日経91・12・22）

②「プロムナード―ぺんだこ」　今時ペンだこの話をするのはもはや時代遅れだろうか。……子供のころよく見せられた女友達の可憐なしもやけに似ていた。（日経90・2・26、三浦哲郎）

③「ロビーで立ち話―ヒロイン期待はずれ」　ミュージカル「バルセロナ物語」では、可憐な姿が印象的で今回も期待したんだが、どうにも芝居にならない。ただの人形だな。

④「A・ヘプバーンさん死去　知的で清楚『ローマの休日』」　ローマで新聞記者とデートする王女役の

可憐さが全世界の人気を集めて……。(日経93・1・21)

⑤「中国雲南省の白族に見るはにかみの美しい仕草―」　はにかむという行為には何とも言えない奥ゆかしさがある。だが、自己主張や物おじしない積極性が尊ばれるようになった現代では、はにかむ仕草を目にすることはめったにない。……そこで私は白族の楊さんに出会った。白い丸顔を少し伏せて、はにかんだ。その仕草があまりに可憐で、どこか遠い昔に会った少女のはにかみに思えた。(日経92・8・7)

⑥「中腰の女―ピカソ　バラ色の人々（ハーレム）」立像・座像に囲まれた不安定な姿は、ハーレムの女とは思えない可憐さの中にも独特なエロチシズムを感じさせる（日経94・4・28）

⑦「明日への話題、不老長寿」　四文字熟語の中には両方そろうのが理想といった内容のものがある。「質実剛健」とか「純情可憐」。……巷《ちまた》には可憐この上もないのだが、とても純情とはいえない女性がいるのだそうだ。(日経94・11・1、大島泰郎)

①「幽閉される、男性の笛の音に身もだえる」は、どこかに幽閉して自分の訪れを待って欲しいという男性の期待が感じられる。

②「可憐なしもやけ」は、しもやけそのものが可憐なのではない。しもやけをつくるほどに家事を手伝う少女、おそらく恥ずかしげに見せたであろうその態度を言っているのだろう。

③可憐な姿はなく、ただの人形になっている。その意味は伊藤氏の分析の(1)「かわいい」はあるが他の要素がないということだろう。

④「王女役の可憐さ」は、王女は世間慣れしていない、明るい（愛嬌がある）、記者の言うことに従順、etc. ヘプバーンの華奢《きゃしゃ》な体つきもこの中には含まれるのかもしれない。

⑤「その仕草があまりに可憐で」には、この筆者のノスタルジーが込められている。

⑥男性を知り尽くしたハーレムの女性の意外性が「可憐さ」である。

⑦「可憐この上もない」は表面的なものを指し、「純情とはいえない」は態度を表している。「～そうだ」

と伝聞形が使われているが、おそらく筆者の実感であろう。

●広告より●

■一〇年目のマリクレールウオッチ、新作はシンプルで可憐なタイプが充実（時計『マリクレール』）
■レモン色のニットを合わせて可憐なイメージをプラス（女性ファッション『WITH』）
■モノトーンの水玉柄スカートと赤のカーディガンで、五〇～六〇年代のフランス女優みたいに可憐に（女性ファッション『MORE』）

●小説より●

①満枝は惜しまず身を下して、彼の前に頭を低ぐる可憐さよ。（尾崎紅葉『金色夜叉』）
②真に民子は野菊の様な児であった。民子は全くの田舎風ではあったが、決して粗野ではなかった。可憐で優しくてそうして品格もあった。厭味とか憎気という所は爪の垢ほどもなかった。（伊藤左千夫『野菊の墓』）
③可憐き束髪の頸元深く（尾崎紅葉『金色夜叉』）
④春さんが貰《もら》っても損はないと言っていたように、清香は確かに可愛らしい、邪気のない気立てのいい娘であった。美人ではなかったが、笑うと両頬に大きいえくぼができて、それが可憐だった。（井上靖『あすなろ物語』）

①のパロディー「満男は惜しまず身を下して、彼女の前に頭を低ぐる可憐さよ」
④のパロディー「清男は確かに可愛らしい、邪気のない気立てのいい息子であった。美男子ではなかったが、笑うと両頬に大きいえくぼができて、それが可憐であった」

男性に置き換えてみると、「可憐」という表現がいかにそぐわないかが分かる。

かわいい
可愛い

本来の意味は「かわいい」は小さくて愛らしい様

子、「かわいらしい」は子供らしさ、美しさなどで人をほほえませる状態をいう。「主に若い女性や子供、小動物などに対して使う」(『大辞林』)。しかし、最近では女子高校生が中年の男性に対して、また高齢者に対して「かわいい」などと使う傾向もあり、用法が多様化している。

●小説より●

■お初ちゃんという女は、名のように初々《ういうい》しくて、銀杏《いちょう》返しのよく似合うほんとに可愛い娘だった。(林芙美子『放浪記』)

●映画より●

■「おなごチューもんはかわいいもんじゃ、男が守ってやらないけん」(映画「幸福の黄色いハンカチ」の主人公高倉健のセリフ)

小説・映画ともに男性の女性に対する「かわいい」の使用例。

●新聞より●

①「かわいいってなんだっけ」私が思うかわいい人はねえ、足が細くてやさしくて、顔もきれい。服装は短めのスカートにトレーナー、私もかわいいとは言われたい。好きな人には……。千葉県内の公立小六年生女子(一二)(朝日90・9・14)

②『かわいいおばあちゃん』にはなりません」京都で女性によるシンポ「アメリカ人は、周囲の人をひきつけ、手助けしたくなるような高齢者をチャーミングといいます。これは『かわいい』という日本語とは違って、人間的な包容力や温かさを含む表現。それに比べて、日本の医療関係者は、お年寄りのキャリアを無視して子供扱いしすぎませんか」(朝日90・9・18)

①の中学生は、「かわいい」を文字通りに使っている。それに対して②のパネリストは高齢になり誰かに世話される状態になったとき「かわいい」と言われることに反発する発言であり、その背後に高齢者を「かわいい」と表現する風潮があることが示唆さ

れている。

『美術手帖』96年2月号の「偏愛のマイクロポリティクス—逸脱の記号としての〈かわいらしさ〉」(松井みどり）によれば、

「かわいい」は相手が弱く未熟なために許し、保護してあげるという慈しみの視点から発せられる言葉でもあるようだ。慈しみといえば聞こえはいいが、そこには明らかに保護する側の優越感が漂っている。

新聞②の「かわいいおばあちゃん」と言われることに対する怒りの因子に通じる視点が、ここにあるように思える。同特集「かわいいはデザインできない」の中で原研哉氏は、「おじさんたちが若い女の子たちの発する『カワイイ』に苛立《いらだ》ちを覚えるような気分で」と、若い女性から発せられる「カワイイ」への「苛立ち」に注目している。

鈴木絵理氏「ユーミンが運んだ新しい〈かわいい〉」(『思想の科学』91・3）は、少女たちの「かわいい」に別の視角を提起する。

▨少女が少女であることを覚えるほど「かわいい」の嬉しさを知った時、……女としての役割とか社会的な責任を回避したまま、きれいやかわいいにどっぷりつかっていられる一瞬、……「かっこいい」「おしゃれ」一九七〇年代、ユーミンが見せてくれた価値観……戦後が終わって、高度成長が終わって、オイルショックをくぐりぬけて、導師・ユーミンの出現はナイロン靴下以上に女の子のハートを強く確かにしていったんだ。

一九七〇年代、ユーミンというシンガー・ソングライターの歌詞に刺激を受け、女性が「かわいい」から「かっこいい」という価値観を得ていく過程が指摘されている。しかし、まず女性たちが他の価値観に目覚めさせられる社会的な背景があったために、ユーミンのそうした歌詞が受け入れられていった、という因果関係であることは言うまでもないだろう。

最近の女性誌には、次のような意見が堂々と載る。

▨「かわいげのない女たち」「かわいげがない」というのは、もともとは、男たちが自分たちの「かわいさ」の基準にあわない女たちに投げつける誹《そし》りの言葉である。この言葉がいまや、女たちの自己主張として、逆手にとられるようになってきたの

である。（『ＶＩＶＩ』96・12）

そして、「かわいい」とされる対象も、さまざまなものに広がっている。井上章一氏は「……知性美、個性美、いろんな魅力のカテゴリーがつくり出された。『かわいい』は非常に広い範囲のものに当てはまる表現ですから……」（朝日90・3・14）という。

もっぱら男性が女・子供を「かわいい」とめでていた時代から、少女たちが中年の男性やお年寄りたちに対して「カッワイイ！」と呼びかける時代へと、「かわいい」の用法の変遷から時代の流れの一面を模索できるかもしれない。

看護婦
かんごふ

医師の診療を手伝い、医師の指示監督のもとに病人を看護することを職業とする女性。しかし最近では「看護士」をめざす男性も多く、女性専門職の先駆けであった「看護」の仕事は男女双方が担うものとなりつつある。

一九三八年（昭和一三）公開の映画「愛染かつら」は、看護婦を自立する職業婦人として描いた。それから半世紀以上が経っている。繊維メーカーのクラレが小学校に入学した子供の親に、「将来ついて欲しい職業」を調査した（九二年）ところ、男の子に望む職業では公務員が多く、女の子には看護婦が多かったという。親はなぜ女の子に「看護婦」になってほしいと思うのだろうか。

一八九〇年（明治二三）日本赤十字社が看護婦の養成を開始した当時、看護婦は戦争および災害時の応召義務を負っていた。ある意味で、看護婦の歴史は戦争とともにあった、といってもよい。

「日本における近代的な女性看護人の誕生が、戊《ぼ》辰《しん》戦争時にあるということから見ても、戦争と不可分の関係をもって発展してきたということができる。日清、日露、日中戦争、太平洋戦争を通じて、従軍看護婦が活躍し、終戦時には二万五千人もの看護婦が存在した」（高橋三郎『戦争と女性』）。

看護婦は負傷者の手当てをし、かいがいしく働き、負傷した兵隊たちは「白衣の天使」の中に「戦場での理想的な母親像」を見たのではないだろうか。

●小説より●

▨看護婦さんの一隊が凛々《りり》しくそれを世話していました。(竹山道雄『ビルマの竪琴』)

▨看護婦たちが洗い立ての純白の看護衣を身につけ……(北杜夫『楡家の人々』)

▨往診の医師は、……連れてきた少女のような看護婦をかえりみて、「痰《たん》の取り方を教えなさい」と命じた。(三浦哲郎『忍ぶ川』)

考えてみれば、医療の場において、「看護婦」は医者に対しては従順で有能な「妻」であり、患者に対しては慈愛にあふれた「母」である。「看護婦」が女の子の将来の職業として親たちに人気があるのは、第一に女性の職業としての堅実さのためだろうが、副次的な理由として「理想の家庭」の役割付与の意識が反映している面もあるのかもしれない。

しかし、医療の場での役割分担は、決して「理想の家庭」のそれではない。看護総合雑誌『エキスパート・ナース』(90・12)には、看護婦が現在の社会でも古い家制度のもとで夫にかしずく妻のように、「毎日ドクターの機嫌、顔色をうかがいながら、言いたいことも自由に言えず……」、医者と看護婦の間に、「明らかに人種差別的な上下関係」があることを語っている。

新聞紙上からも看護婦の働く環境の悪さが見て取れる。

●新聞より●

▨「看護婦さん厳しい実態」 日本医療労働組合連合会が「看護婦一一〇番」の結果をまとめた。一一〇番は九二年から毎年実施。相談内容を分析した三三二件を見ると、「賃金は一〇年間変わらず、社会保険にも加入できない」「病院から奨学金を借りたが、三年間働いたら免除。一日でも欠けたら全額返済」など、賃金や休暇取得など労働条件に関するものが二七%と多く……。(日経94・11・8)

▨「ゆとりもって働ける環境へ」(元看護婦の投書から) 私自身、一日七時間半、時にはプラス残業となることもしばしばの二交代制勤務はミスの許されない精神的な緊張感、また夜勤という人体の生理機能に反した肉体的疲労で心身ともに限界でありました。（朝日96・11・8）

日本看護協会会長（九二年当時）の有田氏によれば、「医療が高度になると、病院では重症患者が増えてきます。そうすると看護婦の需要も多くなり、昼間だけでなく夜勤者の数も多くなる」（『エコノミスト』92・5）。また臨床看護学研究所所長（九〇年当時）の川島氏は、「いかに労多くとも、回復の喜びを分かちあうことでつらさもふっとんでいたが、……あまりに高度化した医療技術の適用により、「生命は貴く重い」という単純明快な哲学を堅持しにくい現状が、看護婦のジレンマをつのらせる一因になっている」（『からだの科学』90・7）と、近年の看護現場の問題を語っている。

男性の看護士が増えることで、状況は良くなるのだろうか。

姦通 かんつう

男女が不義の交わりを持つこと。特に妻が、配偶者以外の異性と、ひそかに肉体関係を持つこと。刑法第一八三条は、以前は「有夫の婦姦通したるときは二年以下の懲役に処す。その相姦したるものまた同じ」と規定していた。

これは、結婚している女性が夫以外の男性と通じれば妻も相手の男性も罰せられるが、夫が妻以外の女性と通じても、相手が結婚していない限り罰せられないという、女性側には不平等な法律であった。

日本国憲法一四条、二四条には「男女平等・夫婦同権」が規定されている。一九四七年（昭和二二）の刑法改正で不平等な刑法第一八三条は削除になった。

「姦通罪」は歴史的に見て、いつごろから存在したのだろうか。古代ギリシャのアテナイの法制に、既に「姦通」への言及がある。「もし、殺人行為を冒したことを認めながら、例えば姦通者の現場を押さえたとか……法律で咎《とが》められることはないと主張する場合には、かかる者は……」というアリストテレスの記述（『アテナイ人の国政』）がある。これだけでは、「姦通罪」があったかどうかはわからないが、少なくとも、自分の妻と通じた男をその場で殺害しても、無罪であると主張できることがわかる。

「姦通」は西洋文学の伝統的主題であり、姦通をテーマとした名作は数多いが中でもゲーテの『親和力』は有名である。『親和力』を分析した平井守氏によれば、姦通は「制度に縛られてきた相互の存在の革新の可能性」を現しているが、半面「制度の崩壊をもたらさずにいない姦通は、ブルジョワ社会にとって脅威をなす」（「親和力」―姦通・社会・神話『ドイツ文学』）。

市民社会の基礎は契約関係にあり、中でも「結婚」はそうした契約関係の土台となっている。とすれば、その根本的な契約に違反し、ひいては市民法を破壊しかねないエネルギーをひめた「姦通」は一九世紀の西欧の小説の重大なテーマとなっていった。

二〇世紀の初めに出版された『チャタレー夫人の恋人』が、イギリス、アメリカなどで発禁になりながら、世界中に流布した背景には「姦通」というテーマの持つエネルギーが存在するからであろう。

日本文学においても同様だった。井原西鶴の浮世草子にはしばしば「姦通」の主題がモチーフとなってあらわれる。そして西鶴の姦通物は、明治の小説にも大きな影響を及ぼしたといわれている。

●小説より●

「この女は阿呆や。亭主をもちながら亭主と寝もせんと、たった一度の姦通を犯して、そのために妊ったやていうてきてよる。おまけにその子を堕してくれと懇願しにきてよる。この女は阿呆や」（水上勉『雁の寺』）

当時の女性にとって堕胎は法律上不可能であり、「姦通」と「妊娠」が小説の主題に取り上げられるのも「姦通罪」が存在していた故と考えられる。

それでは、現代社会ではどうなのだろうか。

●新聞より●

①マレーシア北部のクランタン州が、厳しい戒律で知られるイスラム法を導入する計画を発表、大きな論議を呼んでいる。イスラム法が導入されると、窃盗や姦通などの罪を犯した者は、非イスラム教徒を含めて、手の切断や石打ち、鞭打ちの形に処せられる。（日経92・6・29）

②姦通罪などで「お固い」儒教の国というイメージの韓国で、ミニが男性を挑発し「性犯罪を招く」（韓国紙）と気づかう声もあるが……。（日経92・7・27）

現在、日本社会では家庭外に恋愛を求める人が多く、一九九一年『日経 WOMAN』が行った調査では六八％の女性が「結婚後夫以外の男性を好きになったことがある」と答え、そのうち四〇％が性関係を持ったとある。ゲーテのいう「法の破壊」と「契約違反」はここまで来ている。ただし、現代の日本の社会でも、民法上は姦通は不法行為にあたり損害賠償の対象となる。

神主

かんぬし

神職。神社に仕える人で、神をまつる時に中心になって神事を行う人。神主は男性の仕事というイメージが強いが、最近は女性も増えてきている。全国約八万の神社を統括する神社本庁によると、宮司などの神職は、約二万一千人（一九九七年現在）。うち女性は一割の約二千百人。この五年間の増加数をみると、男性の一一三人に対して女性は二七八人と増えている。

本来、神職に男女差は存在しなかったのだが、明治政府の方針で神職に女性が認められなくなった。この背景には家父長制浸透の政策があると考えられる。明治以来、男性神主の時代が続いたが、戦争のため戦死、抑留で男性神主の絶対数が不足するようになり、女性神主が再び採用されるようになった。

●新聞より●

▨神職を目指す女性は増えているが、なかなか仕事につけないという問題もある。地鎮祭や海関係の安全祈願などで、「女性がやったのではシャンとしない」と女性神主はまだ敬遠されがちだ。一方、七五三や交通安全の御祓《おはら》いなどは「場が和やかになる」「雰囲気がやさしくていい」など女性の方が好まれる傾向も。（読売97・12・29）

同紙面で「全国女子神職協議会」会長の奥海氏は、「男女差があるとすれば力仕事が必要な時だけで、後は変わりないと思う。以前は夫の後を継いで宮司《ぐうじ》になる女性が多かったが、最近は神社とは何の関係もなく育った若い女性が神職になるケースもあり、頼もしい限り」と語っている。

宮司という語は平安時代以来使われているが、これは主として神社の経営・管理にあたるものを意味した。神職として古くから存在したものに、祝《はふり》と禰《ね》宜《ぎ》とがある。祝は土豪の類が権力を維持するために行った祭祀であり、禰宜は神に願い祈る義からきたことば。

最近の新聞紙上には、宗教上の身分を持つ神主にはあるまじき行為をするもの、偽物の神主の出現なども報道されている。

▨詐欺の疑いで神主逮捕—掛け軸二編だましとる（朝日90・11・16栃木版）

▨わいせつ容疑で逮捕—蓑面《みのお》の神主（朝日91・12・19大阪版）

▨「偽物の神主」で結婚式を挙げた夫婦ら訴訟起こす（朝日97・5・2）

日本人の通過儀礼は神社と密接に関係している。その中で神主の果たす役割は大きい。

「若手神主を派遣　阪神大震災の被災神社復旧へ労力奉仕」（朝日95・3・3）などという社会に結びついた活躍を期待したい。

看板娘

かんばんむすめ

店先にいて、客をひきつけるような美しい娘で、店の看板の代わりになる女性。

●小説より●

▨潮田という寮生が、一夜内密に忍ぶ川を志し、そっと暖簾《のれん》をはじいたが、二十だというそこの看板娘に軽くいなされ、しょんぼりひきあげてきたという噂が立って以来、あとの無粋の男たちは忍ぶ川を一もくも二もくもおいていた。(三浦哲郎『忍ぶ川』)

●新聞より●

▨「〝看板娘〟半年でサヨナラ―くたびれて白髪もふえて」　高原須美子さん(56)が経済企画庁長官の椅子を去った。第一次海部内閣の目玉として、初めて民間女性から起用され、消費税導入の定着に、総選挙の自民党応援にと走り回り、……結局は新閣僚の名簿に名前は残らず、選挙用の「看板娘」として利用されただけとの冷やかな見方もある。(日経90・3・5)

▨「ミラー看板娘」　商社の女性ディーラーは美人が多いとの評判で、男性ディーラーは美人と話がしたくて必要もない注文まで受けてしまうらしい。「男性の営業マンばかりの業界にも、投資家の目を引くような〝看板娘〟がいたらなー」と周囲にもらしている。(日経90・3・7)

▨「吉井勇と孝子―再生の恩人」　満身創痍《そうい》の身を世間の冷たい風にさらすしかない吉井を唯一人なぐさめた人がいた。浅草の仲見世近くに都という江戸前の料理屋があり、そこの看板娘おたけさんであった。(日経94・10・5)

最近は、女性の目をひきつける男性が店にいることも少なくない。店の看板になるような男性がいた場合は「看板男」「看板青年」「看板息子」「看板マン」……何というのであろうか。そのようなことばはまだ誕生していない。

貴公子
きこうし

身分の高い家の男子や貴族の子弟をいう。身分に関しては「貴婦人」の項を参照。

「貴公子」の持つ印象については、かなり評価が分かれる。

●論文より●

▨「寒がりやの貴公子」　中川さんの第一印象は、とび抜けた長身のゆえあってか、ものごとに超然とした感じの貴公子だな、ということであった。（『松山大学論集』92・8、岡田昌也）

●雑誌より●

▨「映画の貴公子―ボリス・バルネット」　今バルネットの作品を見てみると、政治音痴ぶりが徹底するあまり、政治性が背景に退き、それとは関係ないところで作品が輝きを見せてしまっているようにも思える。（『キネマ旬報』95・6）

一九〇二年、モスクワの商人の家で生まれたバルネットが「貴公子」といわれる理由は何だろう。「二〇世紀の芸術が、芸術的手法の自覚をその特徴とし……バルネットは二〇世紀的芸術のあり方とは無縁だった」とも書かれている。松山大学の岡田氏の「ものごとに超然とした感じ」が「貴公子」だとすれば、それはバルネットにも通じるところがある。

●小説より●

▨児島は酒量がない。言語も挙動も貴公子らしい。……」（森鷗外『ヰタ・セクスアリス』）

▨風流貴公子岩倉具張氏が……遂には母を捨て妻を捨て、子を捨てて……。（北杜夫『楡家の人々』）

「貴婦人」のキーワードが、「馬車に乗る」「子供に洋装をさせる」「ナイフとフォークを使う」など日常の動作の中で描かれているのに対して、「貴公子」は人間性の根源的な部分で扱われる傾向があるようだ。

国語辞典の説明には「容貌、風采がすぐれ」などもあるが、実際の使用例には少なく、むしろ「物事に超然としている」「政治音痴」「言語・挙動」「母を捨て……」など、人間性がキーワードになっている点が見てとれる。

●新聞より●

▨貴公子ランベール新しいアレンジで仏映画の名曲歌う（朝日97・12・4）
▨多様なスタイル見せたい。バレー界の貴公子マラーコフが来日（朝日96・8・16）
▨フランス映画の貴公子ジェラール・フィリップ（朝日92・11・13）
▨新しい自分探すチェロの貴公子、来日したヨーヨー・マに聞く（朝日91・12・17）

新聞の見出しに使われる「貴公子」は、圧倒的に芸術家が多い。そこにも「他とは異なる超然とした様子」が当てはまるのかもしれない。

キザ　気障

服装・動作・言葉の使い方などが気取っていて、人に不快感を与える様子。「心にかかり苦になること」を意味する「気障《きざわ》り」が略されたもの。現在ではマイナス・イメージの形容詞として使われ、対象は男性である。女性について用いないのは、「女性は服装や動作、言葉の使い方が少々気取っていてもよい」という社会通念があるからであろう。

新聞では、元総理の橋本龍太郎氏が政界の「キザ」の代表選手のように扱われていた。これは彼が自民党総裁に就任した時の記事である。


▨「これはコダックじゃないよ。フジだよ」　口許に笑みを浮かべ、得意然とした顔が目に浮かぶ。キザと言えばそれまでだが、それをしれっとやるところに、この人の持ち味がある。（読売95・9・23「編集手帳」）

■「英語はキザ」気になる？　ベーカー長官との会談、首相は日本語で（朝日91・11・9）

■キザの評、友人は「気さく」　橋龍さんはこんな人、今日首相指名（朝日96・1・11）

梶山元自民党幹事長は、当時の通産相であった橋本さんを「橋本龍太郎さんを見ていると、悪い言葉で言うとキザというのでしょうか、どうもねえ……。それが受けているんだから、キザという私の感覚がおかしいのかもしれません」（テレビ朝日の対談番組で。読売95・8・20「発言」）と語っている。「悪い言葉で言うとキザ」と、それがマイナス表現であることを指摘した上で、「それが受けている（世間に評判が良い）」のだから「キザという自分の感覚がおかしいのか？」と自問してみせている。何を「キザ」と見るかは、時代やその人が属する集団の基準によっても大きく異なる。

「ロス疑惑」をめぐる記事で名誉を傷つけられたとして、三浦氏が損害賠償を求めた問題の記事の見出し「入会金五十万円をキザに払い、女にうるさかった」、この場合の「キザ」も、明らかにマイナス・イメージを演出している（読売95・2・28）。

●新聞より●

■「新婚旅行で海外に行くのは、キザで恥ずかしいと主人は主張したが、友人の助言でハワイに決めた。主人はハワイに降り立って途端、荷物は持ってくれる、ドアを開けてくれる、いすを引いてくれる、車の乗り降りは手を貸してくれるといった具合に、実に自然に私をリードしてくれた。無骨な人だと思っていたが、主人の変わりように驚きながらも楽しかった」（読売95・7・23「日曜の広場」）

この記事では、「ハワイに行くことさえキザ」といったご主人が、ハワイでは態度が豹変《ひょうへん》したことに対する主婦の喜びが描かれているが、そのご主人も日本に帰ってきてからは「完璧《かんぺき》な日本男児を通している」とのことだ。そこからは、「環境が変わることでキザな行動もキザではない」とする暗黙の了解が見えてくる。

それでは、「キザなタイプ」を演出するとしたら、どのようになるのだろうか。江戸川乱歩「明智小五郎シリーズ」はテレビで三六作品が放映されたが、そのうちの二五本が「天知茂版」だった。

▨華やかでキザでちょっとニヒル。天知さんの明智は「都会の大人の遊び人」の雰囲気だった。殺人犯は必ず美女、……愛を告白しながら死んでゆく美女を、明智は眉間《みけん》にしわを寄せて見つめる。（読売95・8・20）

ここでは、「キザ」がプラス・イメージ。しかし、あくまでも現実の世界にはない探偵の話である。現実ばなれしていること、フィクションの世界や、外国でのことあるいは外国人がすること、これらが「キザ」が好意的に受け入れられる要因のようだ。

▨「この勝利を日本のマラソンのアイドルであるセコさん、タニグチさんにささげたい」マルティン・フィス（スペイン）は、こういって胸をはった。スタンドに投げキスを送った後のコメントだ。……世界トップの貫禄の前には、こんなキザなセリフも違和感はなかった。（読売98・1・11「びわ湖マラソンVのフィス」）

▨かつて経団連会長に就任した時、座右の銘を聞かれ、探偵フィリップ・マーローの「男はタフでなければ生きていけない。男は優しくなければ生きる資格はない」をあげた。今振りかえると、あれはちょっとキザだったですかね。（読売96・11・2「サロン」東京電力平岩外四相談役）

「キザ」は男性に対して使われるもの、だとすれば女性が男性を演じる宝塚では、どんな男性が演じられているのだろう。

▨「ここ一番の口説き文句のところは、オーバーアクションで、きざっぽく演じる」今は、中性的な男性が人気の時代。男役の魅力もそこにある。ことさら男を強調せず、自然に演技するのが主流になってきた。（読売95・1・22「感彩人」）

今後「キザ」という言葉は、どんな対象に対して使われていくのだろうか。

奇才

きさい

世に稀《まれ》な優れた才能を持った人。男性に対して使われることが多く、女性に対して使われることはほとんどない。「鬼才」という場合は、「人間とは思えないほど」といった意味が付加される。

「世に稀な才能」とはどのようなものを言うのだろうか。

●論文より●

▨「江戸劇団の奇才—鶴屋大南北」　南北の奇才は実に三〇年の長きに及ぶ下積みの苦悶の上に築かれたのである。……習作ともいうべき序開きを書いた際、その奇想によって関係者を感嘆させたという逸話がある。……彼は役者の注文をはいはいとよく聞いて、それに添うように計らいながら、彼らの技術吟味に作意を合わせ、長所を伸ばし短所を隠し、時には本人の知らない素質まで花開かせ、役者を十分満足させて、しかも完成した作品は南北物以外はあり得ないという。(『国文学解釈と鑑賞』89・5、井草利夫)

●雑誌より●

▨「奇才　ケン・ラッセル監督研究」「恋する女たち」……何とも鮮烈だった。既成の文芸映画に収まりきれない過剰と異常のパワー。(『キネマ旬報』95・11、大森さわこ)

▨「ヨーロッパ映画の奇才たちは語る」　語り手ビクトル・エリセ/アンジェイ・ブラウスキー（『キネマ旬報』85・3）

▨「伊丹十三・映画監督—社会現象を生み出す鬼才の父性願望」『お葬式』から『ミンボの女』まで一貫して流れる正しいありかた（『潮』92・7、山本栄一）

▨メディアの鬼才—ロジャー・エイルズ　アメリカ大統領を演出する男、ニクソン、レーガン、ブッシュを勝たせた四十八歳の選挙プロ。職業名はメディア・コンサルタント。人呼んでメディアの鬼才という。選挙運動も手伝えば、選挙用のテレビコマーシャルも作るし、番組のプロデュースもやる。……月間の契約料二万五千ドル（約三〇〇万円）、大統領選挙絡みの年間収入は一〇〇万ドル（約一億二千万円）を越えたといわれている。（『潮』89・4、春名幹男、共同通信社ワシントン特派員）

●新聞より●

■フランス幻想絵画の鬼才オーディマシオ展　（朝日93・1・13兵庫版）

こうして「鬼才」が使われている例を見ると、シナリオライター、映画監督、メディアコンサルタント、画家などである。その共通項は、オリジナリティーを表現する「場」をもち、そこでたぐい稀な才能を発揮し、かつ男性であることだ。こういう「場」が男性に独占されてきたことが、この言葉の背景にあるようだ。

　それにしても、なぜ女性に対しては、「奇才」ということが少ないのか。最近のテレビドラマのシナリオライターでは、多くの女性が活躍している。映画監督はまだ少ないが、画家や劇作家にはすぐれた女性が多くみられるようになった。しかし「女性監督」「女流画家」などと、職業名の前に「女」がついて呼ばれることが多い。そこには「女でありながら」「女なのに」といった表現が見え隠れし、元来男性の仕事の領域であるところに女が入り込んだという「例外」性を表している。

　「たぐい稀な才能」を持った女性も多いが、彼女たちが「奇才」と評価されるようになるには、その分野で男性と互角に仕事ができる場が開拓されるのを待たなければならないだろう。

気丈　きじょう

気持ちがしっかりしていること。女性に使われることが多い。いくつかの辞書の例文も「気丈な女」があげられている。小説や新聞に使われている例を見ると、日本の社会では、「女性というものは弱い。しかし中には、こんな風に『気丈な』女性もいる」としてこの言葉を使っていることに気づく。裏返せば、男性は「気丈」であって当然ということになる。

●新聞より●

■「東北線浦和駅で気丈な女高生、痴漢突き出す」（朝日85・2・2）

この朝日新聞の見出しは多くのことを物語る。①女高生はよく痴漢にあう。②しかし、大部分の女高生は泣き寝入りするケースが多い。③痴漢を「突き出した」女高生は「気丈」であり、稀なケースである。こういう背景がなければ、新聞のニュースにはならなかっただろう。日本は痴漢天国といわれる。もしこれが西欧諸国だったら、こんなことがニュースになっただろうか。

■「気丈な保母さん、賊撃退。帰宅の妹と協力、包丁とりあげる」（朝日85・7・18）

包丁を向けられて、その包丁を取り上げて撃退したとあれば、男性でも喝采《かっさい》したいところだ。しかし、それではニュース性は乏しい。それが「保母さんが妹と協力して」、つまり「女性二人」だったからこそニュース性があり、「気丈な」が用いられることになる。

●小説より●

①夜は灯火管制のくらい明りの下で、隣組のたれかれに頼まれたもんぺやら婦人会のうわっぱり、内職の手を休めずに気丈な性格……。（野坂昭如『アメリカひじき』）

②これもなかなか気丈な女で、若《も》し後日に発覚したら、罪を自身に引き受けて、夫に迷惑は掛けまいと思ったのである。（森鷗外『阿部一族』）

③不意を打たれたように叫んで身悶えしたのは婦人。「どうかなさいましたか」もうちゃんと法衣を着たから気丈夫に尋ねる。（泉鏡花『高野聖』）

④「そうよ。ちょっと見ると人柄の好い婆様だが、あれで中々豪《えら》い気丈者だっていうから」と言い掛けて、植木屋の職人の定公は……。老婆は気丈な性質である。夫に死なれて二十年来、人に指をささ

れたことはない。物の解りの早い、正直な……。

（田山花袋『生』）

⑤家計は一方ならぬ困難、薬礼と葬式の雑用とに多くもない貯えをゲッソリ遣い減らして、今は残り少なになる。デモ母親は男勝りの気丈者、貧苦にめげない煮焚の業の片手間に、一枚三厘の襯衣《シャツ》を縫けて……。（林芙美子『浮雲』）

これらは小説からの抜粋であるが、いま使われる「気丈」とはだいぶ意味合いが異なる。①⑤はそれぞれ収入の糧《かて》を得るために内職する姿であり、その精神的な面をも含んではいるが「女性が働いて賃金を得ること」そのものが「気丈」とされている。

②③④は、精神的な「気丈」の例であるが、④の「ちょっと見ると人柄の好い」が「あれでなかなか豪い気丈者」と対比されていることに意味がある。その後に続く「物分かりの早い、正直な」がプラス概念であるから、この「気丈」はマイナス概念として使ったのではないのかもしれない。おそらく作者の意図は、外面に柔和に見えながら、内面には強いものを持っていると言いたかったのであろう。

社会に流布している「性役割」の尺度が、「気丈」であるか否かを決める。日本の女性の大部分が、新聞の例のようになれば、もはや「気丈」とは言われなくなるだろう。

狐　きつね

狐はイヌ科の獣でヨーロッパ、アジア、北アメリカの中北部に分布し、かつては日本全土に住んでいた。自分では住みかとなる穴を掘らず、アナグマなどの巣を奪って単独で住むという。

イソップ物語などでも主人公格で登場する狐が、頭が良くずる賢いというのは事実のようで、兎のいるそばで苦しそうに転がりまわり、兎がその様子に気を取られている隙を見て、兎を襲ったりするという。狐が女に化けるという俗信は、非常に多く、なぜ「女」なのか考える必要がある。

黒沢明監督の映画「乱」では、「女と狐」にまつわる古い話が登場する。それも「したたか」「人をたぶらかす」「悪事を働く」「悪行《あくぎょう》を行う」という「悪意ある表現」で語られる。男の立場から見た歴史観がそこに歴然と存在する。

●映画「乱」より●

▨一文字家に滅ぼされた「領主」の娘楓《かえで》が、恨みから一文字家の滅びることを願う。初めは一文字家の長男太郎の嫁になり、太郎亡きあとは、色香で惑わし次男の次郎の嫁になる。次郎には正妻「末」がいるが、楓は正妻を殺すよう、次郎の家来に言いつける。家来は「末の首」と見せかけて、石でできた狐の首を届ける。それを見て怒り狂う楓と言い訳をする家来。

家来「これはいかなこと、さてはあの末の方は狐の化身」

楓「ざれごともほどほどになされ。これは稲荷の狐じゃ」

家来「さても、したたかな狐じゃ。今度は石に化けよったか」

楓「わらわを笑い物にする気か」

家来「とんでもありません。このあたりには狐がたくさんおります。それがよく人をたぶらかすという噂でござる。①殿もご用心なさることじゃ。狐はよく女に化けて悪事を働きまする。遠くは西域の②班足王の夫人に化けた狐は、王にすすめて千人の人を殺し、後に中国において③周の幽王の妃となって国を滅ぼし、日本にわたっては朝廷に仕え、④玉藻前《たまものまえ》となってさらに悪逆を行い、ついには九本の尾を持つ白狐と化したと伝えられております。

さて、その九尾の狐、その後行方がしれませぬが、あるいはこのあたりに住み着いているかと考えられます。まず、ご用心、ご用心、御免」

（一九八五年、株式会社ヘラルド・エース制作、配給・東宝株式会社、脚本黒沢明他）

ここでは、狐のりうつった女性として、楓を暗に指していることは①「殿もご用心なさることじゃ」からみてとれる。映画の中でも楓は「悪者」として描かれているが、なぜ悪者でなければならないのだろう。もし楓が男なら、自分の城を滅ぼした「一文字家」を相手に敵討ちをする話は美談として語られるだろう。

しかし、女の楓ができる最良の方法が、こうして知恵と美貌をもって、相手の家に入り込み、内部から崩壊させるということだったということではないだろうか。しかし現実には、こうした女性は「男」にとって憎むべき「狐の化身」ということになる。

それでは、ここに登場する三人の狐（女）たちは、どんな「悪行」をしたというのだろうか。②班足王の夫人―インド（天竺《てんじく》）の班足王に華陽夫人という「乱」の妃《きさき》がいて、王をそそのかして一千人の首を斬った。―王に自主性がなかったから、妃の言うままになったのではないのか。斬ったのは王であり、妃ではない。

③周の幽王の妃―周、最後の王で悪政を働いたことで有名。『詩経』には、彼の治世中は外敵が侵入、諸公が離反する様子が書かれている。しかし『史記』には、王は妃を愛し、妃を笑わせるためのいたずら心で、敵の襲来を知らせる烽火《のろし》をあげるなどして諸公をしばしば惑乱させたとある。周王が、現代社会に生きていれば「ユーモアの精神に富んだ、妻を愛する良き夫」となったかもしれない。しかし、王に愛された夫人が後の世で「狐の化身」といわれても、彼女自身は幸せだったのではないかと思う。

④玉藻前―伝説上の美女。狐の化身は鳥羽院の御兄薄雲王子と結んで世のなかを騒がせ、見やぶられて狐の本性をあらわし那須野原に逃げ、ついに殺され、その悪霊は石に化けたが、玄翁《げんのう》和尚の法力でたたりが解けたという。たたりを解くのは「和尚」（男性）によってであるとの結論が、この長い女狐《めぎつね》物語の帰結点である。

歴史は男によって作られる

美女を装ったキツネが男性を誘惑して結婚し、男性はエネルギーを吸い取られて死んでしまう、この「怪婚説話」の原型は中国の『五雑俎《ござつそ》』などに記録されている。

●狐と女のお話●

■欽明天皇の時、美濃国大野郡の人が野原で美しい女性に会い、親しく語り会って妻とした。やがて男の子が生まれたが、犬が妻に食いつこうとしたので、女性は驚いて狐の姿に戻り、垣根の上に登った。(『日本霊異記』による)

■信太《しのだ》の森の狐は女に化けて阿部保名と夫婦になって子供も一人生まれたが、正体が分かってしまった。〈恋しくばたづねて来てみよ和泉なる信太の森のうらみ葛《くず》の葉〉という歌を残して去ったという。(「和泉国泉北郡信太村信太稲荷の縁起」より)「葛の葉形式の怪婚説話」といわれており、この原型は中国にある。

●日本の民話より●

■日野へ行く道は今のように大きくなくて寂しい道であった。そこで屛風《びょうぶ》岩《いわ》の所の狐がよくいたずらをした。美しい女になって、黒いかねをつけて、白い手拭いをかぶり、手拭いの端をかんでニィッと笑っているのである。狐だと知っていても美しいものだから、つい迷わされて岩にぶつかったり、崖を転げ落ちたりした。(『日本常民生活資料叢書』十九巻)

比較文化的に見ると

狐が女に化ける話は中国と日本に存在するが、ヨーロッパでは逆にライカンスラピー、つまり人間が「自分は狼(または狐)である」と信じる人達が存在する。この背景には「人間は正常な生き物」、それに対して「狼や狐への変形」は精神錯乱《さくらん》による祖先への逆戻りとされる。「狐になった奥様」のような「女性が狐に化ける」という変形話がヨーロッパに存在するのも面白いことだと思う。

比較文化的に見ると、日本とヨーロッパでは人と動物の間の距離が異なるのではないだろうか。「怪婚説話」にしても「狐憑《つ》き」のような「動物憑き」も日本だけではなく、東アジア全体に見られる。ここには人間と動物の間に大きな断絶はなく、この二者の間には精神的に交流が見られる。しかしヨーロッパの場合の「異類婚姻」は、人間と動物の間に大きな隔たりがあるように思える。

　アンデルセンの有名な童話「人魚姫」は、王子と結ばれることなく泡となって消えてしまう。またドイツのグリム童話の蛙《かえる》と結婚した王女の物語では、「蛙＝人間」であり、王女が蛙と交わるわけではない。日本では、なぜ「狐」や「犬」が人に憑くのだろう。ここでは憑く動物（たとえば狐）―憑かれる人（たとえば玉藻前）―それを落とす人（ここでは和尚）という構成が成り立つ。

　「獣憑き」は社会の支配階層にとって邪魔な存在、あるいは集合体の中の他分子である。よそものに「マイナスイメージ」を与え、徹底的に陥れてしまうという、陰湿なやり方だ。メジャーな集団が自分たちの価値観によって、「狐憑き」などと烙印を押し、社会から追放するという構図が「狐憑き」に見え隠れしている。＊「狼」「たぬき親父」の項参照。

貴婦人

きふじん

　身分の高い家の女性のこと。一八八四年(明治一七)の奉勅達華族令によって公爵・侯爵・伯爵・子爵・男爵の爵位が特別の階層に与えられ、それらの爵位をうけた人々が華族と称された。特別の階層とは江戸時代の公卿・大名、維新の功労者、高級官僚・軍人、有力資本家などである。

　華族の家の女性たちが貴婦人と呼ばれた。しかしこの制度は日本国憲法一四条によって廃止となり、日本の社会から身分上の「貴族」も「貴婦人」も消滅した。

●小説より●

▨なにがし子爵婦人とも言いそうな立派な貴婦人が、可愛らしい洋服姿の子供を三四人伴れて其処《そこ》から出てきて、嬉々として馬車に乗ると……。(田山花袋『田舎教師』）

■この貴婦人こそ富山宮子にて、今日夫なる唯継と倶《とも》に田鶴見子爵に招かれて、男同士のシャンペンなど酌交《くみかわ》す間を、請うて庭内を遊覧……。（尾崎紅葉『金色夜叉』）

■「ダガサどんな女地主が？」ト自分は急込んで問い返した。「どンねえッて―貴婦人方」ト非常に気のなさそうに答えた。（ツルゲーネフ『めぐりあい』）

■開校式をやるとすれば、市の淑女を招待しなければならん。ところが当時の貴婦人方の考えによると人間は服装の動物である。（夏目漱石『吾輩は猫である』）

■「四ツばかりの男の児に、極めて上手な、肉叉と小刀の扱い振で、肉を切って皿へ取り分けて遣る、盛装した貴婦人があった。（泉鏡花『貴婦人』）

■某孤児院に寄付の演劇があって、其に附属して、市の貴婦人連が、張出しの天幕を臨時の運動場にしつらえ、慈善市を開く。（同前）

これらの小説の「貴婦人」たちからキーワードを拾いだすと、子供の洋服姿（当時の子供たちは着物であった）、馬車に乗る、男性たちはシャンペンを交わす、女性の地主階級も存在した、開校式などのフォーマルな行事には貴婦人たちが参列した、ナイフとフォークを上手に使って食事した（しかもステーキを）、慈善市を開いた等。

これらの小説の作家たちは「貴婦人」を皮肉をもって描いたのではなく、むしろ称賛の念をもって書いている面もある。そこには、貴人は貴人の、庶民は庶民の、といった、支配者・被支配者それぞれの分《ぶん》をまもる社会観がみうけられる。もっとも夏目漱石の「人間は服装の動物である」には、いささか冷たい視線を感じるが。

イギリスのビクトリア朝を舞台に描かれた映画「ある貴婦人の肖像」（原作ヘンリー・ジェームス、監督ジェーン・カンピオン）の映画評には、「貴婦人」が以下のように描かれている。

●雑誌より●

■これは結婚が女性につらい義務を要求した一九世紀の話で、イザベルはそれに打ち勝ったヒーローではなく、その〝因習の挽《ひ》き臼で引き裂かれてしまった〟存在だ。自由な人間として誰にも指図されず、自分の意思で結婚を決めたのに、その結果自由を失ってしまった女。(『キネマ旬報』72・2)

現代の日本語で「貴婦人」は次のように生き残っている。

●新聞より●

▨〝海の貴婦人〟富山に永住―「海王丸」(朝日93・12・4)

▨貴婦人型デキャンタ、ブランデーサントリー(朝日92・4・21)

▨貴婦人の美を守るSL館(朝日91・6・21)

▨長鼻の貴婦人〝上京〟、山形新幹線新型車両―東京駅に初登場(朝日91・5・16)

新聞記者たちは、作家たちが称賛した「貴婦人たち」を、優美さ、上品さ、洗練された様子などの意味あいを込めて、船や列車の形容に使っているのではないだろうか。*「貴公子」の項参照。

きゃしゃ

華奢

姿や形が美しいが頑丈そうにない様子。上品だが、弱々しい印象を与える人や物に対して使われる。特に女性に対して使うというわけではない。しかし、ステレオタイプ的なイメージからすれば、「a頑丈、bしっかり、c上品、d弱々しい」の内から男性にとってのプラスの性格を二つ選ぶなら「aとb」つまり「きゃしゃでない」ことになるのではないだろうか。

●小説より●

①額に加えた五本の指は、節長に細りして、爪の形さえ女のように華奢にできている。(夏目漱石『虞美人草』)

②教場へ出ると、今度の組は前より大きな奴ばかりである。おれは江戸っ子で華奢に小作りにできて

いるから、どうも高いところへ上がっても、押しがきかない。（夏目漱石『坊ちゃん』）

③彼の前を横切る度に、その漆黒の髪とその間から見える関節の、細い、華奢な指に眼を惹《ひ》かれた。その指は平生から自分の眼には彼の神経質を代表する如く、優しく且つ骨張って映った。（夏目漱石『行人』）

④女はふつうの日本女性のように絹の手袋をはめていなかった。きちりと合う山羊の革製ので、華奢な指をつつましやかに包んでいた。（夏目漱石『彼岸過迄』）

⑤小作りな婆さんで、後ろ姿の華奢な割合には、ぴんぴん跳ねるように活潑な歩き方をする。（夏目漱石『坑夫』）

⑥……影法師のその背中に摑《つか》まって、坊主を揉《も》んでいるのが華奢らしい島田髷《まげ》で……。（泉鏡花『歌行灯』）

⑦華奢な煙草盆を間に……。（夏目漱石『行人』）

⑧足の畳み込める華奢な食卓……。（『先生と遺書』）

①②③は「華奢」が男性に使われているが、①では「女のように華奢」とされ、「華奢」が男より女を形容するのにふさわしい言葉であることが示唆されている。②では地方に対しての「都会」、「江戸っ子」の繊細さが「華奢」と表現されている。③では「華奢な指」が当人の「神経質」を代表するものとして描かれている。

　これらの例では、「華奢」と表現されることによって、その男性の形姿や性格になんらかの否定的なニュアンスが生じている。それに対して、女性に使われている④⑤⑥の例では、「華奢な指」「華奢な後ろ姿」「華奢な島田髷」はより中立的・即物的な描写に思える。こうした印象をうけるのは、小説の作家たち（そして読者であるわれわれ）は、自らは意識しないで、「華奢」という語彙を使い分けているからであろう。男性に使われる場合と女性に使われる場合の意味の差は、「華奢」という語彙自身がもつ「女性的」なイメージによるものと思われる。

　⑦と⑧は、「煙草盆」や「食卓」という物に対して使われている例である。こうした場合には、「華奢」の「女性的」なニュアンスはどう機能しているのだ

ろうか。こうした性差的な形容を通じて、存外、ドイツ語やフランス語の名詞の「性」のように、日本語の名詞にも「性」の感覚がうっすらとにじむ場合もあるのかもしれない。

ところで、最近の男性は中性化しつつあるといわれる。明治時代から見れば、全体に「華奢な」男性が増えているのではないだろうか。

キャリアウーマン

「キャリア」は英語の career からきて「職業上の経歴」のこと。これに、女性を意味する「ウーマン」をつけ、「熟練した技術や知識を身につけ、第一線で働く女性」をさす和製英語。しかし同様の立場の男性のことは、「キャリアマン」とはいわない（ただし、官僚の世界では「キャリア、ノン・キャリア」という言葉で露骨な身分差を表しているようだが）。「女医」「女弁護士」「女流作家」といった言葉と同様、「女」や「ウーマン」で「有徴」つまり例外性・特異性を表しているわけである。

「男女雇用機会均等法」が施行されたのが一九八六年だ。改正案が九九年四月より施行。しかし現状は、女子労働力人口（就業者＋完全失業者）は二七一九万人、労働力率（一五歳以上に占める労働力人口の割合）でみると約五〇%と、女性の半数しか就業していない（総務庁統計局「労働力調査」一九九六年度）。しかも、その中で役職者の割合は部長一・五%、課長二%、係長七・三%（「女子雇用管理基本調査」一九九五年度）ときわめて低く、女性労働には周辺的地位しか与えられていない。

日本語の中で「キャリアウーマン」という言葉が使われはじめたきっかけは、一九七八年に出版された『キャリアウーマン』（税所百合子訳）だ。しかしその本の原題は「The managerial woman（企業の管理職女性）」だった。翻訳の際キャリアという語を使ったのは、上で触れた官庁用語「公務員上級職試験を通った者＝キャリア」を応用して、「意志決定権をもつ幹部社員」という意味あいを持たせようとしたためらしい。

この本が出版された頃は、「キャリアウーマン＝結婚しない女性社員」と誤解した人も多い。キャリアウーマンという言葉が出る前は、ＯＬ（女性社員）には「古手《ふるて》で仕事のできる人」と、「新人」という二つの分け方しかなかった。それでは、日本語の中に定着した「キャリアウーマン」とは、どのような女性たちを指していうのだろうか。

●新聞より●

①「キャリアウーマンって何—若手は専門性・資格にこだわり、管理職はマネジメント能力重視」—キャリアウーマン—この言葉が若い女性の心をとらえて久しい。……大学を出て数年の女性が考えるキャリアと経営者や管理職になった女性の考えるキャリアとは、どこか違っているようだ。—伊藤さん三一歳（フリープランナー）「自分の意見をバリバリと言い、さっさと仕事の段取りをたて、自分自身で取り仕切れるのがキャリア女性の条件。そのための武器になる専門知識が必要。社会には自分の意志を実現する人と他人の言葉に便乗して満足してしまう人の二種類の女性がいる。キャリア女性はもちろん前者」。人材派遣会社社長・奥谷礼子さん「企業内部に交錯しているさまざまな力学に注意を払いつつ、ヒト、モノ、カネを総体的にマネジメントする能力を持った女性でなければ、キャリアとは言えない。（日経92・7・27）

②「キャリアウーマン皇室へ」　キャリアの外交官から皇太子妃となる小和田雅子さんは、さまざまな顔を持つ。……皇太子様と同じ英国オックスフォード大に留学した後、日米の経済問題を扱う北米二課で日米半導体交渉を担当するなど将来を嘱望されていた。（朝日93・1・19）

③「女性かわらばん—出来る女性に迫る危険『夕鶴症候群』増殖中」　民話「鶴の恩返し」で隠れて自分の羽を一本一本抜きながら、機《はた》を織る鶴の姿に現代の働く女性をなぞらえたものだ。—はためには恵まれたキャリアウーマンと見られていても、実は心の病をかかえ、心身症に悩む女性が増えてい

る。(日経90・2・2、精神科医北山修)

④「キャリアウーマン型―アル中が増加―酒とのつきあい不慣れ」 男性と区別なく仕事をこなすキャリアウーマンの間で、新型のアルコール依存症(いわゆるアル中)が増えていることが、関係者の注目を浴びはじめている。A子さんは広告代理店でバリバリ働いた。名門大学の人気学部卒で頭も切れる。勉学も仕事も男性に後れをとったことがなく、何事も自信たっぷり。……この二～三年、結婚退社する女性が続いた。「キャリアウーマンの道を歩む」と頭では決めていても、わびしさを感じることもあった。……男にも仕事上のアル中はある。キャリアウーマン型の特徴は「普通の結婚生活か、無理してキャリアウーマンの道を進むか」の葛藤が基盤になっていること。仕事が苦しいと逃げ道として結婚を考え、逃げを否定する心もあって、酒にのめり込みやすい。(朝日91・12・15)

⑤「おじん妻―家族ニューワード」 おじん世代の会社員のように家庭をほったらかして仕事や会社に依存し、家族から見放されたキャリアウーマン。きちんと家事を分担してくれる「理想的」な夫を持つ恵まれた働く女性が、時として陥るワーカホリック(仕事依存症)を表す。

⑥「キャリアウーマン第三世代―肩ひじ張らず自然体で―昇進にこだわらず男性を批判せず、家庭両立気にせず」 一九五〇年代に社会進出したパイオニア女性を第一次世代、七十年代以降に働く場を確保したキャリアウーマンを第二次世代とするならば、彼女らはいわば第三世代、苦労知らずとは言え、しなやかさがなによりの取り柄だ。(日経92・5・18)

こうして日本のキャリアウーマンを見ると、①のようにふつうの男性の能力よりはるかに上をいく文字通りのキャリアウーマン、②のようにキャリアを惜しまれつつ皇室に入った雅子さん、③は無理をして働くキャリアウーマン、④は「結婚かキャリアか」の二者択一を迫られて心身を病む女性、⑤は「家庭をほったらかして」ワーカホリックになった女性。(こういう表現が働く男性に使われることは稀。使われるとしても、家事や育児をしないという意味では使われない)。そして⑥は「昇進にこだわらない、男性を批判しない、上手に家庭を両立させるキャリアウーマン」が肯定的な眼で描かれている。

問題点は、これらの記事を男性が書いたであろうことだ。この記事に書かれた女性たちのケースを男性におきかえてみよう。①は「抜群に有能な」サラリーマン、②はキャリアを続けるであろうし、③のように自らの羽を抜くこともなく、④のように「結婚か仕事か」迷うこともない。⑤はよくある働きバチのパターン、そして⑥の「昇進にこだわらず、家庭両立気にせず」にいたっては、出世しないサラリーマンの典型になるのではないだろうか。日本のキャリアウーマンには、「夫婦役割分業」を保持しようとする「世間の常識」という見えにくい壁がたちはだかっているようだ。

それでは外国ではどうなのだろう。キャリアウーマンたちの声を聞いてみよう。

⑦「アジアキャリアウーマン事情—台湾・香港・シンガポール女性誌編集長が語る」　三つの国、地域とも経済成長によって労働力が不足し、働く女性が急増している。転職もしやすく、経験や技能を生かして少しでも高給な職場を求めて動くのが普通だ。このためどこも女性の晩婚と少子化が急激に進み、離婚率も高くなってきている。チェンさん(香港)の報告では、高給を目指し、家事は同じアジアからの出稼ぎ外国人女性にまかせる例が目立っているという。高収入のキャリアウーマンが増え、……。シンガポールでは、女性の晩婚、少子化を心配する政府が「早婚、多産キャンペーン」をしたり、お見合いを行政が主催しはじめた。キャリアも収入も子供もと望む女性はますます増える。ホアンさん(台湾)は「仕事と家族のバランスがむずかしい」と。(朝日95・2・18)

⑧「キャリアウーマン—ハンガリー式—エリカ・シュディー」　百人の管理職のうち、女性は二八人しかいないことが判明した。職場で男性ほど成功を収められない主な理由は、結婚して子供を産んだ母親は何年間も仕事から離れ、職歴を積み重ねる可能性がなくなるから。従って、女性管理職は独身か、結婚していても子供がいない人がほとん

ど。(日経92・8・22)

ハンガリーの「理想的な管理職の資質・調査結果」によると、管理職として要求される資質としては、「1・適切な専門知識、2・弁舌の流暢さ、3・ビジネスの感覚のよさ」、以下、「外見・学歴・語学力・組織力・見識・自信」などがあげられている。これを見る限り、男女の性は問題になっていない。

⑨「中国『結婚しない女性』増える―都市部の大卒者中心」　中国でも未婚のキャリアウーマンが増えていることが九〇年に実施した国勢調査の分析から分かった。……男性の場合は読み書きが不自由な層や肉体労働者の未婚率が高いが、女性は高学歴の頭脳労働者ほど高いのが特徴。中国では、未婚の女性への視線が厳しい。都市部を中心に次第に意識の変化が出始めているようだ。(日経94・4・11)

これらの記述をみると、日本と同様の動きがアジア諸国、東欧諸国にあることがわかる。今後、女性たちが結婚よりキャリアを選ぶことで、世界の人口はどのように変動していくのだろうか。少子化をくい止める一番の方法は「男女役割分担」の意識を変えることであり、政府が「早婚・多産」を指導しても、世界的なこの動きに歯止めをかけることはできないだろう。＊「ＯＬ」の項参照。

くすくす

しのんで笑う声の代表格。古くはこっそりと動作をする様子や、そうした動作をする人の性格にも使われた。

樋口一葉の『たけくらべ』では「根性がくすくすしているんだもの、憎らしかろうではないか」と「根性がくすくす」という表現を使っている。「堂々としていて、悪びれない」の反対の表現である。

擬声語には男女の差を表すものがいくつかある。この「くすくす」はその代表格の一つだろう。もちろん、男性も忍んで笑わないわけではない。しかし「女は大口をあけてゲラゲラ笑うものではない」という社会通念が、まだ中年以上の日本人に浸透しているのは事実のようである。小説から「くすくす」を抜き出してみるとほとんどが女性に対して使われていることに今更ながら驚く。

●小説より●

①院長回診に従ってきた医者や看護婦が慌《あわ》てて患者をとりおさえたが、しかし後尾の方にいた若い見習い看護婦はどうしても我慢できず、下うつむいて長い間くすくすと笑った。(北杜夫『楡家の人々』)

②令子は私の顔を見て、両手で口許を押さえて、くすくす笑いました。(宮本輝『錦繍』)

③「なんだい、さっきの唾は?」「お、ま、じ、ない」妻はうつむいて、くすくすと笑った。(三浦哲郎『忍ぶ川』)

④そういって、三十六歳、独り身の姉は、少女のように頬を染めてくすくす笑った。姉は、小田さんには何でもうちあけて話すらしかった。(同前)

①は若い看護婦が堪えきれず笑いだす場面である。下を向きながらクスクスする様子は「院長」の前ということもあるし、患者への遠慮ということもあるだろう。男性に置き換えても、十分に通用するが、その場合は「くすくす」が遠慮深げな様子は影をひそめるだろう。

②「口許をおさえて笑う」のは、女性のしぐさとされている。

③新妻の様子を表すために、「うつむいて、くすくすと」は効果的な表現だ。

④三六歳という年齢ながら「少女のように頬を染めて」笑う姉。クスクスには、そういった笑い方をする説明描写があり、言外の意味を漂わせる。

日本語の笑い声を母音によって分類してみると次のようなことが言える。

〔a〕あはは、はっはっ、わはは、(からから)は、笑い声は大きく、時間も比較的長い。開放された笑いであり、笑う場は親しい間柄、あるいは遠慮のない場所、話し相手が考えられる。

〔i〕にっこり、にこにこ、にこっ。以上はプラス表現。にやにや、にたにた、にやっ、にんまりはマイナス表現。この場合、声はなく感情が伴う。「擬情語」といってよい。
〔u〕くすくす、くっくっ、ふふんは相手を馬鹿にしたマイナス表現、擬情語。
〔e〕げらげら（けらけら）、げたげた（けたけた）えへへへ、ヘラヘラはマイナス表現、擬情語。eの音は品のない笑い方である。
〔o〕おほほは女性の笑い方に多い。くすくすが下を向くことが多いのに対して、相手に向かって顔をあげて笑う。
　これらの擬音語・擬態語を他の言語に翻訳するのは難しい。たとえば「わはは」と「おほほ」には、はっきりした性差があらわれていて、しいて翻訳するとすれば、「わはは」は口を大きくあけて、笑う様子で男性に多い。「おほほ」は女性が楽しげに笑う様子だが、男性が「おほほ」と笑ったとすると、たいへん女性的な笑い方をすると思われ、時にはマイナスである——など、少なくても、このくらいの説明が必要と思われる。

グラマー

日本語では、女性が肉感的で魅力にあふれている様子をいう。最近は「ナイス・バディー」といった、より直接的な表現をすることもある。グラマーは一九五〇年代の後半に生まれた和製英語であり、英語のGlamourは「魅力」という意味で、Glamour girlは「魅力的な女」という意味であり、とくに「肉感的な美女」というわけではない。

●小説より●

①「そりゃそうだな。まさか醜女じゃないだろうな」「ブスじゃないわ。ちゃんとしたグラマーよ」（立原正秋『冬の旅』）

②バイオリンがかなでるジャズというのも、奇妙な面白さがあるものだ。ホテル、モスクワのバンドは女だけの編成で、ドラマーは物凄いグラマーだ

った。彼女の手にかかるとドラムのスティックが、本当にツマヨウジのように見えるのである。
（五木寛之『風に吹かれて』）

③妻の智子が遠い昔にそうだったように、晃子の裸身は光り輝いてみえた。……この若いグラマーな肉体を抱けるのか。そう思うと少々の良心的抵抗は……。（赤川次郎『女社長に乾杯』）

①では「ブス」に対して「ちゃんとしたグラマー」と言っているが、これは姉を強姦させようとする妹の言葉であり、「ちゃんとした」はおそらく肉体的な魅力をさしている。②はドラムのスティックとツマヨウジの比較から、女性ドラマーの体格が想像できる。③はまさに肉体美にあふれている様子を表す語である。

アメリカに『グラマー』という名前の女性誌がある。内容は和製英語の意味するグラマーとは程遠い内容で、「ウーマン・オブ・ザ・イヤー」にテニスのナブラチロワ選手や黒人歌手のバネッサ・ウイリアムズ、ニュージャージー州の知事クリチャン・ホイットマンを選んでいる。知事を選んだ理由は所得税を公約通りカットしたからということで、日本でも一九九九年ようやく女性知事が誕生したが、とても女性誌の題材にはならないだろう。

和製英語での意味のずれはどのようにして生じるのだろうか。「グラマー」の場合の「魅力的」イコール「肉感的」といったずらしは、明らかに男性によるものに違いない。

黒髪　くろかみ

黒く艶のある髪のことで、特に女性の髪に対していう。神仏に願をかけるとき、女性の髪を切って捧げたり、船の守護神になっている船霊《ふなだま》様に船大工の妻の髪を御神体にしたりすることもある。

しかし、最近では女性の髪の色も茶色から紫までさまざまに染められ、「黒髪」を美しいと感じる風情《ふぜい》は失われたかのようだ。

●小説より●

■女は洗えるままの黒髪を肩に流して、丸張りの絹団扇を軽く揺るがせば……。（夏目漱石『一夜』）

■丈長き黒髪がきらりと灯を受けて、さらさらと青畳に障る音さえ聞こえる。（同前）

■多くの中に龍華寺の信如とて、千筋となづる黒髪も今いく歳のさかりにか……。（樋口一葉『たけくらべ』）

●新聞より●

■「日本の旅情伝える歌姫」　鮫島由美子、長い黒髪にうりざね顔の面立ち、黒い瞳と小さな唇、舞台に浮かぶシルエットは竹久夢二の美人画から抜け出たよう……。（日経93・3・20、名和修）

●歌詞より●

■「涙　黒髪　おくれげ」（「北緯五十度」細川たかし、98年紅白歌合戦で歌われた歌）

以上の例はすべて男性によって書かれたもので、彼らの黒髪の女性に対する憧れが読者にも伝わってくる。

●和歌より●

黒髪の乱れもしらずうちふせば
　まずかきやりし人ぞ恋しき　（和泉式部）

（あまりの悲しさに思い乱れて、髪がめちゃくちゃになるのもかまわずわっと泣き臥すと、こんな時にはすぐに側によって、髪を撫でて慰めてくれたあの人のことが恋しくてなりません）

恋多き女として知られる和泉式部の代表的な和歌だ。第一の夫との結婚生活中に為尊《ためたか》親王と恋愛し、夫に離縁される。親王は急逝し、その弟皇子である帥宮敦道《そちのみやあつみち》親王と恋愛関係に、有名な『和泉式部日記』はこの恋愛期間の女性の心情を率直な表現で語っている。

この和歌の思う「人」についてはさまざまな解釈があるが、与謝野晶子の「初恋の人」説が有力である。黒髪が乱れるのもかまわず泣き伏す女性と黒髪を撫でる男性、王朝絵巻に出てきそうな光景である。

女性が自らの悲しみの描写に「黒髪」を出しているところには、ナルシシズムも感じられ面白い。

▨和泉式部の歌を本歌として生まれたと思える歌(『国文学解釈と鑑賞』96・10「王朝和歌　和泉式部―黒髪の乱れ」青木賜鶴子)

思ひきやいもが黒髪かきやりて
わがたまくらのたわつけむとは
（『重歌集』一六九）

烏羽玉のやみのうつつにかきやれど
なれてかひなき床の黒髪
（『拾遺愚草員外』三九二）

かきやりしその黒髪のすぢごとに
うちふすほどは面影ぞたつ
（『新古今集』一三九〇、定家）

平安の昔から、日本女性の魅力の象徴であった黒髪は、もはや愛《め》でる対象ではなくなりつつあるようだ。十二単《ひとえ》に長い黒髪では、とてもこの忙しい現代社会では生きていけない。今後、日本女性の髪はどんなふうになっていくのだろうか。

君子　くんし

徳が高く品位の備わった男性をいう。以前は「高位・高官」の人にも用いたが、高官の人々の汚職事件が後を絶たない現在、「君子」に該当しない。政界や財界にも女性が進出しているが、残念ながら女性にたいしては「君子」は使われない。

「君子」については、中国にさまざまな故事がある。「君子は李下《りか》に冠を正さず」は『文選《もんぜん》』に収められた「君子行」という歌謡からきている。「君子は悪いことをしていると疑われるようなことをしてはならない。梨の木の下で帽子を直せば梨泥棒と思われる。そんな人に疑いを持たれるような行動は慎むべきである」という意味。

「君子に二言なし」は、君子は言ったことに責任を持ち、前言をひるがえさない。言ったことは必ず実行する責任感に富む女性は存在しなかった、というのだろうか？

「君子危うきに近寄らず」内田魯庵の『社会百面相』に「戦争が始まったら、君子は危うきに近寄らずと逃げ出して……」とある。幸か不幸か、かつて世界を相手にした戦争では、女性たちは「赤紙一枚」で招集されるということはなかった。しかし、自衛隊にも女性の自衛官の増えている今、同じことが言えるかどうか。

「君子は豹変《ひょうへん》する」（『易経』）は、君子はあやまちに気づけば、それを改めて善にうつるのがきわめて早い。

それにしても、なぜ女性は「君子」たりえないのか。日本語の中での男女のかかわりかたを考えてみたい。

●小説より●

①「君は不相変君子だな」こういって鱒次郎は一寸《ちょっと》不快な顔をした……「君子にも困る。自分が殺されかかって未だそいつの弁護している」（志賀直哉『小僧の神様』）

②先ず模範的なサラリーマン、……質素で、真面目で、あんまり曲がなさ過ぎるほどの凡庸《ぼんよう》で、何の不平もなく、不満もなく、日々の仕事を勤めている、……当時の私はおおかたそんな風だったのでしょう。「河合譲治君」と言えば、会社の中でも「君子」という評判があったくらいですから。それで私の娯楽と言ったら、夕方から活動写真を見に行くとか、銀座通りを散歩するとか、たまに奮発して帝劇にでかけるとか、せいぜいそんなものだったのです。（谷崎潤一郎『痴人の愛』）

①では「君子」は、過度に人がよい相手にたいして多少茶化した意味あいで使われている。②の「君子」となると「模範的なサラリーマン」「凡庸」の代表選手といった存在であり、さらに小粒となっている。

●新聞より●

▨「名言の内側―李下《りか》に冠を正さず―用心重ね『疑いを避ける』―賢く生きるための必須条件」世間には他人に対して加害者になろうとやっきになっ

ている根性曲がりの奴や、何事も誤解しないではおられぬ愚か者がウヨウヨしている。これは煩わしい限りだし、痛くもない腹をさぐられたりすると、無性に腹が立つ。……「瓜田《かでん》に沓《くつ》を納《い》れず、李下に冠を正さず」というのは、中国の民衆の大好きな瓜や梨が出てきて、いかにも生活感覚を感じさせることわざであるが、この種のことわざはインターナショナルなものらしくて、インドにも「ナツメヤシの下でミルクを飲んだとしても、椰《や》子《し》汁を飲んだと言われる」「酒場では水しか飲まなくても、酒を飲んだと疑われる」という言葉があるそうである。いずれにしても、どの社会でも、「疑いを避ける」という保身の知恵は、人が賢く生きるための必須の知恵であり、対人関係処理能力の重要な一部である。（日経92・8・16、村山吉広）

▨「君子、カネには近寄らず」　宮沢首相は一八日、前夜、招待を受けた山花社会党委員長のパーティーに欠席……「政治とカネ」が問題になっているご時世だけに、資金集めも兼ねたパーティーには、「君子、危うきに……」と言わんばかりだった。（日経93・5・19）

▨「君子豹変」とは、もともとはいい意味で使われたという。君子を立派な人物、ジェントルマンと置き換えれば、時々の環境の中で自分を磨き、変身を遂げることは紳士たるものの条件といえよう。それがいつからか悪い意味で使われるようになり、ついには無節操を指すようになった。こちらの方が現実の人のありようを言いえているからだろうか。政治改革の約束を一向に果たそうとしない政治家たちの豹変ぶりには言葉もない。（日経92・5・19）

新聞記事の「君子」からは、相手に疑われないように保身を心がけること、環境によっては変身することも必要といった考えがうかがえる。新聞の論調は時代の風潮と共に変化するもの、もし現代社会で求められている「君子」の条件がこのようなものだとしたら、「現代の君子」は「徳が高く品位の備わった男性」からはほど遠いのではないかと思う。

芸者

げいしゃ

着物姿に日本髪の女性が宴席に招かれて芸技を披露したり、お客の話し相手をするなど興を添える役割を果たす。関東では芸者、京阪では芸子《げいこ》と呼ぶ。元禄時代には「男芸者」（幇間《ほうかん》）と「女芸者」が存在したが、現在では「女芸者」のみが残っている。

江戸幕府の遊廓《ゆうかく》制度のもとでは、廓《くるわ》内の「女芸者」に対して、「町芸者」が料理茶屋や船宿、武家や町方の宴席などにも出張サービスをし、時には売春もした。深川・両国・湯島・日本橋などが有名。

江戸時代の終わりから明治の初めにかけて柳橋が盛んになり、明治時代、政府の高官はこうした「花柳界」にしばしば出入りし、外国人政府高官を招待したことから「ゲイシャガール」は国際語として知られるようになった。

日本企業が「接待」などを重んじるところから、芸者は「ビジネス・コンパニオン」としての役割も果たしている。外国人に与える日本女性のイメージとして「ゲイシャ」は、芸者の持つ着物姿、日本舞踊、三味線などのオリエンタリズムだけではなく、「女性が男性にサービスする」「女性は売り買いできるもの」という視点からも見られがちで、日本女性の地位の低さを象徴するというマイナスの効果も果たしている。

文学作品から芸者の活躍ぶりを見てみよう。

●小説より●

▨「俺が西郷なら、お前は高杉だ」「何を言っとる」「西郷は若いころ、芸妓《げいしゃ》買いばかりしてくらしとったんだ。高杉でも大久保でもみんな西郷の『ユース』だったんだからのう。そりゃええれえよ」……「よう遊んでおくれやしたがなも、おりんもこんど東京へ行って芸妓はんになりますでなも、ちょっとおわかれに来ましたがな」（母親は嬉しそうだった）（尾崎士郎『人生劇場』）

▨中庭を囲んだ二階の一方にある座敷に、君は入れられた。すると二階の向かい側に泊まった客が、芸者を大勢呼んで大騒ぎをしていた。……向かい側の騒ぎは夜遅くなるまで続いた。君は床に這入って、三味線の声をやかましく思いつつ寝入った。（森鷗外『山椒太夫』）

▨「あなた、明日はどうするの。もうほっとけばいいのよ」それにはこたえず、ただ頭の中では、どうせ今度は趣かえて芸者でも世話することになるのやろ、ジャパニーズゲイシャガールとポンビキよろしくふるまうに違いないと考え……。（野坂昭如『アメリカひじき』）

▨時には茶目っ気を出した宣伝もやった。製糖会社をやっている藤山雷太にたのみ、新橋の美人芸者の写真を二枚もらって新聞に大きな広告をのせた。（星新一『人民は弱し、官吏は強し』）

▨「松ちゃん」これは香月から歩いて来る駄菓子屋で、可愛い十五の少女であったが、間もなく青島へ芸者に売られて行ってしまった。（林芙美子『放浪記』）

▨この踊り子を、近ごろ、「芸者」と呼ぶそうな。「言葉も変わるものよ」……芸者と言えば、むかしは武芸にすぐれた者の呼び名だったものだが……それが、いつしか踊り子の呼び名となる。いつの間にか、知らず知らずにそうなるのだから、おどろく他はない。（池波正太郎『剣客商売』）

　これらの小説からだけでも、芸者をとりまく環境が見てとれる。芸者と遊ぶ若き日の西郷、宿屋に芸者を呼んでの馬鹿騒ぎ、三味線の音、建物の造り、アメリカ人に「芸者」を紹介しなければならない切ない気持ちの日本人男性、新橋の芸者がスター格であったこと、たった一五歳の少女が芸者に売られる社会、そして、最後にあげた『剣客商売』では、作者は「芸者」の歴史を次のように書いている。

▨踊り子の発生は元禄の頃からで、三味線、浄瑠璃、舞の芸をもって大名や武家の宴席に侍《はべ》るようになった。……江戸の大都市化がすすみ、天皇おわす京都はさておき、日本の天下を治める徳川将軍の城下として、その風俗も複雑多彩となり、諸方の遊所が踊り子を必要とすること、言うまでもない。

この「言うまでもない」という著者（男性）の考え方は現代にもひきつがれている。新聞から最近の「芸者」に対する考え方を取り出してみよう。

●新聞より●

▨「芸者さん、企業が応援—消えゆく灯守る若手発掘へ会社設立」　海運貨物取り扱い業のメンバーらは、若手芸者を育成しようと新会社を設立した。接待のパートナーをつとめながら時代の波に洗われて減る一方の芸者を、経済人が側面から応援するという趣向。清水市には戦前百六十人前後の芸者がいたが、所得が安定していない上、造船など重厚長大型産業の低迷などもあって、現在は十四人まで減っている。（日経91・12・26）

▨「OL気分で芸者さん、町おこしに一役」　花かんざしに紅ひとつ、華やかな振りそで姿がすっかり街になじんできた。「振りそでさん」が夕闇せまる古い料亭外に散っていく。「新幹線は来たけれど、城もない。自慢できる文化もない。訪れる人に『港町』新潟を演出するにはかつて祇園、新橋と並び称された古町の花柳界を復興するのが一番」、会社組織にし、社員の形で募集した途端、若い女性が十数人あっという間に集まった。一人あたり五百万円という衣装代はもちろん会社負担、一年契約で退社も自由という条件……。（日経91・4・6）

「芸者」として売られていった時代から「芸者」になってあげる時代へ。しかし、「宴の花」として男性にサービスするという根本的な部分は変わっていない。バスガイドから芸者に転身した山形市のOさんは顔を真っ白に塗り、着物姿で、一日に宴席を四つ五つと掛け持ちする。企業接待と男性へのサービスがなくならない限り、「芸者」という言葉が死語になっても、同様の役割を果たす女性たちは存在し続けるだろう。

化粧　けしょう

人間として持って生まれた顔や体の表面に、おしろいや頰紅、眉墨《まゆずみ》といった色彩や光沢をつけること。俳優が役柄をつくるためにするメイキャップなど。

古語「けそう」には、「化生」「化相」「仮相」「仮装」「気装」など、さまざまな字が当てられている。それは「けそう」の目的が多分に宗教的な意味合いを持っていたり、地位や性差を表すという実用的な意味合いを持っていたことと関連する。たとえば「化生」は仏教では「形を変えて現れること」を意味し、「化けて出ること」という意味にも使われる。

福島県いわき市の古墳（三〜六世紀）から出土した埴輪には、男女の区別なく頰や額に紅い「化粧」が施されている。これは「服従」の意味を表すものとされている。化粧に白粉《おしろい》が使われるようになったのは七世紀の初めで、中国から輸入された。頰紅も同様に中国から伝わり、白粉に頰紅を混ぜて使う化粧法が行われた。平安時代の末期には、貴族の女性だけではなく、男性も身だしなみとして薄化粧していた。

中世には頰に白粉や紅をつけ眉を引くことが、公《く》家《げ》だけではなく武士階級の妻や娘たちにも広まった。また武士の間では髭《ひげ》をたくわえることが逞《たくま》しさ、男らしさ、武勇の象徴となったようで、髭の薄い武者は「片輪面」などという差別語で呼ばれている。化粧という点で、男女の差が大きく出てくるのは、中世と考えてよい。家父長制度が徹底していく中で、女は女らしく、男は男らしくという規範意識が化粧にも反映されている。

化粧の目的や発生を考えると、単に「美意識」という人間がもつ本能的な目的だけではなく、宗教的なもの、実用的なものと複雑な要因が組み合わさっている。化粧の代表格の口紅にしても、発生当時は、口から入る病原菌を防ぐために、口に呪《のろ》いの赤（時に黒）を塗ったと思われる。また眉の形やその有無にしても、女性が既婚か未婚かを表すのが目的であったが、現在では本来の意味をはなれて「美的なもの」としての意味しかもたない。

「何が美的であるか」は主観的なものであり、時代、個人の教養やその人の属している階層によって異なる。最近、男性も髪を染めたり、パーマをかけたり、顔の色を浅黒く見せるためのファンデーションまで使っている。男性が化粧することを「美」ととらえる世代と、「男性は化粧などすべきではない」とする世代がはっきりと分かれる。また同じ若い世代でも、男性が「化粧」することに対して嫌悪感を示す人たちもいる。

男性の「化粧」は社会的にどんな意味があるのだろうか。中世の武家社会から昭和の高度成長期を経て平成のバブルが崩壊するまで、日本の男性たちは「化粧」を忌避してきたし、化粧する男性は奇異な目で見られた。最近、なぜ男性たちも「化粧」を始めたのだろうか。

その背景には、男性特に若年層の意識の変化があるように思える。学歴、偏差値などが男性の意識の中で比重を占めていた時代には、男性は「化粧」などには興味を示さなかった。しかし、バブルが崩壊し、日本社会の中で「終身雇用」制度が崩壊してくると、若い男性たちには、約束されたエスカレーターに乗るということに価値を感じなくなってきたのではないだろうか。

若年層の男性が髪を染める、眉の手入れをする、すね毛を処理する、顔の脂を拭く、顔にファンデーションをつけるなどの化粧を始めたのは、「会社で実力を発揮することができない」代償に、「化粧を楽しむ」ことで、「自分らしさ」を発揮することに価値を見いだそうとしているように思える。

●雑誌より●

▨「なぜいま『ヴィジュアル系』なのか」　男性高校生の身だしなみ意識の高まりは、「男性中心社会の崩壊」による過渡期的現象だ。ヴィジュアル系の源流が、かつての「お化粧バンド」であると指摘したが、過去の「お化粧バンド」はどこかで「きわもの」扱いのところがあり、……「ヴィジュアル系」の人気を支えるファンたち（特に男性ファン）の意識の変化である。（『潮』98・9、稲増龍夫）

東京ＦＭが行った「若者ライフスタイル調査」によれば、男子高校生の二七％、三〇代男性社会人の二六％が眉の手入れを行い、皮脂除去に至っては、男子高校生の半数以上の五二％、大学生の三七％、社会人の四分の一が行っているとある。

かつて「男らしい」とされた「毛深さ」や「濃い眉」が、社会的に価値を失ってきたという現象そのものが、男性の社会での力の衰えを象徴している。「その眉毛を見ているとゾッとするから手入れをして」と娘に言われた父親の話などもある。

●小説より●

■あの時は一時間もかかって念入りに化粧をし、着物をどれにしようかと随分迷った。……若いという新妻に負けたくないという一心であった。(渡辺淳一『花埋み』)

■母親はオレンジ色のフォルクスワーゲンに乗って昼過ぎに仕事にでかけるが、かなり濃い化粧をしていて、一見とてもレストランのウエイトレスとは思えなかった。(藤原正彦『若き数学者のアメリカ』)

■なかなか理想の妻、なんていうものはいやしませんよ。やさしくて才気があるかと思うと、多情で浮気者だったり。家庭さえちゃんと守ってくれればよい、と申しましても、髪は耳へはさんで化粧けもなく、なりふりかまわず働く、という世話女房も味気ないものでございます。(田辺聖子『新源氏物語』)

最後の『新源氏物語』の例は、左馬の頭《かみ》が、年下の源氏や頭《とう》の中将に得意気に自分の豊富な経験を披露する場面だが、このセリフは現代に持ってきても十分に通用するのではないだろうか。会社の部長がヒラ社員を前に、自分の女性観を語る図としても不自然ではない。しかし、現在の高校生が新入社員になるころには、眉をかき、肌の手入れをした若者が増えるかもしれない。そんな時に中年の社員の経験談に、新入社員たちは耳を傾けるだろうか。以下は「妻」を「夫」にかえたパロディーである。

■なかなか理想の夫、なんていうものはいやしませんよ。やさしくて才気があるかと思うと、多情で浮気者だったり。仕事さえちゃんとしてくれればよい、と申しましても、眉はゲジゲジ、肌は脂ぎり、なりふりかまわず働く、という会社人間も味気ないものでございます。

元服

げんぷく

現代社会では二〇歳に達すると法律上では「成年」として扱われるが、二〇歳で精神的な意味でも「成年」としての確かな実感をもつ若者がどのくらいいるだろうか。かつて元服は通過儀礼のもっとも典型的なものの一つで、男子にとって、一人前の社会成員となったことを社会的に認められる大きな意味を持っていた。それが今、日本だけでなく、近代社会全般から消滅してしまった。

元服は、一定の年齢に達した男子が服をあらため、改まった冠をつける儀式であり、これによってはっきりと子供の時代に別れをつげ、大人の社会に仲間入りができた。天武天皇の一一年(六八三)に男子に対する「結髪加冠」の制度が規定されている。初めは中国の風習を模した天皇や公家《くげ》の儀礼であったのが、一六世紀ごろになると武家や庶民の間にまで行われるようになり、形も簡略化されて、「前髪落《まえがみおとし》」などが加冠にかわって行われるようになった。

江戸時代、武士の子供はそれまで伸ばしていた髪を切り、烏帽子《えぼし》を冠せられ、幼名を実名に改めた。これに対して、女子の場合は、一定の年齢に達した時ではなく、嫁いだ時にお歯黒をし、眉をそり、丸《まる》髷《まげ》を結った。つまり「社会の成員の妻となる」ことによって、一人前扱いされたのである。この意味で、元服という儀式には男女間に大きな差別があったといえる。

元服の年齢は必ずしも一定していないが、時代が下がるにつれて低くなり、江戸の中期には一四歳から一六歳がふつうであった。今でいえば中学生の年齢にあたる。人間の寿命は医学の進歩などにより確実に延びているが、果たして「大人の社会」に仲間入りできる若者たちの本当の年齢はいくつなのだろうか。

●小説より●

ちょうど庄吾が十歳になった時である。その年の正月に、彼は前髪を落として元服した。そして幼名を改めて、庄吾安春と名乗ることになった。元服の式は古式にのっとって、おごそかなものだった。祖父がなお達者だったので、すべて祖父のはからいによっておこなわれたのである。(山本有三『路傍の石』)

この小説に登場する祖父は、明治になって廃刀令が出ても、「刀をさしていけないなら、拙者《せっしゃ》は刀を下げて歩く」と、一生刀を離さなかった老人として描かれている。そうした「祖父」が威厳を保っていた時代の「元服の儀式」をかいまみることができる。

●論文より●

▨「転換期における王権と国家―元服と身分秩序の転換」『宇津保物語』俊蔭には「十六という年、二月にこうぶりさせ給いて、名をば仲忠という。……」とあります。ここでは①十六歳で元服、②元服と同時に命名、③公卿の子ゆえのほどない叙爵、④昇殿の許可など、元服年齢や、元服に際して冠者に授与される内容がうかがえます。『宇津保物語』の成立年代からして、これが上層貴族の元服でした。(『歴史学研究』88・10、服藤早苗)

▨元服を終えてかぶりものが社会的に許された「人」、すなわち私的所有主体としての成人男子のみが理念的には「人」となります。かぶりものをつけない女・子供、弱者が排除される社会の到来です。子供はさらにこの「人」の世界の家父朝的家産的身分序列のなかに、父の社会的政治的後継者として秩序づけられます。(義江明子「古代共同体と『人』『子』」『歴史学研究月報』三三七号)

●新聞より●

▨「ニッポン人の忘れ物―元服の思想」―どうしていまどき、現代に縁もゆかりもない元服の話など持ち出したかといえば、どうも近ごろ、親離れしていない子、子離れしていない親が目立ちすぎる感じがするからだ。……形骸《けいがい》化した成人式を廃止して、元服を復活せよ、などとアナログ(?:時代錯誤)な主張をしたいわけではない。……しかし親離れしない子、子離れしない親の氾濫に、このへんで歯止めをかけるためには、元服の思想を嚙みしめてみる必要があるのではないかと思うのだ。（日経93・1・9、長谷部日出雄）

「形骸化した成人式を廃止し元服の復活を」と、「アナログな主張をしたいわけではない」と長谷部日出男氏は言う。しかし氏の本音は「成人式」が、着物とスーツの着せ替えごっこの人形たちの集まりと化し、精神的な自立が感じられない成年たちに対する苛立《いらだ》ちととれないだろうか。

これほど甘やかされた「成人式」は、日本の社会が高度成長をなし遂げた二〇世紀最後の繁栄の上に成り立っている。

今、成人に達していないという理由で、殺人などの罪を犯しても実名は隠されたままという報道のあり方に、疑問が投げかけられている。「大人の社会」の仲間入りをするために、「成年」はどのようであるべきか、「元服」の思想に立ち返るのも悪くないように思う。

強姦

ごうかん

「強姦」は漢語、「レイプ」は外来語、「手込め」は和語であるが内容はほぼ同じで、するのは男性、されるのは女性である。刑法一七七条によると、強姦は「三歳以上の婦女に暴行または脅迫をもって」した性交と、一三歳未満の性交としている。しかし、実際に法廷では「女性が命がけで抵抗したかどうか」「恐怖心から脅迫に屈しなかったか」などが争点になり、「強姦罪」になる例は少なく、女性が泣き寝入りしたり、示談に終わる例が多い。

「強姦救援センター」（一九八三年九月設立）の定義によれば、「女性が望まないすべての性行為」を指し、そこには「見知らぬ相手に不意に襲われた場合」だけではなく、既知の間柄である「上司や教師」「親戚、親、兄弟」、さらに「夫や恋人」までも含まれている。強姦をめぐっては、社会的に男性を擁護する風潮が強く、「女性にスキがあった」として被害者である女性が責められる事例が多い。

　性犯罪の報道に関しては、朝日新聞社の「事件報道の手引き」（一九九七）は「新たな指針」として、「性的犯罪の記述に『いたずら』は使わない」（それまでは「いたずら」という犯罪を軽くみせる記事が多かった）、「被害者については匿名とし、保護につとめる」などをあげている。

　前者は、「いたずら」という言葉の軽い語感からすれば妥当な判断といえるだろう。後者については、一九九五年九月の沖縄名護市での、米兵による女子中学生暴行殺人事件の報道で、『朝日』と他の新聞の報道姿勢に違いが見られた。『朝日』が、性的暴行の事実が判明した時点から性犯罪であることを示して、被害者を匿名にしたのに対して、他の大半のメディアは実名、写真付きで報じた。

　『沖縄タイムス』はこの事件が、「学校現場からの拉致《らち》、全県民を巻き込んでの捜索ということで、今更匿名にしても明らか」と反論している。むしろ「社会的影響が大きいので、実名報道を通し、性にからんだ犯罪であることは触れない記事にした」という。

　強姦（レイプ）に対する社会の認識が「恥辱」である限り、『朝日』のように匿名報道が望ましいという考え方が出てくるのも当然である。しかし、「暴力犯罪」という性格から考えれば、実名報道が望ましい。「実名か匿名か」については、本来は被害者やその家族の自己決定権を尊重すべきだろう。この問題について、日本のメディアが今後どう対応していくか興味深い。

　強姦事件は戦後から一九六〇年代にかけて急増（六五年には年間六千件以上）したが、その後減少し、九一年では年間一六〇三件となっている。

●コミックより●

▨「幼い頃レイプされた経験を持つ漫画家のアシスタントの女性が主人公、その女性が養女の死体を発見」―内容はその幼女がレイプされたというもの。（津雲むつみ『闇の果てから』）
　この作家のものには、他にも『花衣夢衣』で双子の少女の一人が米軍の兵士にレイプされ、妊娠中絶の後不妊症になる物語もある（一九九八年『ＹＯＵ』に連載）。

実際に沖縄で起きた事件との関連から、若い女性の間でも注目されている。レディースコミックは読者層も限られ、社会的には大きな影響を持たないように思われがちであるが、実際は女性による女性たちへの社会的メッセージとしての意味は大きく、新聞報道などには現れない率直な考え方が表出されるメディアとして注目したい。

好々爺

こうこうや

人が良くやさしくて気のよい老人、もちろん男性に限られる。なぜか「好々婆」はない。「鬼婆《ばば》」があって「鬼爺《じじい》」がないのと対照的である。「お婆さんは優しいのが当然」という社会通念が土台にあり、怖いお婆さんは「鬼婆」になる。逆に男性は社会で働いてきて、老人になっても社会的な責任がある。その責任から免れたときに、「人の良いお爺さん」「好々爺」になってしまうのではないだろうか。

●小説より●

▨奥御用人の入江金右衛門はこの「奥向き」の庶務をつかさどる重要な役目を曽祖父の代からつとめているそうな。……金右衛門は岸井をかえりみて、何やら心細そうな顔つきになった。これから相談にのってもらおうとする秋山子兵衛が、小さな痩せた、いかにも好々爺に見えるものだから（この老人が頼りになるのか、どうか……？）懸念がきざしはじめたらしい。（池波正太郎『剣客商売』）

●雑誌より●

▨「好々爺ヴァザルリーアーティストの楽しいわが家」①南フランスの地中海に沿った高速道路をニースからマルセイユに向かっていると、いやでも目に飛び込んでくる奇妙な建物がある。「フォンダシオン・ヴァザルリ・センター」。「現代美術と、都市計画や建築などの社会性をもった仕事との結合」を主張して、ヴァザルリが組織した財団の本部なのだ。②数学を得意とした彼は、二千五百種もの色を数字か記号のように自在に操り、……オプティカル・アートの代表的な画家となった。③昼食を済ませてサロンに戻って話し始めたのはいいが、……同じ話を何度も何度も繰り返し、私が彼のもとから解放されたのはとっぷりと日が暮れてからだった。世界のヴァザルリもすっかり好々爺になってしまったな、というのが実感だった。功なり名とげた画家の、静かな静かな余生である。（『芸術新潮』90・8、南川三治郎）

小説の中で「好々爺」は、体格的には痩せていて、内容的には「相談しても頼りになりそうもない様子」として描かれている。また『芸術新潮』の記事では、①で芸術家が「芸術と社会性を持った仕事」を主張し、素晴らしい本部を持っているという導入部で、芸術家の稀にみる才能をあげ、②で芸術家としての地位を述べ、③でそれほどの人が、聞き手が嫌になるくらい同じ話を聞かせ（「解放された」という表現に注目）、「好々爺になってしまった」（日本語では「〜てしまった」は、期待に反する結果になったときに使われることが多い）と結論づけている。

男性でも誰もが「好々爺」になれるわけではない。「爺」になる以前の生き方が問題なのだ。まして女性に、たとえ「好々婆」という言葉が生まれたとしても、そう言われる人がどのくらい存在するかどうか疑問である。＊「鬼婆」の項参照。

コール・ガール

電話での呼出しなどに応じる売春婦のことで、英語の Call Girl から来ている。日本では戦後、一九五八年に「売春防止法」が制定された。第五条は売春勧誘などの罪、第六条は売春斡旋《あっせん》などの罪、第一〇条は売春斡旋契約の罪とある。

九八年は大蔵省を筆頭とする官僚の汚職と銀行の不良債権問題に大きく揺れた年である。その中で、コールガールが果たした役割は実に大きい。

●雑誌より●

■「私は大手都銀MOF担　コールガールだった」（注：MOFは大蔵省を意味する英語の Ministry of Finance の略、「MOF担」は大蔵省官僚接待担当の社員のこと）　三年くらい前、P銀行の接待で一流ホテルに呼ばれたことがありました。……P銀行のMOF担だったRさんが部屋に入ってきたのです。①「毎月ある金額を保証するから……仕事の回数はそう多くはない。だいたい月に五、六回くらい」提示された金額は数十万円。「俺は大蔵省の接待はすべて任されている。うちの銀行の期待を一身にせおっているんだ」。②「週末は大体仕事がありましたから、夕方以降はマンションで待機します。すると夜の七時くらいにRさんから電話が入ります。『○○ホテルの○号室に夜の七時に行ってくれ』などと指示を受けます」。③「仕事相手はほとんどが大蔵官僚だ。間違いない人間ばかりだから怖い思いをすることもない」。（『週刊ポスト』98・2）

大蔵官僚への過剰接待が問題になりはじめたのは、九七年一一月ごろだが、おそらくそれ以前には、こうして電話を待つ「コールガール」たちがかなりいたに違いない。①のP氏は明らかに、「第五条・第六条・第一〇条」に違反している。罪になるのはこの場合P氏やコール・ガールたちだ。しかし、「コール・ガール」は需要がなければ成り立たない職業だ。売春防止法はこうした接待をうけた官僚にこそ適用されてもよい。

●小説より●

■外人と見てマネージャーが気をきかせ、英語の話せるホステス二名をつけ……ヒギンズは使い慣れぬ日本語から解放された風で生き生きとしゃべり、やがて肩をだき手を握り、「あっ、このおっさん女好きやんな」とわかると、やみくもに女をとりもたなければ、サービスにかける気持ちがして、それならば、明日はコールガール一人世話したろかと、……コールガール業者に電話をして、……巣鴨のホテルで落ち合う手筈を決める。（野坂昭如『アメリカひじき』）

後家　ごけ

夫に死別した妻、その後、再婚しない女性、その家を守っている寡婦《かふ》。「若後家」は年若くて夫に死別した妻。平均寿命が延び、離婚率が高くなったことなどから、夫に「死別する」ということは少なくなり、若くして「後家」になる人は少ない。また、たとえ「死別した」としても、「後家」「未亡人」という呼び方には、「夫あっての妻」という社会通念が背後に見え隠れしている。

「家制度」のもとで「家に嫁ぐ」という考え方が「後家」という言葉を生み出した。そうした社会体制や社会通念が失われた今、「後家」という言葉も既に死語になっていると考えてよい。

「後家」に関する言い回し

◎後家と黒木はさわって見ねば知れぬ　「さわって見ねば」は夫に死別した女性の貞操をいい、皮つきの材木と比較している。

◎後家を立つ　夫に死別しても再婚しないで一生独身でいること。

◎若後家は立てど、年寄り後家は立ちがたし　若くして夫に死別した女性は、性的欲望を抑えられるが、年取って夫に死別した女性は抑えられない。（「年寄り」は現代日本語では六〇歳以上を指すことが多いが、この場合は三〇歳代～四〇歳代か）

◎後家の空き重箱　後家の体はからっぽの重箱のようなもの、借り手がいれば喜んで貸す。

これらの言い回しは、夫に死別した妻を性的な勘ぐりからのみ見ている。夫に死別した悲しみに加えて、「後家」に対するこの種のいわれのない差別に苦しんだ女性もきっと多かったに違いない。現代では、これらの言い回しは姿を消している。

●小説より●

▨「二十五か、……若い後家さんやなア」、お母ちゃんも、弟の武志も、来るたびにそない言うて、ため息をついてた。（宮本輝『幼の光』）

▨「何でもある後家さんのところに働いていて、なかなか優遇されているらしい。口をきわめてその女主人をほめそやすところから推すに、どうやらひどくその人を慕っているんだね」（ゲーテ『若きウエルテルの悩み』）

▨その少し前に温泉場でさる若後家と知己になって、その女に痛い目に逢わされました。女というのはなかなかの美人で……。（ツルゲーネフ『片恋』）

一九六〇年代に流行した「山男の歌」というのがある。その歌詞の一番には「娘さんよく聞けよ／山男にゃ惚れるなよ／山でふかれりゃよ／若後家さんだよ」とある（神保信雄作詞、作曲者不詳）。ユーモアを込めて歌われてはいるが、この「若後家」には、そうさせたくないという山男の気持ちが込められているかのようだ。

小僧　こぞう

①お寺の年少の僧、②商店などで使われている年少の男の子、③年の若い男性に対しての嘲笑《ちょうしょう》の表現。現代日本語では③の例がかろうじて生き残っている。「あいつ、小僧の分際で、派手な車に乗って、何様のつもりだ」など。

①の例、童謡にこんな歌詞がある「あの子はだあれだれでしょね／とんとん峠のさかみちを／ひとりでてくてく歩いてる／お寺の小僧さんじゃないでしょか」（作詞細川雄太、作曲海沼実、一九三九）。「あのこはだあれ」、お寺の小僧さんが、風景の中に溶け込んでいる戦前の光景である。

①②の例は小説などに多くあるが、義務教育制度がゆきわたり、高学歴社会となってからは「小僧」は姿を消している。

●新聞より●

▨門前の小僧――僕はどうも早熟だったようだ。子供のころ、親が心配することもあったし、病気がちでもあって家にいることが多かった。すると自然に米屋の商売のことが分かってくるからだ。小学校を出たての丁稚《でっち》（注・小僧）がいたりして、一緒に遊びもしたし、米の配達につきあったりもした。（日経91・11・5「私の履歴書」森ビル社長森泰吉郎）

●小説より●

▨いじっぱりの子供が……あれほど中学に行きたい行きたいとせがんでいた子供が、どうして急に奉公に行くことを承知したのか、ちょっとのみこみにくいような気もするが……。（山本有三『路傍の石』）

▨そこは仕事場の隣にある十畳で、英二とさぶ以下、十七になる伝六、三月に入った卯吉、定と小僧たちを合わせた、五人の寝場所になっていた。（山本周五郎『さぶ』）

▨顔に似合わずこまめに働く子供だと里子は思った。膳の用意をして、徳利と盃を運んでくる。……「えろう働かはる子や、ええ小僧さんもちなはった」。（水上勉『雁の寺』）

▨その頃の習慣では、奉公に行き立ては、もちろん給金はないし、初めの半年は、しきせも出ないのが普通だった。（山本有三『路傍の石』）

▨せめて普通教育くらいは完全にうけさせたいのが親の情けさ。来年の四月には卒業できるものを、今ここで廃めさせて、小僧奉公なぞに出してしまうのは可愛そうだ……。（島崎藤村『破戒』）

▨急ぎ足に沓脱《くつぬぎ》へ下りて格子戸にそいし雨戸を開くれば、お気の毒さまといいながらずっとはいるは一寸法師とあだなのある町内の暴れ者、傘屋の吉とて持て余しの小僧なり。（樋口一葉『分れ道』）

▨女の言うには、一週間ほど前の雪晴れの朝、外人兵と一緒に金閣を見物に来た折り、寺の小僧が外人兵に……。（三島由紀夫『金閣寺』）

これらの小説から、社会の中での「小僧」の位置が見えてくる。まず、「小僧」に出されるのは親に学校に行かせるだけの経済力がない家庭の男の子（女の子は女中奉公に出された）、ここで既に男は仕事、女は家庭の性的役割分担がなされている、若年労働者が低い賃金と、ひどい労働条件の中で日本の経済の底辺を支えていたこと、これらの現象は日本ではすでに見られなくなったが、世界の発展途上国、特に貧富の差の激しい国で、同じ状況におかれている子供たちはまだまだ多い。

●新聞より●

日本語の中に生きている「〜小僧」

▨世界の大富豪の一人と言われる森ビルの社長、米屋の息子として小学校四年の時銀行通い、五年には集金までした。森氏は「門前の小僧、習わぬ経を読み」と自らを回顧している。（日経99・11・5）

▨「四十、五十は鼻たれ小僧」まだ未熟であるという意味での使用。実際に今の日本で「鼻をたれている子供」はほとんど見られない。しかし、この表現は日本語の中に生き残っている。夏目漱石の『坊ちゃん』では、「江戸っ子は意気地が無いと言われるのは残念だ。宿直をして鼻垂れ小僧にからかわれて、手のつけようがなくなって、仕方がないから泣き寝入りをしたと思われちゃ……」といたずらをする学生たちを「鼻たれ小僧」と、悔しさこめて「坊ちゃん」に言わせている。（日経91・5・25、医師志賀賢）

▨「しらざあいって聞かせやしょう」歌舞伎の「白浪五人男」の中の弁天小僧の有名なセリフ、国立劇場の歌舞伎教室などでゆすりの「弁天小僧」の名前は今の若い人たちにも伝えられている。（日経92・6・12）

●論文より●

▨「一つ目小僧」日本全国で広く伝承されている妖怪。テレビ・アニメで有名になった「ゲゲゲの鬼太郎」もその一つ。柳田国男は『一つ目小僧その他』（一九四四）の中で「一つ目小僧は多くの『おばけ』と同じく、本拠を離れ系統を失った昔の小

さい神である。……実は一方の目を潰された神である」としている。（『国文学解釈と鑑賞』91・12、池内輝雄）

その他にも小説の神様と称された志賀直哉の名作『小僧の神様』や、中部地方の昔話をまとめた『和尚と小僧の問答』（影書房）など、「小僧」という言葉はこれからも残っていきそうである。

子守娘

こもりむすめ

「子守」は乳幼児の面倒を見ることや、面倒をみる人のことをさす。厚生省の人口動態統計によると、「平均出生児数」は一九四〇年に四・二七人、それが一九九二年には二・二四人に減少している。一人の女性が一五歳から四九歳を経過する間に産むと考えられる子供の数（合計特殊出生率）は、一九八九年に一・五七人になり、「一・五七ショック」と言われるほどになった。

子供の数が多かった農村では、年長の子供が子守をするのがふつうだった。「子守」は日本では母親の仕事と考えられていたが、母親が育児の世話をできない場合、子守を頼んだ。近世以降、町に住む商家などでは、遠方から子守娘を雇うようになった。

子守唄「ねんねんころりよ／おころりよ……坊やの子守はどこいった／でんでんたいこにしょうの笛」では、貧乏な農家の娘が子守に出るみじめな境遇が歌われている。

●参考文献より●

■日本の子守唄には、暗く湿った印象がつきまとう。母親が歌いかける子守唄とは違う悲しみと怒りと憎しみにまみれたネエヤ（子守の少女）の子守唄があるからである。（赤坂憲雄『子守唄の誕生』）。

●小説より●

■その底知れぬ深い諦感が、彼女に表面的には意外にしっかりした態度をとらせ、毎日幼い子の子守をさせ、自らすすんで畠の草取りに加わらせたのだ。（北杜夫『楡家の人々』）

●新聞より●

▨「家事の民俗学―子守がはぐくむ　地域・家庭の信頼」―子守奉公というのもあった。小学校（旧制）を出たばかりの娘が、年期を決めて大家の下働きとして雇われるわけである。経営規模の小さい中国地方の農村部あたりでは、それはある種の義務的な習慣となっており、「奉公にいってこない娘は嫁のもらいてがつかない」などといっていた。（日経90・3・20）

それでは、こうした娘たちは、教育を受ける機会はなかったのだろうか。実は一八七四年（明治七）ごろから一九三〇年ごろにかけて通称「子守学校」と呼ばれるものが存在した。家庭の貧困のため子守（自家・他家）になり、学校に行けなくなった子女に「一は以《もっ》て義務教育の普及を図り、一は以て彼らの風儀を矯正し、あわせて地方の風俗を改良せんことを目的に開設された教育機関であった」（長田三男「子守学校の研究（一）―開設の背景と目的―」『全国地方教育史学会紀要五号』84・5）。

学齢に達しながら、貧困を理由に弟や妹の子守をしなければならなった子供たちは、この「子守学校」で、正規の生徒たちが勉強を終えた放課後、乳幼児を背中に、あやすためのおもちゃをもって、授業を受けた（この方式がとられたところが多かった）。

子守は出生率の低下により消えた。日本が農業社会から産業社会に移行したこと、人工妊娠中絶が合法化され、女性が「産むか産まないか」を選択できるようになったこと、学歴化社会の中で少ない子供に多くの教育費をかけたいと願う親が増えたことなど、出生率の低下にはさまざまな要因がある。

それでは、子守は今誰がしているのだろうか。

●論文より●

▨「テレビは子守か、情報の泉か？」赤ちゃんは一〇カ月を超えると急速にテレビに対する関心を高め、二歳、三歳といった幼児たちは、小中学生よりも長時間、テレビに接していることが分かっている。／国会中継や大相撲中継、特別番組などのために『おかあさんといっしょ』（注：ＮＨＫの乳幼児向け番組）放送が中止になるようなことがあると、全国から電話が鳴り響いてきた。／一九八八年秋の東京での調査によれば、ＶＴＲがある家庭の一歳から六歳までの幼児を持つ母親のうち六割が「家事や買い物時にＶＴＲで番組を見せておくことがある」と回答している。（『児童心理』91・4、小平さち子）

「子守」を教育するための「子守学校」は消滅したが、テレビが果たして「子守」の役割を果たせるかどうか。「テレビ子守学校」はない。今後、議論が必要であろう。

ごろつき

当て字で「破落戸」「無頼」（中国の古代にみえた用語）、その他にも「無宿者」「無職者」（日本の近世以降の用語）などがある。これらの当て字が示すように定まった住所もなく、職業もなく、あちこちをごろごろと渡り歩く者に対して使う。「ごろつき」は「ごろつく」の名詞形。「脅し」や「たかり」を働く。男に対してだけ使われる語で、男子には「家」を構え、「職」を持つことが当然とされ、それから外れ、ほかに寄宿・寄食すれば、それだけでもはみだし者となる。女には家はなく、仕事は家の中のことであり、他人を脅したりたかったりする力もなく、「ごろつき」にはなりようがなかったのだろう。

折口信夫《しのぶ》は「ごろつき」が社会的な地位を持つのは鎌倉時代中期であるとしている。敗戦亡命の者が野武士・山伏となる→治外法権的存在→人里離れた山奥を根城とする→親方・子分の関係ができる→豪族などに協力→恩賞・出世の道ができる→親方は侠客になる・子分を大名に売りつける（人入れ稼業）→旗本奴《やっこ》の誕生、歌舞伎で見る派手で乱暴な「助六」の奴の原型はここにあるようである。

「ごろつき」は、現代の日本の社会にも存在する。領域によってもさまざまな「ごろつき」が存在するが、政治機構を利用した「政治ゴロ」などはその代表だろう。

●小説より●

①そこへ医者があらわれた……「職業は何だ」「職業って別に何もないんです」「職業がない。じゃ今まで何をして生きていたのだ」「ただ親の厄介になっていました」「親の厄介になっていた。じゃごろごろしていたのか」「まあ、そうです」「じゃあごろつきだな」（夏目漱石『坑夫』）

②「おれはこいつを殺すか負傷させるかだ。……俺は牢屋にぶち込まれても至極当然な話。軽罪裁判所に引っ立てられる。……監獄におくられ……そこで四百人のごろつきと雑魚寝《ざこね》することになる」（スタンダール『赤と黒』）

③しきいの上にひざまずいている良人《おっと》に気づいて、不意に叫んだ。「もどってきやがった！　ごろつき！　ろくでなし！……お金はどこへやった？　ポケットには何があるの、見せなさい！　服も違う！　あの服はどこへやったの？　お金はどこにあるの？　おっしゃい！」……彼の髪をつかんで、部屋の中にひきずりこんだ。マルメラードは妻がひきずりやすいように、自分から膝ではった。（ドストエフスキー『罪と罰』）

①では、気管支炎で仕事につけない男性を、医者がからかい半分に「ごろつき」と言っている。最近はフリーター希望の若者が増え、一定の金額がたまると仕事をしないで「ごろごろ」するのが理想の生活だという者さえいる。しかし、彼らは決して「ごろつき」ではない。むしろ「ごろつき」のイメージとしては②③の例の方にある。

②③は共に翻訳小説であり、「ごろつき」という訳語を選んだのは翻訳者である。しかし、もしこの「ごろつき」という日本語がなかったら、他にどんな訳が当てはまるかと思えるほどぴったりとその性格を言い当てている。

夏目漱石は「猫」の目を通した形で「ごろつき」を規定している。

④「今の世の働きのあると云う人を拝見すると、嘘をついて人を釣ることと、先へ廻って馬の目玉を抜

くこと、威勢をはって人を脅かすことと、鎌をかけて人を陥れることより外に何もしらないようだ。中学などの少年輩までが見よう見まねに、こうしなくては幅が利かないと心得違いをして、本来なら赤面してしかるべきのを得々と履行して未来の紳士だと思っている。これは働き手というのではない。ごろつきと云うのである」（夏目漱石『吾輩は猫である』）

漱石の「ごろつき」の解釈は平成の世にも十分に通用する。この解釈に当てはまる「ごろつきリスト」を作ると、「紳士録」と重複する人が相当出るのではないだろうか。

才媛

さいえん

頭がよく教養がある、学問や才能にすぐれている、そういった要素を持つ女性をいう。男性に対しては「秀才」という語がある。これは特に男性に使用が限られてはいないが、「あの方の○○は秀才で……」の○○の部分に「ご子息」「お嬢さん（ご令嬢）」のどちらを入れるかという質問を学生にしたところ、「ご子息」が圧倒的に多かった。「秀才＝男性」とイメージはかなり定着しているようだ。

「才媛」と呼ばれる人の特徴を見てみることにする。

●論文などより●

▨「名門の才媛歌人―九条武子の生涯」　大谷家の姫君で、九条家に嫁ぎ、日本の仏教会を主催、艶麗な美しさと孤独な心を抱いていた、美人薄命の代名詞、当時のアイドル的存在……。（『短歌』91・6、馬場あき子・安永路子・尾崎左永子）

▨茅野雅子……、しら梅の名で『明星』に登場し、日本女子大の国文科在学中に与謝野晶子、山川登美子との合著歌集『恋衣』（一九〇五年）を出して、明星派の三才媛とうたわれた。（彫場清子編『青踏』女性解放論集）。

▨「錦絵風な美少女」　吉田弥生（一八九二年生まれ）

は「古版の錦絵」風な美少女で、東京高等女学校を経て青山学院の英文専門科に学んだ。まれにみる才媛であった。彼女にある男との婚約がととのった時、芥川は求婚を決意し、弥生にその意志を伝え、彼の決心を促すに足る返事を受け取った。(『話題源国語』「心を揺する楽しい授業」芥川龍之介)

▨「お嫁に行ってしまうのは、いかにも惜しい」というような詩がサッフォーにはいくつかある。……今でも結婚式に旧師を呼べば、たいてい花嫁はクラス一の才媛のようなことを言ってくれる。サッフォーの詩もいわば……。(永井路子『歴史を騒がせた女たち―外国編』)

●小説より●

▨塾の方は住み込みの書生が掃除をするが、時々はぎんも手伝う。塾一番の才媛といっても、女であれば仕方のない勤めであった。(渡辺淳一『花埋み』)

▨「着痩せはしたが、玉の膚《はだ》豊かにして、なるほど、桶家の女、牛込南町に於ける河野家の学問所、桐桶塾の桶の字は、菅子あって、えらばれたものかもしれぬ。で、某女学院出の才媛である。(泉鏡花『貴婦人』)

●新聞より●

▨「デンマーク王室―才媛、スポーツ得意」デンマークのマルグレーテ二世女王。コペンハーゲン大と英ケンブリッジ大では国際法や考古学、パリ大では法律、ロンドン経済大では社会学を学んだ才媛で、英、仏、独、スエーデンの四か国語を話す。スキーの腕前はプロ級。柔道や水泳、フェンシングもたしなむスポーツウーマンだ。(日経91・1・13)

▨スエーデン王妃―気さく、家庭大事に、タイ王女―人間味に共感も、社会事業に参加、米副大統領夫人―スリラー小説出版、選挙戦にも一役?―才媛として知られるマリリン・クエール米副大統領夫人が姉と共著でスリラー小説を出版……。(日経92・3・24)

▨「負けず嫌いの才媛―ライサ夫人」ゴルバチョフ

大統領の訪日にライサ夫人が同伴する。知的で洗練されたいでたちで欧米の訪問先で注目を浴び、それまで表舞台に出ることのなかったソ連政治家の夫人のイメージを変えた。少女時代のラーヤ（ライサ夫人の愛称）は負けず嫌いで向上心が強かった。（日経91・4・10）

▨「底無し／花嫁の要求　披露宴の祝辞の謀略」　秀才、才媛といった言葉がむなしく飛び交う結婚披露宴で、最近花嫁書き下ろしのスピーチが目立ってきた。「週に一度は夫が夕食をつくる」「月に一回は女友達との夜遊びと深夜帰宅を許可する」「月に一度は実家に泊まりがけで行かせる」「二年に一度は海外旅行につれていく」「三年間は子供をつくらず、身軽な生活をエンジョイさせる」。（日経90・3・21）

　このように使用例を書き出してみると、「才媛」であるためには、単に学問や教養だけではなくプラス・アルファーが重要であることが分かる。九条武子＝妖麗な美しさ、吉田弥生＝「古版の錦絵」風の美少女、ぎん―玉の膚。「才媛」といいながら女性の姿や形が云々されている。姿や形に加えて「ライサ夫人＝知的で洗練されたいでたち」とファッションまでが付加される。

　これらは、男性の「秀才ぶり」を語るときには、ほとんどみられないことである。学歴という点でも、「高等女学校を経て、青山学院英文科に学んだ」「某女学院出」と、女性が学問することが稀であった時代を窺わせる。男性が「秀才」であるためには、こうした「○○出」だけで語られることは少ない。デンマークのマルグレーテ二世女王ぐらいの学歴で初めて、男性の「秀才」と肩を並べられるというところだろう。

　「秀才」は世に多いが「才媛」とうたわれる女性は少ない。その「才媛」が大安売りされるのは、サッフォーの詩がいうように、現代でも結婚式である。生涯に一度「才媛」と言われたとき、花嫁が将来の夫に要求するつつましい要求に対して、新聞の見出しは「底無し／謀略」である。この要求がいかにつつましいかは、夫が妻に要求するものとして考えてみるとよく見えてくる。

「週に一度は妻が夕食をつくる」「月に一回は男友達との夜遊びと深夜帰宅を許可する」「月に一度は実家に泊まりがけで行かせる」「二年に一度は海外旅行につれていく」「三年間は子供をつくらず、身軽な生活をエンジョイさせる」、こんな要求を花婿が花嫁に求めることがあるだろうか。あるとすれば、よほど妻に生活力があり、夫は家で家事育児をするというような稀なケースに限られるに違いない。

　また、「許可する」「つれていく」「～させる」といった表現は、夫が上、妻はそれに従うものであることを含意している。結婚式で「才媛」とおだてられるより、女性は本当の意味での才媛をめざすべきである。＊「才女」の項参照。

細君　さいくん

　男性が他人（特に同輩以下）の妻を「細君」と呼ぶ言い方が、明治から昭和にかけて、日本語に存在した。一八八九年（明治二二）一月、坪内逍遙は小説『細君』で、家のなかの家族関係を描いている。タイトルに反して、小説の中に「細君」という言葉が登場するのは少ない。作者は「細君」をどんな人物として描いているのだろうか。

　「(夫は)今なおいろいろ負債多く、その催促絶え間なく、夫にかわる細君の身は間の悪き事多かるべし。されど当世の紳士につれそうものは、誰か細君の筋を細君の義務とかんじ、浮世のならいと諦《あきら》めざらんや」。この「細君」は師範学校を卒業し、明治時代の女性としては珍しい高学歴で、官吏の娘という設定である。作家坪内は、この主人公を、非常に批判的な目で描き、女性が学問などをして何になるとしている。彼は「細君」という語に、マイナス・イメージを与えようと試みたのかもしれない。

　「細君」という表現は、中国の故事から来ている。細君は諸侯の夫人たちを指して言った表現。元来は「細君」は小さい人という意味で、他人に対して自分の妻を謙遜していう言い方だった。日本語に取り入れられたときには、それが他人に対して使われるようになった。自分の家の妻に対する謙譲語が、他人の家の主婦に対する呼称に転じたというのは、珍しい例である。今日では、意味の分からない大学生も多く、死語化している。

現代日本語では、他人の妻を呼ぶときに一番多いのは「奥さん」で、これは男女共に使う。「奥方」「奥」という建物の奥の部分を指す言葉から転じて、そこに住み、そこを取り仕切る夫人を指すようになった。しかし、キャリア志向の現代女性は、「奥さん」と呼ばれることにも拒否反応を示す人がかなり存在する。「妻」になること自体を選ばない女性が増える中で、他人の「妻」を何という呼称で呼ぶかは難しいところだ。

●小説より●

①夏川が戦争中つとめていた会社は終戦と同時に解散した。……その会社で彼は高い地位ではなかった。……彼の細君は父の主筋に当たる家柄の娘で、元々父母が押しつけられ、その又父母が大いに有り難がって無理に押しつけた女で……。（坂口安吾『白痴』）

②そこの主人は、額の広い、眉目秀麗な、まだ若い人であった、彼は大抵二階にいて、店番には彼の細君らしい、三日月眉のほっそりした女の人がすわっていた。（三浦哲郎『忍ぶ川』）

③この無口な男からこれまでの状況を聞き出すのは並大抵のことではなかった。……南イタリアから移住してきて、イタリアでは標準語となっているトスカーナ方言をしゃべれないため、つい無口になってしまったのだろう。……この男の話によれば、彼の母親も、彼の細君の方の母親も……。（塩野七生『イタリアからの手紙』）

①は、一九四八年に出版された作品で、「彼の細君は……」は坂口安吾特有の客観的・合理的な手法で書かれている。②の「細君」は「店番」をする「ほっそりした」女性、「細君」という言い方に合っているが偶然か。③は塩野七生の初期のエッセー集で、作者は女性であるが、ここでは主人公は「診療所医としてのぼくの一週間の体験」として、男の口を借りて書かれている。「彼の細君」という表現も、作者の塩野自身の言葉で書いたものであれば表現が変わ

っていただろう。

「妻」を表す言葉は、時代の変遷の中でめまぐるしく変わっている。「いも、めのおんな、いもなろ、め、ふ、室(しつ)、いえ、いえとじ、いえぬし、れこ、小指、フラウ、女君、内君、内室、おく、奥方、ご新造、おいえ、おいえさん、御寮人、わぎも、わぎもこ、おのづま、わにょうぼう、いえのいも、あづま、かかあざえもん、かかあ大明神、山の神、もとつめ、こなみ、うわなり、北の方、内儀、うちかた、御台所」(米川明彦「女と男の死語カタログ」『言語』98・9)。

これらの呼称には、妻がその社会の中でどんな役割を果たしているかが表れている。たとえば「いえとじ」という表現は古代は「里とじ」と呼ばれ、統率力をもち、村落共同体の中心になっていた女性をさしていた。八世紀以降になると、「家とじ」、夫と協力して家の家事を統率する人へと変化している。大家族であった時代だからこそ存在した表現であろう。

現代日本の社会では、小家族で妻も自立して家庭内で夫と対等の立場に立つ妻もいれば、夫の収入をたよりに生きる妻もいる。また収入を伴わなくても、家庭のことは全て把握している妻もいれば、夫が一切を取り仕切っている家庭もある。日本語で自分の妻を他人に紹介する時、「私の妻、私のつれあい、私の家内」など、その人の価値観で言葉が選べるのは、社会の変遷に言葉が付随していることを感じさせる。中には「私の奥さんです」と「さん付け」で紹介したり、「ヤツです」と紹介したりもする。

しかし、他人の妻を指して何と呼ぶかは現代日本語の大きな問題である。小説の①も②も③も話し手(男性)が「彼の細君」と言っている。これを「彼の奥さん」とした時にはニュアンスが変わり、より広義の意味を持つ。話し手も男性とは限らず女性も使える。考えてみれば、男性だけが他人の妻に対して使える「細君」という語の存在そのものが、不合理だったのであり、こんなところにも「細君」が死語化した理由の一つがあるのかもしれない。*「奥さん」の項参照。

才女

さいじょ

才知の優れた女性をいう。女性に対しては「才女」「才媛」と才知・学問に優れた女性を表す表現が二つもあるが、男性に対しては「才男」はなく「秀才」がその代表である。女性で「才知の優れた人」「学問を積んだ人」が少ないと社会が認識しているからこそ、こうした表現が存在するのであり、ある意味では一般女性を見下した表現ともいえる。それでは「才女」とは具体的に何を指すのだろうか。

●小説より●

▨「太った醜い老人の父親、風采《ふうさい》のあがらない兄などをみて、こんな家の娘は知れたものだと軽蔑していたところ、これが意外に美人で才女だったりすると、男は心をそそられて……」(田辺聖子『新源氏物語』)

▨万年の娘、萩江……万年が所用で不在の時は父に変わって幡雁学舎の講義をしていた。父の手ほどきもあろうが、一〇歳で『素行往来』一通りを終え、一五歳にはすでに『論語』を読みつくしたという才女であった。……そのように学のある才女は、畏敬されこそすれ、裏では女だてらに変わりものよと、指さされるのが落ちだった。(渡辺淳一『花埋み』)

「源氏の君」が心をそそられたのは、「才女」の部分ではなく、「美人で才女」であるということに注目する必要がある。『花摘み』の萩江に関しては、どこにも「美人」など容姿に関する説明はなく、単に「学のある才女」として描かれ、「変わりもの」と指さされる」とある。もしこれが男性なら「天才」「秀才」として、指さされるどころか、称賛されるだろう。この風潮は、明治から現代までかわることはない。

一九五〇年代の後半、当時、新進気鋭の作家だった有吉佐和子・曽野綾子・山崎豊子たちは「才女時代の到来」と騒がれた。女性の文筆家に対して「才女」を使った論文は非常に多い。一九八六年から九五年までの論文のタイトルから見ても「王朝の女流文学者たち―和歌の才女たち」―小野小町・加茂保憲女・式子内親王・四条宮下野、「王朝の女流文学者たち―日記・随筆の才女たち」―菅原孝標女・清少納言・選子内親王・道綱母（以上『国文学解釈と鑑賞』86・11)。「才女をめぐる実像と虚像―小野小町と和泉式部」(『国文学解釈と鑑賞』95・8)、「才女の嘆き―朱淑真の『愁い』のモチーフ」(『学芸国語国文学』)など、「才女という冠をいただいた女性」が論文にも多く登場する。

「才女」という表現はそれ自体、聞く人に対してプラスのイメージを与えるのだろうか。それともマイナスのイメージを与えるのだろうか。「才媛」がプラスイメージが強いのに対して、「才女」はマイナス・イメージも内包しているようである。「紫式部―高慢なイジワル才女」(永井路子『歴史を騒がせた女たち―日本編』)、「ブロンテ姉妹―大変な才女姉妹である。……羨望《せんぼう》―残念ながらそれはほとんどない。むしろいま、彼女たちに対して感じるのはある薄気味悪さである」(永井路子『歴史を騒がせた女たち―外国編』)、「才女だからできる？　不倫と仕事の両立」(『週刊読売』96・8)。

最後の例に至っては、記者が「才女」という表現を悪意をもって使っているとしか思えない。もちろん、その背景には、読者がこのタイトルを異議なく受け入れるという暗黙の了解が存在する。もし記事の対象が男性の場合、「秀才だからできる？　不倫と仕事の両立」などというタイトルにはなりえない。「才女」の存在自体が記者（男性／女性？）を「不愉快」にさせている例である。記者が男性だとすれば、女性が「才をひけらかす」ことに対する反感、女性だとすれば、「才のある女性」に対する嫉妬ともとれる。メディアの中で「才女」という言葉がマイナスイメージで使われることによって、どれだけ本当に「才のある女性」が目に見えない社会的な被害を被るかは、はかり知れないものがある。

「才女」の才能は「マルチ」(multi からきたもので多様な、多数な、多元的なの意味で使われる接頭語）であることが価値があるとする「マルチ才女」という言葉も生まれた。

●参考文献より●

▨「マルチ才女転身—中山千夏が参議院選で当選！」一一歳で天才少女と評判をよび、女優、テレビタレントとして売れっ子に……体験をもとにした小説『子役の時間』で直木賞候補になるなど、マルチ才女ぶりが脚光を浴びた。趣味のスキューバ・ダイビングの本を出すなど、枠にはまらない多彩な才能を発揮している。（『日録二〇世紀—一九八〇』）

●新聞より●

▨「マルチ才女が切り絵展」 米国の二つの大学で美術と教育を学び……日本人と結婚し、英語教師、CM出演、イベントの司会などをこなすマルチ才女。（朝日86・9・30）

今後、「才女」という表現が日本語の中で生きつづけるのかどうか、それは女性の社会でのありようと大きくかかわっている。＊「才媛」の項参照。

自衛隊員（女性） じえいたいいん

「男性の職場」と思われていた職域に女性たちが進出している。ここでは女性の働く職場の一つとして「自衛隊」を取り上げる。平成九年度国民生活白書によれば、一九九七年三月末現在で、非任期性自衛官・任期制自衛官の合計は約二五万人、そのうち女性は約一万人である。

戦前の日本は一八七三年（明治六）の徴兵令のもと「徴兵制」が行われ、兵力を強制的に確保して、国民に軍国主義・愛国主義の思想動員をはかるという役割も果たした。『日本陸海軍事典』（原剛・安岡昭男編）によれば、「徴兵は国民の義務でもあったが、本人にも家庭にも大きいハンディキャップとなり、生命にもかかわるので、大学への進学や仮病などで徴兵逃れをする者、神社に詣でて〝くじ逃れ〟を祈るものなどあった」という。

「徴兵制」は男子を対象に行われた。第二次世界大戦後の日本国憲法は、戦争放棄条項を設け軍事化に歯止めをかけている。自衛隊は一九五四年七月に「自衛隊法」によって設けられた「軍事組織」で、現在は「違憲論」と「合憲論」が存在する。自衛隊は防衛庁長官のもとに組織され、「自衛官」になるのは自分の意志であり、女性も志願できる。

新聞や雑誌から「自衛官」である女性たちを見てみると、「麗《うるわ》しい」「けなげ」といった、男性に対しては決して使われない「標語」や男性からのコメントが存在することがみてとれる。

●新聞より●

▨「女性隊員『強く明るく麗しく』九六〇〇人思いは様々」　入隊する前、最初に勤めた食品工場は、嫌になるほど残業しないと月給が十万円にならなかった。三年間我慢して退職し、職安に一ヵ月通ったが就職先はなかった。ようやく自衛隊を見つけた。仕事も給料も男と同じなのが気に入っている。「強く明るく麗しく」陸自の婦人自衛官教育隊の標語だ。隊歌からとった。在日米軍の広報に問い合わせてみた。米軍の女性隊員の標語に「麗しく」はあるか。答えは即日、返ってきた。「男と女に区別をつけていない。全員が兵士だ」（朝日98・4・7）

▨「自衛隊に初の女性パイロット　宮本さん『機長めざす』」　陸、海、空自衛隊を通じて初の女性パイロットを目指し、訓練を続けていた……教育過程を終え、正式にパイロットとなった。（日経94・1・21）

▨「キャリア組女性、防衛庁に二人入庁」　同庁はPKO（国連平和維持活動）には女性の反対が多いと言われるが、自衛隊への理解が深まっている表れとPRに躍起だ。（日経92・10・2）

▨「平成防衛ギャル　実射にカイカン」「自衛隊に女性がいるなんて、自分が入隊するまで知らなかった」「制服は海上自衛隊が一番かっこいいかな」。平均年齢十八歳そこそこの笑顔にはまだあどけなさが残る。……一つには人手不足の影響で、優秀な男子自衛官の採用が困難になってきたこと。筋

力では男性に負けるという不安にも、「今や戦闘はコンピュターゲーム感覚。力より頭脳だ」との声もある。（日経91・8・3）

自衛官として志願した女性たちにとって、「自衛隊は給料が男女平等である」という点は大きいのだろう。しかし、同じ記事の中で新聞記者が標語の「麗しい」をとりあげ、在日米軍のコメントと共に、女性隊員には「女らしさ」を求めていることを暗に示しているのは皮肉である。また、「制服」に憧れ「実射撃」に快感を覚える少女たちが、コンピュータ感覚で戦闘に巻き込まれたらどうするのかという心配も起こる。

女性たちはなぜ、自衛官になるのか。「自衛官賛美」の雑誌の特集を見てみよう。

●雑誌より●

■「JIEITAI：／／WAC　WAVE　WAFにアクセスしよう」

翼に憧れる女の子がいてもいい。／艦に乗りたいと思う娘がいても悪くない。／戦車に惹《ひ》かれる少女がいても不思議じゃない。／目をキラキラ輝かし、彼女らは今、自衛隊の中で颯爽《さっそう》と生きている。／汗まみれになって、泥んこになって／爽《さわ》やかな笑顔で仕事にうちこんでいる。自衛隊の女性はほんとうに素敵だよ。／

「婦人自衛官制度ができた時、最初は総務、庶務、通信といった分野に限られていました。今は職域開放が進み、陸上で言いますと、全職域に入っています」（『Securitarian』97年）

■「婦人自衛官。自衛隊のオジサンたちはかく語りき」

自衛隊がもっぱら私の心を引きつけてきたのは、男たちが男として働く世界があると思っているからである。……世間にはない男の仕事場がそこにはあるといった、ある種の思い入れといっていい。私がまだ自衛隊にウブだったころ、ある演習場で一人のWACがポリバケツに満たした水を重そうに運んでいる姿を見たことがある。私はそのWACの姿が男の世界で頑張っているけなげなおなごに思え、いとしくさえ思えたものだ。（同前）

「けなげ」ということばは、自分より弱い立場にいる女性や子供に使われる。この表現が「女性自衛官」に向けられる限り、そこには、男性自衛官と女性自衛官は同等であるとは言いにくい状況があることが推察できる。

主婦・主夫

しゅふ
しゅふ

一家の主人の妻で、家事を行う人。「一家の主人」が女性である場合には「主夫」と書かれるようになったが、まだ市民権を得ていない。

「主婦」の「婦」の漢字の語源は、「女」＋「箒《ほうき》」で「家で箒を使う女」という意味。現在、箒は掃除機にとって代わり、箒のない家も多いと思う。

しかし「箒」は必ずしも「掃除」の意味には当たらない。「箒」は古来、魂を象形するもののように思われていた。「箒をまたぐと罰《ばち》があたる」などは、まだ箒が使われていた一九五〇年代くらいまでは、都会の一般的な家庭の躾《しつ》けでも言われていたことであり、「長い客に帰ってもらうには箒をたてるとよい」はサザエさんのマンガなどにも登場する。また地方によっては、「箒神」は「産神」であり、産室に箒をたてたり、産婦のお腹を箒で撫《な》でたりするそうだ。また、箒は酒をふりかけて祖先の霊を祓《はら》い清めることにも使用された。

こうして見てみると、必ずしも「婦」を「掃除をする女」と考える必要はなさそうである。漢和辞典の「主婦」に「祭りを司《つかさど》る女」などという説明があるのは、箒の民俗学的使用法からきたものと思われる。しかし、中国の最も古い字書『説文解字』の解説では「婦」は家で掃除をする女という意味が説明されている。これが書かれた後漢時代には、既に中国では家父長制度が行きわたり、夫婦役割分担がはっきりとしていたのであろう。

それでは「主婦」は家の中に閉じこもって家事・育児をするのみで現代の女性から見て同情される存在だったのだろうか。日本の各地で呼ばれていた「主婦」にあたる言葉から見ると、「おかみ」「いえとじ」「おかた」などがあり、家父長制度のもとでも、家事万端を持つ「権限」を持った主婦像が見えてくる。家長といえども、家事に関しては、立ち入ることができないほど、その権限は強く、現代の日本の社会でも「財布の紐をにぎられている亭主」が多いことは、この長い歴史の結果であると思われる。

家長の座の譲渡は死亡や隠居によるものだが、「主婦」の権力の譲渡はそれとはかかわりなく、家長が死亡してもいつまでも嫁に「主婦」の座を明けわたさなかった例も多い。「主婦」の権力交替は「杓子《しゃくし》わたし」「へらわたし」と呼ばれ、現在でもこの言葉や風習の残っている地方も多い。

主婦が結束するといかに大きい力を発揮するかを見せたのは、「主婦連合会」で、「台所の労働者よ、主婦よ、結束しましょう」がスローガンだった。一九七〇年には東京都内に二〇三、地方に二五三団体あり、消費者米価値上げ反対、集団購入運動、経済企画庁国民生活局の新設など、日本人の生活に果たした役割は実に大きい。

日本各地の主婦を中心とする地域消費者団体の中でも、特筆されるのは班組織で共同購入を進めてきた生活協同組合で、九三年の時点での組合員数一七四〇万人、事業高三兆二八五〇億円（日本生活協同組合連合会調べ）である。主婦の生活に密着した活動から見えてくるものを、新聞から抜き出してみる。

●新聞より●

▨「ダイエーと共同で主婦の声生かした食品」（朝日86・3・26）

▨「主婦ら二〇人イワシ気分で東京湾見学　開発の現状など学ぶ」（日経89・8・19千葉版）

▨「宇都宮外環状線で主婦アンケート――暮らしと経済」（日経90・7・12栃木版）

▨「広げよう子育ての輪　主婦サークルや助産婦ら集い」（日経91・5・26神奈川版）

▨「買いだめは五〇人中一五人　福岡市の主婦ら平成米騒動」（日経94・3・12西部版）

▨「先輩主婦を先生に生活基礎講習会　四月から福岡市で」（日経95・2・25福岡版）

▨「喫茶店から文化発信、開店一ヵ月催し好調武豊町の主婦三人」（日経96・4・24愛知版）

●小説より●

▨「宿は町尽頭《まちはずれ》です。葡萄園の中の一軒やですが、高台で、随分景色は佳しい方で。まアお出なすってご覧なさい。主婦《かみ》さんが酸乳《すぢち》を用意しておく筈です」(ツルゲーネフ『片恋』)

▨かよは小柄で目元の涼しい賢妻であった。……堅実に家を取り仕切り、危なげなく家を守った。一日の仕事が終わり風呂へ入る時でも、夫を入れ、二人の息子を入れ、使用人から下女の果てまで入れてから最後に入る。一家の主婦がすべてを見届けるのが当然のつとめだとかよは考えていた。「上の荻野を見習え」というのがこの辺りの人の口癖で、村人は荻野の家へ一様に畏敬と親愛の情を抱いていた。(渡辺淳一『花埋み』)

▨一人娘が結婚して夫婦二人だけになってから、妻は知人から紹介された、陶器メーカーの営業コンサルタントの仕事に熱中し、久木より帰りが遅くなることも度々である。夫婦といっても事務的な会話を交わすだけで、それ以上二人で食事をしたり、旅に出ることもない。……久木は思い出したようにテレビの前を離れて自分の部屋へ行き、外出の準備を始めた。以前は妻が手伝ってくれたが、最近はほとんど久木ひとりでやることが多い。……容色は十人並みだが性格は明るいし、家事も一人娘の育児もそつなくこなしてきた。くわえて十年前になくなった久木の母との間も悪くはなかった。総合点で言うと、七、八十点、というところなのかもしれないが、その無難で安心できるところが、時に刺激がなさすぎてマイナスになることもある。(渡辺淳一『失楽園』)

渡辺淳一は一九三三年生まれで、「主婦」の座がまだ権威を持っていた(言い換えれば正に家庭の労働者であった)時代から、高度成長を経て女性がキャリアを持つ時代への変遷を、鋭敏なアンテナで受け止めている作家といえる。『花埋み』の主婦像から『失楽園』の主婦像への変遷は、正に日本の社会の女性像の変化といえる。

しかし、この小説の語り手は「男性」であり『失楽園』の妻の「その無難で安心できるところ」が「刺激がなさすぎてマイナス」と言われる。その妻を「もしかして他に誰か好きな男性でもいるのだろうか。まさか五十近い妻を口説く男がいるとも思えない」と、男性本位の考え方が随所に顔を出す。

●新聞より●

「主夫」の例

▨ある女性の場合。フェミニズム運動にかぶれ、「未婚の母」になった。女性にやさしい「未婚の夫」は家事・育児を手伝ってくれたため、育児をほとんどしないワーキング・マザーとなり仕事に熱中。ついに夫は会社を辞め、専業主夫になった。妻は夫に家庭を任せっぱなしにしてワーカホリックに……。（日経92・5・2）

この中で女性を「～運動にかぶれ」とマイナスの要素として描き、続いて、男性を「女性にやさしい」とプラス概念で紹介し、「手伝ってくれた」と行為の恩恵が夫から妻にあったことを暗に示唆し、そして「専業主夫」が誕生する。

そして、この記事は「男と女の境目がファジーになったボーダレス社会には、「こんなビョウキが女性にも感染する」と続く。「主夫」という語は確かに日本語には存在するようになったが、市民権を得ていない理由は、メディア、その背景にある日本の社会そのものにあると思う。

処女

しょじょ

「家に処（い）る女」の意味で未婚を意味した。異性との性交の経験のない女性のこと。そこから、人が一度も手をつけていないという意味で「処女地」「処女峰」などといい、また初めての経験に対して「処女作」「処女航海」などといったりする。

日本の社会で処女性が尊ばれるようになったのは儒教とキリスト教の影響が強く、それ以前はおおらかな男女の関係があったと思われる。日本の各地から出る、縄文時代の女性の胸と腰を大きくした土偶や、男性を象徴する石棒は「生命を生み出す」象徴

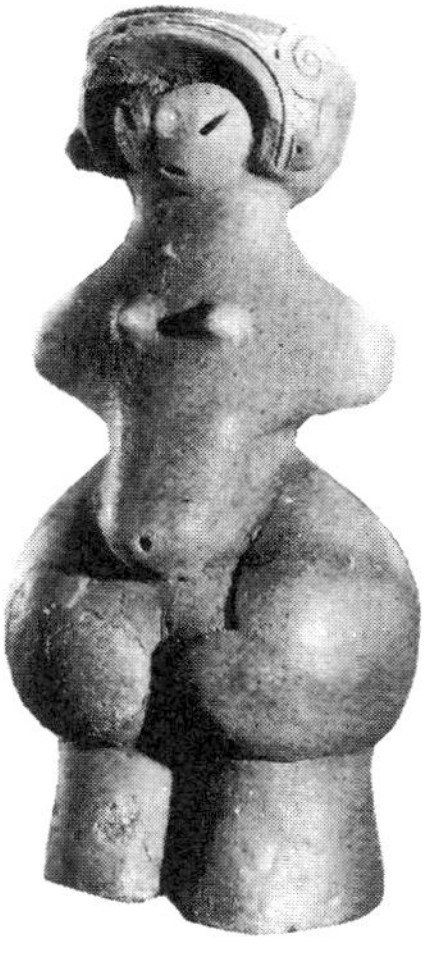
土偶（長野県棚畑遺跡）

であり、男女の生命力そのものを賛美するものととらえることができる。

マルコ・ポーロは、チベットの独特な習慣について、「男性は処女である少女とはどんな場合でも決して結婚しない」「女性の価値は男性との関係を巧みに操縦できることである」と報告している。この記述には、自らの文化とチベットの文化の「処女性」に対する価値観の相違に対する、マルコ・ポーロの驚きが込められている。キリスト教には「処女尊重」の思想がある。「マリアが夫ヨセフと許嫁《いいなずけ》の関係にあり、まだ結婚していない時、天使のお告げを受け、精霊によって懐胎し、イエスが出生した」（聖書マタイ伝1-18-24）。処女性の価値を尊重するかどうかは、民族によって大きく分かれるようだ。

●参考文献より●

①花嫁の破瓜《はか》は花婿によってではなく、他の男によって（父親、教父、酋長、他国者）行われる習慣も見られる。この根本概念は破瓜が多くの毒性を持つと考えられているのである。（ウイーン性科学研究所編『性学事典』）

②処女性は神聖視された。ローマの神はムウヌス神に捧げ……。インドのリンガム礼拝にも同じような儀式がある。（同前）

③これに反して、文化の高い民族の間では処女性は花嫁の第一義の義務と考えられ、花嫁の肉体的な純潔が花婿の最初の要求であり、最高の権利と見なされている。（同前）

④わが国では昭和の初期ごろ「処女帯」というのが表れた。これは処女性を守る器具としてやはり貞操帯の一種だが、要するに……これを着用すれば不時の襲撃にあった場合でも処女性を失うことに

はならないとの、非常に変わってきた考え方を示すものだったのである。(講座『日本風俗史—性風俗II生活編』)

②に関しては、日本でも架橋・築城などの工事の際、「少女の人身御供《ひとみごくう》」が水神に捧げられたという伝説も多い。

③「文化の高い」とは何を基準にしているのかは示されていないが、キリスト教国をさすものと思われる。なぜ「花嫁の第一義」が処女性なのかの論拠もはっきりしない。男性中心の社会の中で「女性の道徳」として処女性が求められる背景には、女性の謙譲を求める男性側の虚栄心が働いているように思える。処女の証《あかし》である血のついたシーツや下着が、花婿の友人や親戚の間に示される習慣が、まだ残っている地方さえある。

日本に関しては、一八七五年に出た『増化機論』をはじめ明治三〇年代までに百冊にあまる翻訳書が出版され、その大部分がキリスト教に影響を受けた「結婚までの処女性」を尊ぶものである。明治以来、女性に対する「処女性」が強く求められた背景には二つの大きな要因が考えられる。

(1)戦争と「健全な男子」の思想があり、従軍慰安婦に処女が求められたのは性病を予防することが第一義とされたから。(2)家制度が定着する中で、妻となる女性の嫡出子に相続させるということから、妻の結婚前の処女性までも問われることになった。

処女性がいかに尊ばれていたか、小説から見てみたい。

●小説より●

▨皆、ムキになって一人の無垢《むく》の処女をねらっていると思うと、恐ろしい気がするね。(武者小路実篤『友情』)

▨ああ、でも、野百合のように可憐であったあの可愛い姿、きめの柔らかい桃色の肌、黒髪、あの女はまだ処女だったのに。何だって最初のベエゼをそんな浮世のボオフラのような男にくれてしまったのだろう……。(林芙美子『放浪記』)

▨「その手紙には女の身として文学に携わることの不心得、女は生理的に母たるの義務を尽くさねばならぬ理由、処女にして文学者たるの危険など」「……あの男に身を任せていた位なら、何もその処女の貞操を尊ぶには当たらなかった」（田山花袋『蒲団』）

■雪江さんは処女だけれど、乳の処がふっくりと持ち上がっている。（二葉亭四迷『平凡』）

■「この女は処女だろうか細君だろうかという疑が起こった」「敬太郎はその中に処女の無邪気ささえ認めた」（夏目漱石『彼岸過迄』）

■彼女は、何時までも子供らしく羞んでいるような、また何所までも気苦労のなさそうに初々しく出来上がった、処女としては水の滴るばかりの、この従妹を軽い嫉妬の眼で視た。（夏目漱石『明暗』）

明治以降の百年で女性の「処女性」に対する意識は大きく変化してきている。

一七七四年　『解体新書』で「処女膜」という語彙《ごい》が使用される

一九一六年　政府が地方の青年会に対して「処女会」を組織することを奨励

一九二六年　『婦人公論』「処女性うしなひし婦人肉体の変化、処女性を失うと首が太くなる、淫婦が妊娠しないのはこのため」など

一九四五年　終戦

一九四六年　松窪耕平博士「処女膜再生手術」を開発

一九四七年　民法改正、「家制度」は廃止に

一九五六年　『週刊読売』の調査「男性の六九％、女性の五九％が結婚相手の純潔を求める」

一九六三年　『ヤングレディー』「馬鹿にされるから友達に処女と言えない」

一九六四年　『平凡パンチ』創刊号「独身男性の六一％が童貞」（調査：昭和女子大学白石浩一教授・当時）

一九七〇年　初の「ウーマンリブ」大会

一九七三年　映画「同棲時代」空前のヒット

一九七五年　『ヤングレディー』　処女に振る舞う初夜

一九八〇年　ラジオ番組に「処女喪失告白コーナー」登場

一九八九年　「世界青年意識調査」　結婚前の性交渉は避けるべき日本九・三％、アメリカ一八・九％

一九九四年　『週刊宝石』「処女さがし」毎号一六名の

女性が登場し、「処女」か「卒業」かを自己申告する。（以上『ＳＰＡ』94・11・2より抜粋）

この歴史的な変遷から見て「処女」という言葉が死語化するのは時間の問題と思われ、それと同時に同様の意味を表す「生娘《きむすめ》」「おぼこ（既に死語）」「虫がつく」「傷物」も日本語から姿を消すであろう。未婚の女性が性的接触を持たないことが価値であった時代は過去のものになろうとしている。＊「童貞」の項参照。

ダーリン

英語の darling をカタカナ読みしたもの。英語では夫婦や恋人同士の呼びかけ語「いとしい人」として使われるが、日本語では、実際に呼びかけ語として使われる例はそれほどない。ここではインターネットのホームページで男性に対して使われている例と、歌の歌詞の中で、男性から女性に呼びかけている例をあげておきたい。

●インターネットのホームページより●

▨「――のダーリン改造講座」　ダイエットというと女性ばかり。自分はシェイップアップしてきれになっても、一緒に遊びにいくダーリンのちょっとお腹が気になるなーというあなたに……。肥満は見た目ももちろんですが、健康維持の危険信号です。……女性がリードしてあなたの素敵なダーリンを「より素敵な」ダーリンに変身させましょう。

▨「ダーリンがんばれコーナー」　涙ぐましい努力を続けるダーリンにみなさんの暖かい声援を！

このホームページには三組のカップルが写真入りで載り「私達が挑戦しました」とある。恋人同士や夫婦といった感じだ。

この場合、ホームページの作成者はなぜ、日本語としては定着していない「ダーリン」を選んだのだろう。これに変わる呼びかけ語としては「あなた」「お父さん」などがあるが、残念ながら「愛《いと》しい」

という意味合いはない。
やはり、「あなたの夫を」「主人を」「ボーイフレンドを」「恋人を」では意味の範囲が限定されてしまう。それらを全て包括し、かつしゃれたイメージを持つ語が「ダーリン」という呼びかけ語だったのだろう。

●歌詞より●

▨「ダーリング」

ここへすわってくれ　足を組んでくれ　その指で
髪をかきあげてくれ
……ダーリング　ダーリング　ダーリング
これから言うことを聞いてくれ　笑わないと約束
してくれ
……ダーリング　ダーリング　ダーリング
声を聞かせてくれ　……その声で熱くささやいて
くれ
……ダーリング　ダーリング　ダーリング
僕にはあなたしかいない
（阿久悠作詩、大野克夫作曲、沢田研二歌）

男性から女性への、何とも要求の多い歌である。「……くれ」「……くれ」と命令形をとりながら、「ダーリング」（グは英語のGをそのまま読んだもの）を繰り返すことで、命令形を弱める働きをしている。もし「ダーリング」が行間になければ、「注文の多い勝手な男」というイメージが強すぎてしまう。「ダーリング」と甘く呼びかける語を途中に何回も挿入することで、「命令形」を「依頼形」に変える役割さえ果たしているといえる。

大黒柱

だいこくばしら

かつて日本の民家などにあった、家の中央にある特別に太い柱のこと。主に土間・表・内の三合に当たる柱で、建物の位置が定まったとき、最初に立てられた。「大黒柱」は「大極柱（だいごくばしら）」が訛《なま》ったもので、平城京や平安京におかれた「大極殿」の柱が太かったことからきたとも考えられている。

室町時代後期に京都の町衆の間に、「大黒天信仰」が高まった。「大黒」は「大黒天」の略で、仏・法・僧を守護し、飲食を豊かにする神様。「大黒天」に家を守ってもらおうということから、「だいこくばしら」を「大黒柱」と書くようになったという。一部の地域では、今でも大黒柱を立てる棟上げのときに、天井裏に大黒・恵比寿の顔をつけた扇状の飾りをかかげる習俗が残っている。

「家の中央にあり、家を支える」ことから、一家・一国・団体を中心的に支える人の意味で用いられる。男性に対して使われることが多いが、最近では女性の社会進出にともない、男性を率いて「大黒柱」になっている女性も多い。

●参考文献より●

▨上手さんの実家には、幅四五センチの大黒柱があったという。もちろんこれは無垢《むく》の木を使った本物の大黒柱だ。その大黒柱を見ながら彼は成長した。「Mウッドでもう一度大黒柱をやりたいですよ」上手さんの原風景には大黒柱がある。（藤原智美『家をつくるということ』）

私達の住まいのあり方は、家族のあり方を反映している面がある。「大黒柱」の存在感がうすく、「夫・妻・子供たち」という家族の成員が対等な関係でくつろぐリビングルームを広くとった現代の住まいは、日本社会の家族関係のあり方の変化を如実に示していると考えられる。

●小説より●

▨「別けてお前は一粒物、親なし、兄弟なしと言うでは無いか、千葉家を負うて立つ大黒柱に異常が有っては立て直しができぬ」（泉鏡花『歌行燈』）

▨「お父ちゃん、ちゃんと貯金しててくれはってんから、あんた学校にはいけるとこまでいきなさい。心配せんとね」母はいい、たしかに銀行には住友神戸三井八三〇〇円、六二〇〇円などの残額があり、他に保険やら戦時死亡手当て、殉職見舞金で、銭はあったし、母は大黒柱失って後家のふんばり、ますます気丈になって……。（野坂昭如『ラ・

クンパルシータ』）

戦死した夫の残した預金や保険などで、「大黒柱」を失っても心配のない家族の様子が描かれている。一九九二年の日経新聞に「一家の大黒柱万一の時」という調査がある。比較してみたい。

●新聞より●

①「遺族七千四十七万円欲しい—郵政省の簡易保険市場調査」　一家の大黒柱に万一のことがあった時、遺族に必要な金額は七千四十七万円、……家計を支える働き手が死亡した場合生命保険に期待している金額は五千十五万円で、必要額の七十一%を生命保険に期待していることが分かった。（日経92・3・31）

②「夫に代わり闘う妻たち働きすぎ社会に警鐘」　夫の働きすぎが社会問題化するにつれ、妻たちも大黒柱の健康を守るために自衛策を講じ始めたようである。長時間労働で夫は性格が変わり、無口になってきた。家では食事をせず、シャワーとトイレだけ。私はいざという時に備え、夫の帰宅時間を記録している。（日経92・5・19）

①②とも、大黒柱が夫であり、「闘う妻」といっても「健康を守るための自衛策」を講じるくらいである。「大黒柱」が「夫」に使われる場合には、「稼ぎ手」として使われることが多いが、「家ではトイレとシャワーだけ」というのでは、家庭での生活はないに等しい。「大黒柱」とは、給料を運ぶだけでなく、家族の精神的な支えになってこそ使われる言葉であると思うのだが。

女性が「大黒柱」として取り上げられている例。

③「かつて男の職場・今や女性がサービスの大黒柱・JR各社」　サービス分野は女性が大黒柱—JR各社が、女性を積極的に登用している。一般企業にありがちな女性に不利な慣習が残っていないこともあって、女性社員には「男性と対等に働ける」とおおむね好評だ。……国鉄時代は電話交換手や鉄道病院の看護婦以外、女性がほとんどいない典型的な「男の職場」だった。……しかしJRになってサービス改善に力を注ぐようになったため……総合職一本で採用しているため女子大生の人気を

得ている。（日経91・12・23）

④「初の大舞台―大黒柱は37歳―女子自転車チーム初出場へ」　女子自転車ロードレースの最高峰「ジロ・デ・イタリア・フェミニーレ」に日本チームが初出場する。大黒柱の関家朋子はチーム最年長。……結婚生活と両立しながら若手に負けない走りをしてきた。（朝日98・6・24）

③はサービス部門での女性パワーの例、今後も新しい部門で女性が「大黒柱」になっていく例は増えていくだろう。④は「結婚生活と両立しながら」というところに、記者の視点が見えてくる。今後の男女共同参画社会の中で、「大黒柱」が女性に対しても使われる回数も増えていくと思われる。

大根足　だいこんあし

女性の太くて不格好な足を野菜の大根に見立てて、嘲《あざけ》って言う。男性には使わない。

着物の時代には踝《くるぶし》まで布で覆われて、太かろうと細かろうと他人の目には触れることも少なかったが、スカート、それもミニスカートの時代になると「大根足」と言われることを気にする人も出てくる。特に制服を着なければならない学生やＯＬにとっては、足の太いことを悩む人も出てくる。

越後にはこんな唄がある。「短いべべはわらすっこが似合う。ひざ小僧は十までが可愛い。後は嫁に行くまで隠しとけ」（短い着物は子供に似合う。ひざ小僧が見える着物も一〇歳くらいまでで、それ以上になったら結婚するまで、膝は隠しておくものだ）。

「嫁に行くまで隠しておきなさい」という表現に、男中心の社会が背景にあることを感じさせる。日本でミニスカートが流行しはじめたのは一九六七年、英国のファッションモデルのツイギーが来日してからである。日本は正に高度成長期、女性たちもどんどん職場に進出を始めた時期と一致する。時代の応援もあってかミニスカートは大ブームを引き起し、「嫁に行く前に」、「大根足」をものともしない女性たちが都会を闊歩《かっぽ》した。

●新聞より●

▨「戦後五十年、身軽さ味わい強くなった女」 これがミニスカートかとびっくりしたのが、佐藤栄作首相夫人の寛子さんが同伴で外遊の折り、飛行機のタラップでひざ小僧が丸見えだった時だった。なぜか可愛らしく新鮮で、「私にも着られます」と自信がわいた。……一度身軽さを味わうと、伝統や家の重みを跳ね返し、自己主張をし、我が道を行く女性たちがミニスカートのころを境に増えはじめ、強くなった。（朝日94・11・20）

▨「課長の本音―女子高生」 ずん胴で大根足に限って、超ミニの制服にルーズソックスのスタイル。おまけに鞄や手でおしりを抑えて駅の階段を上がる姿を見ると「だれがみとるとおもってんねん。いい加減にしいや！」と言ってやりたくなる。（朝日94・11・20、銀行員・四十九歳男性）

高校生も好き好んでそんな格好をしているのではない。「大根足」を気にしながらも、流行から一人だけはずれるのが怖いのだ。それを「ずんどうで大根足」とは、あまりに身勝手な発言ではないか。足が太くても、胴が太くても堂々としていればよいと思うのだが、やはり女子高校生、そうはいかないのだろう。

●小説より●

▨家政婦は朝九時に来て夕方五時ぴったりに帰ってしまうので五時以降の家事は全て園子がやらなければならなかった。……「つるちゃんならよした方がいいよ」「あの子よく働くじゃないか」「そりゃよく働くがちょっとうるさいんだ。それに大根足だしな。今の家政婦の人に住み込みできてもらえばいいじゃないか」（立原正秋『冬の旅』）

現代の感覚では「それに大根足だし」というセリフの意味が理解しがたい。大根足だと家事をするのに支障があるというなら分かるが、家事手伝いに何ら関係ないと思われるからだ。もっとも作者は「よく働くが、口うるさく、しかも大根足で鑑賞にも耐えない」と言いたいのだろうか。あるいは大根足だから歩くとドスンドスンと音がすると言いたいのだろうか。あるいは、「大根足だからエレガントな雰囲気にかける」という意味合いがあるのだろうか。

作者はお手伝いさんの若い女性に対して、マイナス表現として「大根足だし」という描写を付け加えている。もしここに描かれるのが若い男性なら絶対にない表現だ。女性は頭の先から足元まで、男性たちの鑑賞に耐えていかなければならない。新聞の記事も小説例も、日本の社会での男女のあり方を示しているように思われる。

大将　たいしょう

軍隊は戦闘を主とする武装集団である。厳しい階級制度がもうけられ、幹部である将校と下級幹部である下士官、軍の大半を占める兵士によって構成されている。

戦いの場で全軍の指揮をとるのが「大将」であった。子供たちの遊びである「戦争ごっこ」でも、「大将」になるのは決まって「がき大将」だった。

この名称は平安時代、天皇に仕える武官の最高位である「近衛大将」から来ている。しかし戦後半世紀以上を経過した今、「大将」は全く違う使われ方で日本語の中に生き残っている。

●新聞より●

▨「一番大将　勝気で男子も一目」　幼稚園の友達と離れ、友達が一人もなかった。それでも私はたちまち級友たちを組織してしまい、一番大将になった。勉強ができたのと、向こう意気が強かったので、男の生徒にも一目おかれていた。男女別学級であった。（日経92・5・7、瀬戸内寂聴）

▨「泰尚は大将」　門司東高校野球部監督であった福村泰尚先生、……通称「泰尚＝大将」として親しまれていた先生は、遅刻の常習犯には自ら自転車で迎えにいき、掃除をさぼっていると自ら雑巾をとって床を磨くという行動に出られた。（日経93・10・21、岡部敬一郎）

▨「社説─子供たちに不幸な社会」　「悪ガキ」とい

う呼び方にはどこか憎めない響きがあった。お山の大将で、友達を泣かせては親を手こずらせ、勉強をしないから成績もよくないが、いつの間にか頼もしい青年になっていく。長じて、「昔は悪ガキでねぇ」などと本人もまわりも懐かしがったりする。そんな悪ガキがいなくなった。（日経91・11・2）

▨「奇抜なパロディー『乃木大将』井上ひさしの代表作『しみじみ日本・乃木大将』」　東郷元帥と並んで日露戦争の軍神的な英雄である乃木大将の一代記を、パロディカルな喜劇として扱いながら、日本の近代史に風刺的な批評を加えたもの。乃木大将はわが国の近代が制度化されていくに当たって、……武人としての役割を演じつづけることを求められた存在であったとしたのが、この作品の眼目だといえる。（日経91・9・21）

　戦争中の英雄、乃木大将がパロディーとして登場する平成の平和な日本、大将は「お山の大将」「がき大将」という用語で日本語の中にまだ存在している。「大将」は男の子である。女の子が「大将」になるためには「男の生徒」にも認められなくてはならない。

　しかし、小学校などで「がき大将」が女の子であるという時代も、そこまで来ている気がする。

大の男

だいのおとこ

単に「大きい男」という意味もあるが、ここでは「一人前の男」「成人した立派な男」を指す場合について考えたい。なぜ「大」と「男」が一緒になると「一人前」「成人した立派な」となるのか。「大の女」という表現はない。「の」を省いて「大女《おおおんな》」という表現はあるが、それは差別的な意味を含んだ語となる。

　「大」が意味するものは何か。いつごろから「大小」という形容詞の「対」関係を意識し、さらにはそこに性役割を伴った認識が付加されることになるのだろうか。

●参考文献より●

▨幼児が世界を認知する過程で「対になった語句」を獲得する順序は、最初が「ある—ない」(一歳六ヵ月)であり、以後「同じ—違う」(一歳一ヵ月)、「良い—悪い」「大きい—小さい」(二歳〇ヵ月)と続く。(大久保愛『幼児言語の発達』)

既に二歳の段階で、人間は「大小」を認識していることになる。子供の世界で目にするもの、小さな乗用車に対する大きなトラックの力強さ、「ライオンは動物の王様」といった童話などから得られる「大きい＝威厳、指導者」といった認識が「男のほうが女より大きい」という一般的な認識とあいまって、子どもたちの中に「大きいもの(＝男)は社会的にも力強く、威厳のある役割を演じる価値がある」といった性的アイデンティティの形成に大きく関係しているのではないだろうか。

幼児の「大小」認識に「男＝大、女＝小」という性差認識、「大＝支配、小＝被支配」という「文化的」認識が連関して、性役割意識がつちかわれていく。

「夫婦《めおと》茶碗」夫の茶碗の方がひとまわり大きい、「ひな人形」大きさ、背の高さに違いがある、「露天風呂」男性用の方が大きい場合が多い。ただし、最近は同じ大きさだったり、入れ替え制になっているところもあるなど、日本の社会には「大＝男」を示すものは多々存在する。

●小説より●

▨「どう? 譲治さん、子供に負けて口惜しかないこと?——もう駄目だわよ、何と云ったってあたしに抗いやしないわよ。まあ、どうだろう、三十一にもなりながら、大の男がこんな事で十八の子供に負けるなんて、まるで譲治さんはやり方を知らないのよ」そして彼女は「やっぱり歳より頭だわね」とか「自分の方が馬鹿なんだから、口惜しがったって仕方ないわよ」とかいよいよ図に乗って……。(谷崎潤一郎『痴人の愛』)

▨「それに、あの人があれで大の男自慢で、そうして独りで利功ぶって、可恐い意気がりで、二言目には金々と、金の事さえ言えば人は難有《ありがた》がるものかと思って、……」（尾崎紅葉『金色夜叉』）

『痴人の愛』『金色夜叉』とも、女性が「大の男」という表現を、実際は男性をからかうために使っている。考えてみると、この表現は男性が自分自身を指して使うというよりも、相手に言われる表現であり、しかも「大の男がだらしない」「大の男がそんなことでどうするんだ」のように、非難や叱咤《しった》激励の脈絡で使われる場合が多い。

■この繊弱《かよわ》き娘一人とり止むる事かなはで、勢いに乗りて駆けだす時には大の男二人がかりにてもむつかしき時の有ける。……それは何時も気の立つままに駆け出して大の男にとらえられるを……。

（樋口一葉『うつせみ』）

●「ガマの油売り口上」より●

■「サアーサアー、お立ち合い、……このガマの油の効能は、ひびにあかぎれ、しもやけの妙薬、まだある、大の男も七転八倒する虫歯の痛みもぴたりと止まる、……このように、ガマの油の効能が分かったら、遠慮は無用だ、どしどし買って行きやれ」（「陣中膏」のちらしより）

『うつせみ』では、女の「繊弱き」と「大の男」のむくつけき「力強さ」という、ステレオタイプが対照されている。「ガマの油売り」の口上では、「大の男が七転八倒する（いわんや女子供においてをや）」という修辞の脈絡である。「男は痛がらない（痛がってはならない）」という性役割を「大の」という形容詞が強調している形である。子供の頃から形成された「男＝大」が、いかに日本語の中に強く生きているかを思い知らされる。

たおやか

嫋やか

「たおやめ」（手弱女）という語がある。外国人がこの漢字を見ると「手に怪我をした女性」のことではないかと思うようだ。確かに「手－弱い＋女」なら、そう解釈するのも無理はないと思う。実際の意味は「しとやかな女性、やさしい女性」であり、プラス表現である。

この語は『日本書紀』に既に「婦人」（たおやめ）と記され、古来から女性を指すものであった。「たおやか」は物の姿や形がしなやかな様子をいい、気立てや性質が優しい様子もいう。

『浜松中納言物語』（平安後期の物語）に「もてなしありさま、物うちの給へるけはひ、日本の人にいささかもたがはずたをやかになつかしう、……」とある。古来から物腰や話し方が「たおやか」なのは日本人の美徳として考えられてきた。

新聞や雑誌などでは、女性の書いた文章、生きかた、ダンスの身のこなしまで、最高の賛辞として「たおやか」が使われている。

●新聞・雑誌より●

▨「『たおやか』な日本人はどこに」　日本に興味を持つ友人の外国人たちは、小津安二郎の映画の……その丁寧な日本語やその言葉の持つニュアンスに感動し、「日本って素晴らしい国ですね」という。そして「今でも日本は、こういう人々が静かにたおやかに生活しているのですか」と私に問う。今の私には、その問いはつらい。（朝日98・4・20、デンマーク在住・主婦）

▨「たおやか　ダンスの現場　魅惑の時　宮内真理子」　形の決め方がとてもシャープで、動きの切れが抜群にいい。しかし、そんな技術的なことはどうでもいいと思ってしまうほど、女らしくて楚々《そそ》とした雰囲気の持ち主である。……こんな日本的な美しさは海外では通用しないのではと思うが、じつは逆。どうも近頃は、東洋的な柔らかい表現の評判が高い。（朝日95・5・30、佐々木涼子）

▨「君死にたまふことなかれ」のたおやかさに惹《ひ》かれる日々―与謝野晶子と映画「華の乱」に寄せて」忠君愛国は危険に候―子育ては国家の埒外―晶子は子育てに国家が介入することは、国家に隷属することであると言った。平塚らいてうや山川菊栄は、諸外国の女権思想がすでに母権思想へと移行していく段階を知っている。子育てと一家を支える仕事に追われる晶子に、諸外国の文献にあたるゆとりはない。天与の才とも言える直感と練達した文筆によって書かれた評論である。不死鳥のように論を返す晶子に、男たちはひそかな拍手を送った。（『朝日ジャーナル』88・10・28、永畑道子）

▨「たおやかな情感、ゆらめく文章」　志村ふくみの文章は、世のなかで「男性的な」と形容される属性の全てをもっている。明晰《めいせき》で簡潔で力強い。思いは深いが決して過剰にならない。だがわずかにふっと息をつくようにして身辺のことを語る時、男性の書いた文章にはあり得ないたおやかな情感がゆらめくことになる。（朝日92・10・4）

この評では、「男性的」な属性に対して、女性的な「たおやかな情感」が語られる。もし同じ文章を男性が書いたとしたら、何と評されるのだろうか。

●論文より●

▨「たおやかの思想」　辺見じゅん論『闇の祝祭』という題名は……「花」の気配が、幽《かす》かな余情としてにじんでいる。女性のそのたおやかの美質を風姿の上に求める以上に心のありようとし、他への対応の姿勢としてゆく過程は、あながち年齢の上からくるものではなく、時にはその見てきた人生の深さによる場合が少なくない。「たおやか」という美的な資質は、柔軟であるが弱いのではなく、むしろ自ら恃《たの》むところの勁《つよ》さの反映であり、ものを受容する心のゆとりや、余情の豊かさにつながるものだろう。（『短歌』88・3、馬場あき子）

馬場あき子氏の「たおやか論」は、これ以上付け加える言葉のないほどに格調高い。これは「女性だけの美質」ではなく、男性をも含めた「人間の美質」として、この言葉を用いてもよいのではないかと思うが、男性に対してこの表現を使うことはできない。

高嶺の花
たかねのはな

高い嶺《みね》に咲いている美しい花。見ているだけで手にとることの出来ないたとえとして使われる。「高嶺の花を羨《うらや》むより足下の豆を拾え」ということわざは、達成できそうもないことを願うよりも、目前にある問題を解決すべきだという庶民の知恵であろう。しかし、現代の日本では、「チャレンジ精神」が尊ばれる。本当に「高嶺の花」かどうかは、チャレンジしてみなければ分からない。

「新宿の高層ビルに自分のオフィスを持つなど高嶺の花と思っていたけれど、バブルの後の不況のおかげで……」とある中小企業の社長。今の日本人の生活は、高度成長期前には高嶺の花で庶民には手の届かなかったものをやすやすと手にしている。いつも適度な温度が保たれる快適なエアコンの家、別荘、車、居間にくつろぎながら大型スクリーンで見る映画、それらはもう庶民にとって「高嶺の花」ではなくなっている。それらが手に入る生活の中で、失ってしまったものも大きい。

「花」は女性にたとえられることが多い。「彼女は頭脳明晰《めいせき》、家柄もよく、高嶺の花で、デートを申し込むなどとてもできません」「その頃の彼女は高嶺の花で、皆の憧《あこが》れでした。それが今は私の妻です」―

これらは映画や芝居、そして今では少女たちに大きな影響を与えているコミックで繰り返し使われるモチーフである。

●コミックより●

▨「上杉、だめじゃないか、出世頭が席をはずしちゃ。来なさい。東和総銀の頭取に紹介するから」……(上杉、さっそうと歩く女性とすれ違う)深町貴和子、たしか大学を卒業して今は会長の秘書代わりをしているんだっけか。美人で頭も切れるとか―高嶺の花だよな。あーゆーのは。(さいとうちほ『恋物語』)

▨「おい、上杉、貴和子ちゃんおまえのことじっと見てただろ、ほれたのかな?」「まさか、会長の娘だぜ、高嶺の花だよ」(同前)

●新聞より●

▨「長野五輪入場券倍率―八十二倍、フィギュアは高嶺の花」長野冬季五輪入場券の一般向けの予約販売で、人気のフィギュアスケートの申し込み倍率が約八十二倍の「狭き門」になっていたことが一日、長野冬季五輪組織委員会のまとめでわかった。三万円という高額席であるにもかかわらず、他を圧倒する倍率だった。（朝日97・5・2）

たくましい　逞しい

①体つきが「がっしり」していること。これは生まれた時から持ち合わせた男女の身体的差異である。

●TVコマーシャルより●

▒「男は胸板よね」The Body Changer DEL GARD Jr.（フィットネス器具）
「男ならマッチョを目指せ」（ダイエットタブレット）

②性格としては「意志強固、ちょっとのことではくじけない」があげられる。「わんぱくでもいい。たくましく育って欲しい」というテレビコマーシャルが一世を風靡《ふうび》したことがある。これは、男の子を念頭においたコマーシャルで、決して女の子に対しても同様のことを願ったわけではない。

②の「たくましい性格」は社会環境の中で形成されるものであり、社会が変われば当然「たくましい女性」が出現する。「たくましさ」は子供にだけ求められたのではない。日本人に対しても求められている。

一九六六年の中央教育審議会の「期待される人間像」には「たくましい」という語が何回も登場する。「日本は強くたくましくならなければならない。……日本の歴史にゆるがぬものを持つ……象徴たる天皇を敬愛し……たくましく、美しく、おおらかな風格ある日本人となること」。

これが出された六六年は時代的には高度成長が始まったところである。当時、戦後の民主主義教育の中で、戦争中に日本が犯した過ちを反省する学校教育が（そう教える先生が）主流であった。

これに反する形で「過去の日本、及び日本人のあり方がことごとく誤ったものであるような錯覚を起こさせて日本人、及び国民性を無視」とあり、この意識は二〇世紀の終わりに「国旗・国歌法案」として国会を通過するまで続く。ここで言われている「たくましさ」とは何なのか考えてみる必要がある。

●論文より●

▨「たくましさ」を精神分析する―いま、たくましさは美徳か　私の少年時代は男は戦争に行くものと決められていたので、たくましさは一つの美徳であった。しかし平和な今日、はたしてたくましさが美徳なのかと私は疑問に思っている。「たくましさ」という言葉の強調は、私はなにか「軍国」の響きがしてならないのである。(『児童心理』86・6、安田一郎)

▨「日本の伝統に見られるたくましい身体とたくましい心」日本における修行の伝統　日本の武道や芸道の歴史をたどってゆきますと、仏教によってつちかわれた修行の伝統につきあたるように思います。……西洋のスポーツは運動神経に支配されている筋肉の力の訓練と向上を主にしたもので、……これに対して東洋の伝統的な武術では、情道と自律神経のはたらきをコントロールする瞑想や呼吸の訓練法が取り入れられています。たくましい身体と言えば、ふつう訓練によって鍛えられた頑健な肉体を思い浮かべるでしょうが、東洋の伝統的な考え方では身体と心は一つのものであり、そこには心のたくましさが伴っていなくてはなりません。(『児童心理』86・6、湯浅泰雄)

▨『たくましさ』とは何か―今、なぜたくましさか」近頃の子供は体格はよくなったが体力はむしろ低下している……。豊かさの中でわがままに過保護に育てられた現代っ子は、体力ばかりか気分の面でもひ弱だと言われる。……「たくましさ」が求められる背景に昔と違いがあるとすれば、登校拒否やいじめられっ子など弱い犠牲者たちへの歯がゆさと同情、期待と励ましがあるということではないだろうか。勝ち抜くたくましさだけではなく、いじめや抑圧をはねかえす強さ、耐えるたくましさが期待されるといえよう。(『児童心理』86・6、高山次嘉)

▨「子供の『たくましさ』を育てる」　私は十数年「意欲」の研究をしてきたが、「たくましさ」は私が「いきいきしている」という言葉で表現していることと軌を一にしているといえる。（『児童心理』86・6、平井信義）

日本の高度経済成長の中で起こったさまざまな変化は、確実に「たくましい子供＝いきいきした子供」を少なくしてしまった。

拙著『日本社会再考』（JAPANESE SOCIETY：AN UPDATE 共著）のテーマの多くはその出来事を中心にしている。

◎職住分離「東京一極集中」Tokyo-THE FOCUS OF OVERCENTRALIZATION 都市化とモータリゼーション

◎「スピード狂」SPEED MANIAC

◎「三種の神器」THE THREE SACRED REGALIA 高度成長期の前半に人々が競って購入した電気掃除機、洗濯機、冷蔵庫

◎少子出産と過保護、「三高と出生率の低下」THE 3' 'T'S AND THE DROP IN THE BIRTH-RATE

◎学歴社会と受験戦争激化「学校の隠れたカリキュラム」SCHOOL'S HIDDEN CURRICULUM

これらの中で、子供たちは家族の手伝いをするという労働から解放されたばかりか、野外で遊び走り回ることも少なくなり「土を踏む」SETTIANG FOOT ON SOIL、身体を鍛える機会が減っている。

マンガにテレビ、増える塾通いで子供たちの遊んでいる姿をみかけることはほとんどない。そして最近のファミコンの普及によって子供たちは屋内で遊ぶようになり、この傾向は一層強まっている。

もはや子供に「たくましさ」を求めるのは、大人のエゴではないだろうか。なぜなら、このような環境をつくり出したのは、大人自身なのだから。そして「たくましい日本人」を求めた日本自身なのだから。

たしなみ

嗜み

好みや心がけに対して用いる。特に芸事に関する心得。このことば自体に女性・男性を特定する概念は含まれていない。しかし、辞典の用例には「たしなみのない女だなぁ」と、女性を念頭においたものもあり、また「女性が兼ね備えているべき性質のこと」と「女性」とはっきり記載されているものもある。小説の用例から、何が「たしなみ」とされてきたのかを見てみたい。

●小説より●

▨萩江は漢文はもちろんだが、茶も華道もさらに和裁までできた。しかもそれらはただの嫁入り前のたしなみといった程度を超え、おのおの免許をもち、師としての資格さえ持っていた。（渡辺淳一『花埋み』）

▨それに、この女の乱暴な口の利き方は何と云うざまだ。仮にレディーをきらっていながら、あのいいぐさは聞くに耐えないじゃないか。菊子嬢や綺羅子の方が遙にたしなみがあるじゃないか。（谷崎潤一郎『痴人の愛』）

▨姫宮は貴婦人らしく重々しい、たしなみ深い方で、夢にも軽はずみはことはなさらない。……奥ゆかしくつつましやかなご様子で、……。（田辺聖子『新源氏物語』）

「嫁入り前のたしなみ」という語は現代語では失われた感があるが、高度成長期以前の一九六五年くらいまでは、日常的に使用されていた表現である。それらには、華道・茶道はもちろん、時には「琴」に代わってピアノの「たしなみ」までが加わっていた。

小説の傍線の部分から「たしなみ」には女性らしい口のきき方をすること、奥ゆかしくつつましいことなどが女性に求められていたことが判断できる。

現代の日本では、正面きってこれらを女性にもとめる男性はほどんどいないとは思うが、内心「女のたしなみ」を求めている男性は多いのではないだろうか。

たそがれ症候群

たそがれしょうこうぐん

「黄昏《たそがれ》」は夕方のまだすっかり暗くならない頃をいう。これを人生にたとえれば、何歳ぐらいを言うのだろう。個人差もあるが、精神的にも未来に対する希望がなく、肉体的にも衰えを感じる頃だろうか。「人生の黄昏時」という表現がある。与謝蕪村《よさぶそん》（江戸中期の俳人）の句に「山は暮れて　野はたそかれの　すすきかな」という自然描写の荒涼とした様子と同時に人生の「たそがれ」を感じる様子を詠んだものがある。

　この言葉はテレビドラマの中で使われ広まったが、それだけ日本人の心情にぴったりくるものがあったと解釈できる。会社に自分の人生の大部分を費やし（捧げ）仕事に没頭してきたが、特に趣味もなく、自分の存在場所が家庭にもなく、居場所を失い、生きる意欲まで失っていく、定年間近のサラリーマンを指して生まれた言葉だ。男性を指す場合が多いのは、女性でそこまで仕事に没頭してきた人が比較的少ないためだろう。

　高度成長期に大学を卒業し、日本社会の経済的基盤をささえてきた人たちが二一世紀を迎える今、定年の時期を迎えている。皮肉なことに、医学の進歩で平均寿命は伸び、定年後数十年も「生きなければならない」人生が待っている。しかも、自分たちが給料から支払いつづけてきた「年金」も支給額が減少し、年金だけでは生きていけない。

　それまで働きがい、生き甲斐を感じてきた人たちが、生きる意欲を失っていく、そうした人たちが日本社会でどのくらいの割合を占めるのだろうか。「老い」という語をキーワードにした本が相次いで出版され、それらがベストセラーになるのも、生きかたを模索している「人生のたそがれ」を迎えた人たちが読者層であることが想像できる。また、人生の「たそがれ」を迎えた人たちの「心中《しんじゅう》」も増加している。

●新聞・雑誌より●

■高齢の男性が妻を介護するケースで、「老夫婦心中」が多いという。苦難のどん底にある時、追い詰められているとき、人は他人に頼ろうとする気持ちの余裕さえ奪われていく。「老夫婦心中」を選んでしまう人たち……その頑張りがポキッと折れてしまった人たちではないだろうか。（朝日99・8・7、春日キスヨ）

■「江藤淳さん　看取り燃え尽き」　昨年十一月、愛妻の慶子さんをがんで失った……「今の私は形骸にすぎない。目に見えるところはしっかりしているが、精神的には弱ってきている」……三日前から住み込み始めた家政婦が……浴室で左手首を切り、湯をはった浴槽にうつぶせになった江藤さんを発見することになる。……石原慎太郎さんは「子供なんぞいなくてよかった」と話す江藤さんに「孤独への恐れがひしひしと感じられた」（『文学界』八月号）と記している。「評論家として表舞台に立った江藤さんは一分の隙もなく颯爽《さっそう》と胸をはり、舞台から降りてきたら『私にみんな任せて』と慶子さんが両手を広げて待っている、そんな関係でした」（『週刊朝日』99・8・6）

「たそがれ症候群」とは異なるが、一九八〇年にニューヨークの精神分析医ハーバード・フロイデンバーガー博士が用いた用語に「燃え尽き症候群」がある。英語で burn out syndrome. 仕事に没頭していた人が何らかの理由で生き甲斐を失いスランプに陥る症状。

仕事本位に暮らしていた人間が突然その仕事との一体感を失うのがこの「燃え尽き症候群」の特徴。実際に起こる症状は抑うつ・無気力・心身症など。年齢には関係なく若い世代でも起きている。

若い世代が受験勉強から開放された時や、会社の第一線で働いていたサラリーマンがリストラされた時などに起こる症状で、「たそがれ症候群」とは一線を画する。

脱帽

だつぼう

相手に敬意を評して帽子を脱ぐことで、「彼の熱心さには脱帽した」のように使われる。相手に降参したという意味だ。語源を調べると『日葡《にっぽ》辞書』（一六〇三年）には、戦いに負けて降参し、相手に服従の意を表するのに「カブトを脱ぐ」がある。一番分かりやすい降参の表明で、『富樫記』にも同様の記述がある。「急ギ甲ヲ脱ギ……降参申」。

年配者で「シャッポを脱ぐ」という表現を使う人もいる。別に相手が男性でも女性でもかまわないわけだが、シャッポ自体は男性のかぶる帽子であったから、「シャッポを脱ぐ」のは男性だったのだろう。兜《かぶと》も同様である。シャッポはフランス語の chapeau からきている。幕末の陸軍はフランス軍からの影響が強く、陸軍が用いた帽子は「シャッポ」であり、それが日本語として生き残ったものだ。

今でも西欧社会では敬意を表して男性は帽子を脱ぐが女性はかぶったままでよい。マナーの違いが言葉に影響しているのかどうか、女性が相手に対して「脱帽です」というのはどこかに違和感を感じる。

●小説より●

▨山口は越中フンドシをすばやく裏返したが、名前も何もかいてないのをみて、けげんそうな表情でつぶやいた。「農村か漁村の子だろう……」僕は彼の敏感さにひそかに脱帽しておいて言葉を続けた。（開高健『裸の王様』）

▨自分は美学の上で、やはり一時の権威者としてハルトマンに脱帽したに過ぎないのである。ずっと後になってから、ハルトマンの世界観を離れて、彼の美学の存立していられる、立派な証拠が提供せられた。（森鷗外『妄想』）

●新聞より●

▨「金さんには脱帽」京都の夏は想像以上に暑いのに、金さん（松方弘樹）は汗をかかないんです。

やはり鍛え方が違うんですね。（朝日94・8・5）

伊達男

だておとこ

男性が派手で目立つ、おしゃれな服装をすること。「男伊達」（その項参照）が外面よりも内面に対して使われたのとは対照的である。語源は「タテダテシイ」の前後を省略し「ダテ」の部分だけが残ったもの。

■「世をのがれ身を捨てたれども心はなほ昔にかはらずたてだてしかりけるなり」（西行法師に対して使われ、彼は俗世間から逃れ名誉や地位からは身を引いているが、心は昔そのままで気丈である。『古今著聞集』）

「伊達」の語源説に、伊達政宗の「伊達」からきているとするものもある。東北地方の戦国大名伊達政宗は、幼い時に片目を失い、また実父を人質にとられ助けることができなかった。その上豊臣秀吉が天下をとりその支配下に身を置かねばならないなど、逆境の大名であったが、服装は派手で家臣にも派手な服装をさせたという。その心理のほどはわからないが、「おしゃれで派手な男、伊達」＝「伊達男」になったという。現代語の意味からすればこちらの方が近い。

新聞・小説から「伊達男」の用例を見ると、時代によって「伊達男」のスタイルも異なり、興味深い。特に江戸時代の男たちが小物にこった様子は、現在の男性たちが持つ名刺入れやハンカチなどよりもはるかに芸術的で、江戸時代の「粋」を知ることができる。

●新聞より●

■「江戸の男の粋と伊達―印籠《いんろう》四百点一堂に」江戸中期、漆工芸や木工、金工、陶芸、牙角、細工、七宝などの技法の発達につれて、さまざまなデザインが登場した。伊達や粋を競う男たちには、たばこ入れや巾着《きんちゃく》と共に欠かせないアクセサリーだったと言われる。（朝日91・1・4）

■「七人の侍―伊達男の巻」日本のファッションビ

ジネスは、今や九兆円の市場規模に急成長した。……ファッションが仕事なればこそか、性来か伊達男が結構いる。……水野誠一、西武百貨店の社長に就任したばかり……イタリアのフェレを着こなし、……。立木義浩、一枚の女の写真から時代を感じさせることで定評がある、若い時からのカチッとした体型は今も変わらず、「頭が白くなった分色が楽しめる」という。……大出一博、ファッションショーの演出家……風貌もイキでいなせ。服装はほとんどいつも黒で固めている。（朝日90・3・17）

▨「希望捨てた伊達男」「結婚とは希望を捨てることと」と常々豪語していた「プレイボーイ」誌創始者のヒュー・ヘフナー氏（63）がついに独身主義を捨てた。（朝日89・7・4）

●小説より●

▨佐倉秀作の腕には力があった。地下室の降り口に来ると、もはやいかなることがあっても、彼女を彼の意志に従わせないではおかないような強引さをもって、いささか肩をはり、外国映画に出てくる伊達男のような恰好《かっこう》で静かに階段をおりていった。（新田次郎『孤高の人』）

▨日露戦争当時、金沢にはロシア軍の捕虜が収容されていたそうだ。捕虜の中には、帝政ロシアの貴族の師弟などもいた。彼らは黒い長靴を光らせ、将校服にカイゼルひげという伊達姿で、街を闊歩したという。（五木寛之『風に吹かれて』）

▨まあ、すわりたまえ、紺の背広に蝶ネクタイをしめた有礼はなかなかの伊達男であった。名を名乗ったあと、吟子は真っ直ぐ有礼の顔を見て言った。……有礼は西洋煙草を取り出しながら……。（渡辺淳一『花埋み』）

▨若々しい身分高い殿ばらが、われもわれもと派手に着飾り、馬や鞍まで飾りととのえて、伊達を競っているありさまは、明石からきた田舎者たちの目には壮観であった。（田辺聖子『新源氏物語』）

▨パリには伊達者がいるが、田舎には気骨のある人間がいるかもしれない。（スタンダール『赤と黒』）

▨あのペテルブルグの伊達男はどうだ。あんな連中は機械でも作れるんだ。どいつもこいつも似たりよったりで……。（トルストイ『アンナ・カレーニナ』）

▨たとえ召使であろうと女性なら誰にでも慇懃《いんぎん》を尽くすというのがロートリンゲン公国の風習である。特にジャカンのような伊達男は、女性と見れば優しくせずにはいられない。（藤本ひとみ『ハプスブルクの宝剣』）

▨中学生みんなが憧れている短剣は、実に美しい装飾だった。海兵の生徒はその短剣でこっそり鉛筆を削るなんぞと言われていたが、そういう荘厳な象徴をわざと日常瑣末《さまつ》の用途に使うとは、何と伊達なことだろう。（三島由紀夫『金閣寺』）

小説では、「外国煙草」や「外国の俳優のように」「帝政ロシアの貴族の子弟の身なり」など、西欧風なものに「伊達男」を使っている用例も多い。現代の日本語では「伊達」という語彙《ごい》自体が消えつつあるので、こういった西欧崇拝の徴候を「伊達」という語から検索するのは難しいが、外国製のブランド物のスーツなどを好むというところに、今も変わらぬ精神を見ることができる。

たぬき親父

狸おやじ

年老いて、ずるがしこい男性に対して使う表現。

今でも日本の山地には狸《たぬき》がいるが、昔からの言い伝えの「化けて人をだましたり、腹鼓《はらつづみ》を打つ」ということを信じている人は皆無だろう。「たぬきばば」「たぬきばばあ」と女性に対して使うこともあるが、男性に対して使われる頻度が圧倒的に高い。

狸を使った表現では「古狸」＝長いこと経験を積んだずるがしこい人、「とらぬ狸の皮算用」＝自分のものにもならないうちに、いろいろと計画を立てること、「狸」＝悪賢い人に対して使う、「部長は狸だから、気をつけた方がいいよ」などがあるが、どれもマイナスの表現である。

狸が「悪者」にされるのは、狸に畑の作物を持っていかれたり、家畜に被害を受けた人々が作り上げたものだと考えられる。また、狸が「化ける」といわれるのは、捕獲しようと追いかける人々をあざ笑うかのように素早く逃げてしまうところからきたものだろう。狸の顔や姿はユーモラスに描かれることが多く、マイナスイメージといっても「憎さ」の対象にはなりにくいところが心憎い。「狐《きつね》」が「あの女《め》狐」などとマイナスのイメージが付加されるのとは対照的である。

●新聞より●

■「集まれ家康ファン、愛知で発足の『大江戸会』」

「家康は明治維新後の新政府によって『タヌキおやじ』のイメージが作られた。家康は平和主義者なのに、悪いイメージを変えないと」などが動機だった。（朝日91・7・21）

■編集長インタビュー／大正大学学長林亨勝さん

「権謀術数《けんぼうじゅっすう》にたけたタヌキオヤジという家康像が定着していますが、実際は血の気の多い、勇気と決断の人だったのです。（朝日93・8・7）

■二十三区長の肖像展―「東京の貌《かお》」（写真を）撮られながら、ざっくばらんに冗談をとばす区長、首筋をピンと伸ばして礼儀正しい人、机のまわりが乱雑な人、いかにも役人上がりで神経質そうな人。「でもさすが皆さん良い意味で自己顕示がうまくて、言葉は悪いですが相当なタヌキオヤジでした」（朝日93・11・5）

江戸幕府初代将軍である徳川家康の「たぬき親父」というイメージは、かなり早くから庶民の間にあったようだ。それは歌舞伎「八陣守護城《はちじんしゅごのほんじょう》」（一八〇七年初演）で、家康にあたる人物を「たぬき親父」と言っていることからも類推できる。

明治維新後は皇室を苦しめた江戸幕府の創始者というイメージが加わり、「たぬき親父家康」のイメージはさらに悪くなった。しかし高度成長期以降、日本式経営などの面から徳川家康は「すぐれた組織者」という面で見直されようとしている。「大江戸会」の発足などはまさにその好例だろう。

●童謡より●

■證澄寺《しょじょうじ》の狸囃子《ばやし》

證、證、證澄寺、證澄寺の庭は／つ　つ　月夜だ
皆出て　来い来い来い
おいらの友達ア　ぽんぽこぽんのぽん
（野口雨情作詩、中山晋平作曲）

●雑誌より●

▨「平成狸合戦ぽんぽこ―当世タヌキの生き残り合戦」高畑勲のインタビュー「人家に現れて餌をもらう都会のタヌキのニュースがよく見られますね。今も狸は人間の近くに出没する動物です。開発される場所……人間の暮らしと自然の接する郊外には、当然のようにタヌキがいます。―狸はほろびゆく種ではない。トキやパンダではないんです。もっとしぶとい生き物です」（『キネマ旬報』94・8）

「平成狸合戦」は多摩丘陵にすむ狸たちが新興住宅地ができることに対して一致団結する物語だが、タイトルの「ぽんぽこ」は明らかに「證澄寺の狸囃子」が念頭にあったものだろう。この歌は一九二四年（大正一三）、雑誌『金の星』に発表された作品で、戦後は小学校の四年生の教科書に一九六一～六七年くらいまで掲載された。この歌が教科書から姿を消した時期は、高度成長が始まった頃で、あちこち狸のいる都市の近郊地が住宅地に変わりはじめた頃と一致する。

「平成狸合戦ぽんぽこ―当世タヌキの生き残り合戦」の監督は「タヌキはしぶとい生き物」と語っている。「たぬき親父」という語が使われはじめた江戸時代と現在では、狸のイメージは相当変化している。しかし「たぬき親父」という表現が「しぶとい人間像」であることに変わりはない。

東京都の二十三区長それぞれを「タヌキオヤジ」と表現したのは、言いえて妙である。「区長」という職に就いた男性たちの「経験を積んだ（しぶとい）賢さ」を端的にあらわしているといえる。＊「狐」の項参照。

玉の輿・逆玉

たまのこし
ぎゃくたま

女性が結婚によって富貴な地位を得ること。江戸時代、徳川家九代将軍までの妻妾たちの伝記が記された『玉輿記《ぎょくよき》』には、「大奥」という女性たちの特殊な生活空間の中で、身分の低い女性たちが「玉の輿」にのって将軍の側室となっていく過程などが描かれている。

●参考文献より●

▩或時《あるとき》女中方寄合、彼娘に麦搗《むぎつき》歌をうたわせて居たりし折柄、家光御通り掛りに御聞、笑わせられし折ふし、将軍がのぞいてみると、彼が最も愛したお万の方にそっくりの「お楽」という娘がいたので、大変興味を持たれて側室にした。この「女中方寄合」は大晦日の夜に、のぞき見を防ぐために屏風をたて、板の間にうすべりを敷いた上で、裸におこし一枚をまとい踊るという。(高柳金芳『大奥の生活』)

ここで将軍に見初《そ》められたのが後に竹千代(四代将軍家綱)の母となるお楽の方で、正に「玉の輿」の見本のような女性である。

しかし、「玉の輿」にのることは、必ずしも幸せになることを意味しない。『源氏物語』の桐壷の更衣《こうい》は天皇に寵愛《ちょうあい》されるあまり、いじめに合う。それに似た話は現代の皇室にもあるようだ。無理やり「玉の輿」にのせられる人もいる。そういう場合には、たとえ富貴な地位を得たとしても、決して「幸せ」とはいえないだろう。

なぜ、女性たちは「玉の輿」に乗りたがるのだろう。

●新聞より●

①「キャリアの壁と『玉の輿』―幻滅……悟りきるOLたち」 東京都目黒区に事務局を置く会員組織「バレンタインクラブ」。年間六、七回、男女の出会いの場としてディスコやクルーザーを会場にパ

ーティーを開く。会員が支払う年間費用は男性二万七千円に対し女性は二十九万円。この費用の差にかかわらず、女性の入会が後を絶たないのは、男性会員が全て医者だからだ。……若い女性の結婚相手の条件は高い身長、高学歴、高収入の「三高」だと言われる。同クラブを主宰するセイシンは「組織を成り立たせているのは『玉の輿願望』と割り切っている」（日経91・8・10）

②「結婚相手はハイライフ」　結婚して専業主婦になりたいという若い女性が増えているが、彼女たちが望むそれは経済的余裕、時間的ゆとり、愛情と三拍子そろった若奥様業と「玉の輿路線」にのった超高級専業主婦だ。……その傾向を反映してか、ブライダルスクールも様変わりしてきた。……あたかも欧米におけるレディーとしての心得ばかりなのである。……彼女たちが描く結婚生活のステージには、OLから華麗に転身した主婦である自分の姿しかない。（日経92・12・14）

①②の記事は見方によっては男性記者の「玉の輿願望」に対する皮肉ともとれる。しかし、最近では女性の「玉の輿」のように、男性が女性の財産や地位を目当てに結婚することをさして、「逆玉」というようになった。考えようによっては、これで男女同格ということか。

③「テーマ相談室・お金・逆玉願望」「逆玉」という言葉をご存じですか。男性が裕福な家の娘さんを嫁にもらうという、逆「玉の輿」の略です。この言葉を実感することがあったので筆をとりました。会社の同僚が社宅を出て賃貸マンションに引っ越したので、詳しく聞いてみると、奥さんの実家が建てたマンションとのことでした。……そう言えば逆玉願望を公言する後輩もいるし、何とも情けないことです。（朝日89・5・5）

④「玉の輿の復活」　日本語って面白い。ほとんど絶滅寸前だったような古風な言葉が、いきなり息を吹き返して「時代のキーワード」になってしまうことがある。最近では「玉の輿」というのがそれで、昨年あたりから女性週刊誌を中心に猛然とリバイバルしてきた。「～玉の輿」というのも結構おかしい。妻子がある男（もちろん財産もある）を

略奪して結婚するのが「略玉」で、サザエさんのマスオさんみたいに家付き娘と結婚する男は「逆玉」で、金持ちエリートの独身男は「玉男さん」なんだそうだ。最近の『女性セブン』ではついに、「玉の輿」を玉とまで省略してしまっていて、「玉の輿」という言葉のカジュアル化、ポップ化も極まった感じだ。平成時代に入ってからも女性週刊誌界における「玉の輿ブーム」は一向におさまらない。「リッチ玉結婚、上流カップル10組が指導」「こうして摑め！玉の輿結婚への道」などの特集記事が続々と。（朝日89・3・11、中野翠）

「玉の輿」から生まれた「逆玉」という表現は、ビジネスマン向けのコミックなどでも使われはじめている。

●情報誌のコミックより●

▨男なら誰しも一度は「逆タマ」を夢見たことがあるはず。でも、アナタの「逆タマ亭主像は間違っていませんか？」（枠外に書かれた文）

先輩「そう言えば陣内はいつまでたっても結婚しないな」

陣内「逆玉狙いで、金持ち女と結婚して、ラクチンに暮らすつもりなんですよ」

先輩「バーカ、逆玉亭主なんてヤメとけ」

老人「これこれ、女の玉の輿と逆タマを同じに考えてはいけないよ。女の玉の輿は責任がないだろう。嫁ぎ先が倒産したら、すぐに離婚して逃げ出す女もいるぐらいだ。でも逆玉亭主の場合は、いざとなったら養父の会社を背負ってもらわなくちゃならない」（『ＤＩＭＥ』98・5・7、「うちの会社」第二八回、聖日出夫）

案外、このコミックの老人のセリフの中に、日本人一般が考えている「玉の輿」と「逆玉」の違いの本音が出ているのかもしれない。「逆玉」という言葉が生まれても、決して男女が同格に扱われているわけではないのだ。

「逆玉」という言葉は、一九八九年ごろ女性週刊誌などにしきりに使われていた。その後「バブル崩壊」を経て日本経済が下降線をたどる中でも生きつづけ、男性用のコミック誌にまで現れていることは注目に値する。しかし、「玉の輿」が医者の妻になることなのに対して、「逆玉」が社宅を出て義理の両親が持つ賃貸マンションに移ることとは、何とも侘《わび》しい気がする。

　この言葉は今後、どのくらい生きつづけるのだろう。

●歌詞より●

▨見てごらん　この私、今にのるわ　玉の輿、みがきかけた　この体、そうなる値打ちはあるはずよ、……神がくれた　この美貌、無駄にしては　罪になる、世界一の男だけ、この手に触れてもかまわない（「狙い撃ち」阿久悠作詩、都倉俊一作曲、山本リンダ歌）

「今にのるわ玉の輿」、そのための武器が「みがきかけたこの体」と「美貌」とは、女性をモノ扱いするのもいいかげんにしてほしい、と言いたくなる。

「玉の輿」願望が復活してきているのなら、せめてもっと違うところにも「みがきをかけて」ほしいものである。

男色

だんしょく

男性の同性愛（その項参照）のこと。現代社会で「性」がゆらいでいる。男色を認める国もあれば、法律で禁じている国もある。「男色」は人間の社会では太古から存在した。

R・バートン著『千夜一夜物語』の英訳の巻末論文には、「男色」の一節があり、古今東西の例があげられている。ラテン語には男色に関係する語彙が九〇も存在し、古代西欧社会の識者階級に男色が頻繁《ひんぱん》に行われていたことを裏づける。ローマ皇帝ネロは美青年スポルスを去勢して結婚し、彼を皇后のように扱っている。

　現代、アメリカでは『ブルーボーイ』という男色専門の雑誌や専門のバーも存在する。立花隆『アメリカ性革命報告』によれば、サンフランシスコの人口六八万人のうち、同性愛者は一二万人で人口の二八%が同性愛者であるという。これはアメリカの社会で「男色」が市民権を獲得しているところから出た数字であり、日本の社会では偏見がなくなりつつはあるが、まだ数字が出せる段階ではない。

日本では平安時代、宮廷貴族の中に「男色」が存在したことが左大臣藤原頼長の日記『台記』に書かれている。そこには頼長自身が複数の藤原家一門の貴族と「恋愛関係」にあったことが描かれている。一一世紀以降、女人禁制の寺院にあって稚児《ちご》が「男色」の餌食《えじき》となったことが『稚児物語』、謡曲『花月』などから分かる。稚児は一〇歳から一七歳くらいまでの少年で、僧侶の世話をすると同時に「男色」の相手もした。『花月』には僧侶に売り渡された少年が僧侶に監禁されるなど、「女人《にょにん》禁制」のタブーが、仏教界に「男色」をもたらしたと考えられる。

戦国時代、女性をさげすんだことから、武士の間に男色を賛美する気風があり、これが江戸時代まで受け継がれ、男色ものの仮名草紙や浮世草紙が多く書かれている。明治以降は軍隊を中心に男色が存在した。

男色は僧院・寺院・刑務所・軍隊・学生寮などで頻繁であり、女性の代償を求めたとも考えられる。

●参考文献より●

▨『男色大鑑』―流行を考える―男色はこの時代、ノーマルなことであった。西鶴は『好色一代男』で世之助を九歳にして男に言い寄らせ、十四歳で仁王堂の飛子宿に赴かせ、十九歳では剃髪《ていはつ》の身にして香具売りなど三人に日夜乱れる生活を体験させている。……この時代には男色に心動かすもの多きため、遊女でさえ、男装する始末である。(『国文学解釈と鑑賞』93・8、蓑輪吉次)

▨質実剛健の気風を尊ぶあまり、女に容易に接しえない土地がらであるとか、貧しくて娼婦を買う余裕がないとかの理由で、男色が一般化していた地方がある。鹿児島などをその代表例とする説もある。もっとも文明開化の世ともなれば、さすがに気がひけたとみえ、明治五年の新聞には「近日鹿児島の男色の風はやや衰えたり。よって……」(紀田順一郎『近代事物起源事典』)

●新聞より●

■「男色」で生き埋め刑　アフガニスタンから伝えられた報道によると、同国西部の拠点都市ヘラートで二十二日、……男色にふけっていたとして逮捕された二十二歳と十八歳の男性二人が、泥やレンガなどを体に積まれて「生き埋めの死刑」にされた。（朝日98・3・25）

■「男色―院政期の貴族に大流行―引き立て期待の思惑も」　王朝文化が爛熟期を迎えた平安時代は、性愛に関する常識が大きく変化した時期でもある。東京大学教授の五味文彦さん（中世史）によると、平安後期の院政期には、上皇を始めとして宮廷貴族の大半が男色の関係にあったという。（朝日98・6・15）

■「三島です。丸山君に……」と面会申し込みをするのを耳にして、それが誰かすぐに分かった。三島由紀夫が男色趣味だという噂はすでに知れ渡っていたから、ゲイボーイ出身の丸山明宏に面会に来ていても、さして不思議はなかった。今はなき有楽町・日劇の楽屋口でのことだ。（日経94・1・30、阿部寧）

男尊女卑

だんそんじょひ

男性を尊重し女性を軽視すること。中国の『礼記《らいき》』には、「男女七歳にして席を同じくせず」がある。この解釈はさまざまにできるが、「七歳で（男女の性別役割を認識し）女子は男子より身を低めなくてはならない」とされて「男尊女卑」の思想の例として、日本でも引用されることが多い。

日本では江戸前期の貝原益軒《えきけん》が『和俗童子訓』（一七一〇）の巻五「女子に教ゆる法」の中で「女は陰性《いんしょう》なり。故に女は男に比ぶるに、愚かにして目の前なる可然《しかるべき》ことも知らず。……総じて婦人の道は、人に従うにあり」と説いている。

「女性は男性よりも劣り、しかも判断力もなく、人（男性）の判断を待って従うべき」とは、聞くに耐えない暴言であるが、それが許された家父長制の時代が背景にあればこそであろう。これは封建社会の家族制度である夫への妻の服従を強化する女子教育につながっている。江戸時代は寺子屋教育を通じて、また明治以降は教育機関や出版物を通じて庶民にまでこの考えは広まっていった。

　現代日本の社会では、「男尊女卑」といわれるが、「男女雇用機会均等法」などによって、制度的には「男女平等意識」が行き渡ったかにみえる。しかし、表面には出てこないが、祖先から引き継いだこの思想は、一朝一夕《せき》には拭えないほど、日本人の心性の骨格となっている。これは、日本特有の現象ではなく、先進諸国にも違いこそあれ潜在的に存在する認識である。

　それでは、どのような面から「男尊女卑」を見たらよいのだろう。現代社会での「男尊女卑」を次のような基準で見てみたい。

1　職業の上での「男尊女卑」

高度成長以降、仕事を持つ女性が増えた。しかし、いまだに女性雇用者の三人に一人が低賃金、身分が不安定であるなどの悪条件下で働くパートタイマーである。これは、日本に限ったことではなく、OECD諸国と比較しても同様の結果が出ている。

　V・K・オッペンハイマー（V.K. Oppenheimer）は「女性と職業」（“Women's occupations” 1975 Women ; Social Psychological Perspectives on Achivement）に関する論文で女性の職業の特徴を「低賃金」と（女性向きとされる職業の）「供給過剰」をあげている。しかも、一時期までは女性の仕事とされてきたスチュアーデス、保育園の保母などに男性も入り込むようになり（これは良い傾向なのだが）、「供給過剰」の状態は増すばかりである。

　その代わり、これまで男性向き職業とされてきた仕事に女性も就くようになったので、「男尊女卑」は徐々に解消の方向に向かっていくかに見えている。しかし、表面とはうらはらに、「女性が入り込んだ職業は、その職業の社会的評価が落ちた」とする指摘もある。（2「社会的評価上での男尊女卑」参照）

2　社会的評価の上での男尊女卑

社会的に威信の高いとされる「弁護士（裁判官・検察官）・医師・科学者・建築家・大学教授」といった職種にも女性の占める割合は増加の傾向にある。ここに、司法の分野への女性の参加を示すグラフがある。高度成長が一段落した一九七七年頃から、徐々にではあるが、司法分野にまで女性は進出をはじめ、検察官はまだ三％と少ないが、弁護士や裁判官の女性比率は六％までになった。

女性が増えていくことで、その職業に対する社会的な評価はどう変わるのだろうか。ここにアメリカでの興味深い実験結果がある。

J・C・トゥーヒー（J.C. Touhey）はアメリカの大学生二百名を二つのグループに分け次のような質問を出した。（"Effects of additional women professionals on ratings of occupational prestige and desirability" 1974 J. Pers. Psychol. 29）

◇グループA　弁護士・医師・科学者・建築家・大学教授に関する職業案内情報のみ与える。

◇グループB　グループAと同じ職業案内情報に加えて、次のような文章を付加する。この職種は今後三〇年間に、女性の占める率があがり、大半を女性が占めることになるだろう。

これらの職種に対するグループの評定では、グループBは全ての職種について「威信」を強く否定している。つまり女性が大半を占める職種では「社会的威信」は低下すると考えたのだ。実際問題として、これらの職種の大半を女性が占めることはあり得ない。司法の分野において、女性が半数を占めるために、このグラフのままでいけば数十年を要するだろう。

女性が「威信のある職業につく」ということが、「男尊女卑」の社会的評価をくつがえす一番の方法となる。しかし、その職種の採用決定権の大部分を男性が握っている以上、男性たちがその「威信と権威」の職種を、簡単に女性たちに譲りわたすとは思えない。つまり、「社会的評価」の中では「男尊女卑」は未来にわたって続くことになる。

3　イデオロギーを作る人とそれに縛られる人

例　「女性は男性に従うべきである」

この考え方が、江戸時代から高度成長経済が終わるころまで常識であり、自然なことであるとされてきた。イデオロギーが作られることで、それに反することは「非常識」であり「反社会的」というレッテルがはられることになる。イデオロギーの作り手は男性であり、そのイデオロギーに縛られるのは女性の側であるという構図が存在していた。

ここで支配する側と支配される側ができ、支配される側はそのイデオロギーに無意識のうちに合わせようとする。それはどんな場所で展開されてきたのだろうか。

(a)教育の場で　出席簿順は常に男子生徒が先に呼ばれるのが当然とされ、男子が職業訓練を勉強する時間は女子は家庭科で料理・裁縫を習うなど、が当然のこととされてきた。

(b)法律の場で　男女雇用機会均等法が成立したのは一九八五年であり(施行は八六年)、それまでの実に永い期間、結婚を機に女性は退職しなければならない、退職年齢が女性は男性よりずっと早い、女性は男性に比べて賃金が低いなどという実態が存在した。

(c)マスコミやテレビのコマーシャル　例「私（女性)作る人、あなた食べる人」（男女の役割分担意識の確認）を通して再生産される「常識」の確認。

(d)姑《しゅうとめ》から嫁へと引き継がれる夫に対する従順の意識

あるタレントが「赤信号、皆でわたれば怖くない」と言い、それが見事に日本人の心情を言い当てているためか、この表現が広く流布した。ある意味でイデオロギーもこれに類似した心情心理といえる。皆が信じていることだから、それが正しい。↓疑う余地はない。↓逆らってはいけない。↓逆らうことは、自分が非常識であることを表明するようなものだ。↓自分は世間に常識的な人間だと思われたい。

こうしてイデオロギーをつくり出す支配集団は「言葉」と、その「言葉の持つ隠れたイデオロギーの力」によって、男尊女卑の世界を存続することができたといえる。

●新聞より●

▨「男尊女卑の国に学ぼう―ノルウエーのオンブレッド迎えシンポ」　ノルウエーでは一九七五年に施行された男女平等法を機に、女性の進出が劇的に進んだ。不平等を監視するオンブレッドや罰則、公的機関での男女の比率を定めたクオータ（割当制）などが効果的だったといわれ、日本での制度化への可能性が論議された。（朝日96・10・7）

▨男尊女卑の世から、徐々に女性の権利が認められ、社会参加も進み、発言力も増している。『女子供』の女だけは地位が向上しつつあるが……。（朝日97・2・25、北九州市・女性三十三歳）

ダンディー

洗練されたおしゃれに徹した男性をダンディーという。目立つ服装や流行の先端を行く服装をして得意になっている男性や、一目で高価と分かるブランドものを身につけている男性についても「ダンディーですね」と褒め言葉のように言うが、内心では馬鹿にしていることも多い。

それとは対照的に、哲学者のミシェル・フーコー、ダンディーの草分けといわれるボー・ブランメルなどに共通するダンディズムは「ふるまい」「身のこなし」「機知」そして内面性をも重視している。

●雑誌より●

▨「ダンディーな哲学者」―と言ってももちろんその姿、恰好《かっこう》のことだけではない。その振る舞い、エクリチュール、さらにはその死に方においてさえ、ミシェル・フーコーは一貫して、「ダンディーの永遠の優位性」、あるいは「ダンディーはたゆむことなく崇高の存在たらんとしなければならず、鏡の前で生き、かつ眠らねばならない」と言った意味でもダンディーだった。（『新潮』84・7、西永良成）

●新聞より●

▨「装いの四季　ダンディー／反俗・孤高の美学」　ダンディーの草分けが、ボー・ブランメルというイギリス人だ。十九世紀の初め、洗練された服装と身のこなしのよさで、機知によってロンドンの社交界に登場したこの青年は、……。あのバイロンも「ナポレオンになるよりブランメルになりたい」と言い、ダンディーをもって任じる詩人のボードレールもブランメル讃を書いているくらいだが……。ダンディーは本来、権威に盲従する大衆から離れて、自分の趣味に従って孤高に生きようとする美的人間を意味するはずである。（日経90・3・15）

▨「男の美学」ある人生　新聞社は違うが尊敬する先輩ジャーナリストに、元毎日新聞論説委員の吉岡忠雄さんがいる。……帰国後職安に通って、植木屋の手伝いや工場勤めをしておられると聞いた時も体裁を気にせぬ人柄に感嘆した。お会いすると相変わらずのダンディーな紳士だった。（朝日91・5・25）

▨「自意識という病気」　明治二十九年（一八九六年）、国木田独歩は元来軽快なタイプの男でダンディーだった。いつも身だしなみに気を配り、口髭《ひげ》はきれいに整えていた。彼の新しさは、人の眼にどう映るかではなく、自分は自分にどう見られるか、どう見えているかを気にしたことにあった。（朝日93・7・13、関川夏央）

▨「結婚したらダンディーに―実は家事参加の副次効果」　新婚ホヤホヤのA氏は、職場の女性に「結婚したらダンディーになった」と評判だ。いわく「以前はワイシャツの下に丸首の肌着が透けてみえていたのに、今はワイシャツオンリーよ」「袖口をいつもカフスで決めている」（日経91・6・20）

▨「ダンディー先生」　クイーン先生は当時、まだ三十代前半のバリバリの若手で、いつも蝶ネクタイをしめてダンディーな先生だった。（日経91・7・30）

最近は女性たちにも「ダンディーな雰囲気」を漂わせる人がいる。また、それを受け入れる社会が存在する。ファッション産業はそれを見逃さない。ペンシルストライプの素材を女性のファッションに用いるなどは、その一例である。その風潮はコミック誌にも波及し、「女性っぽい男性と男性っぽい女性」を主人公に物語は進行する。ここでも、「ダンディーで潔《いさぎよ》い」という従来なら男性に対して使われる形容詞が、女性に対して使われている。

■「ダンディーな雰囲気」　今シーズン、シルエットや素材に女らしさを踏まえたマニッシュなスタイルが人気だ。それを裏付けるようにネクタイを買っていく女性が増えているという話もきく。……中でも注目されるのはメンズ素材には欠かせないペンシルストライプである。このダンディーな雰囲気を感じさせるストライプを……。(日経93・2・8)

●コミック誌より●

■「克美姉さんの信念の持ち方を、何度羨ましいと思ったろう……ダンディーで潔く、それが失敗に終わってもくじけたりしない」(原のり子『ミスターレディー、ミスダンディー』)

旦那　だんな

この語はサンスクリット語の(dana-patu)から来ている。ダナはお寺にお布施をする人のこと。漢訳辞典には「檀那」と「檀」の字が用いられている。お寺に寄付をする人が「檀那」であった。主人に対する呼びかけ語として使われるようになったのは、室町時代ごろからで「檀那」と区別するために「旦那」という現在用いられている漢字があてられるようになった。

●新聞より●

■「だんな意識引き出したい—海外向け寄付に税優遇」　投資摩擦回避で通産省が働きかけ金持ちになった日本企業の『旦那意識』を税制面でテコ入れすることで引き出したい。(朝日88・12・14)

この記事の「旦那意識」は、「寄付行為をする人＝旦那」という意味から書かれた記事で、「旦那」の語源に近い使い方をしている。

「旦那」（「～さん」「～さま」）という語はある程度年齢のいった男性に対して用いられる。

①家族が主人（男性）を呼ぶ語
②使用人が主人を呼ぶ語
③商人や芸人が得意客を呼ぶ語
④妾《めかけ》や囲い者が主人を呼ぶ語
⑤商家の主人

二代目に対して「若旦那」と呼ぶことがある。実際の使用例から見ると、「だんな」という語はまだかなりの範囲で使われている。次の例文の①から⑤は前記の分類による。

●テレビコマーシャルより●

▨「だんながかっこよく見える車」（車メーカー）例

① 妻が夫を見た時にという想定

●新聞より●

▨「旦那さま」 奥様が先生を「旦那さま」と呼んでいたことを、誰かが羨《うらや》ましそうにいった。私も思い出した。誕生日のお祝いで台所で大忙しの奥様が用事で座敷にやってくると、先生から少し離れて斜め後ろに座り、片手をついて小声でよびかけるのだった。「旦那さま」、……「僕は聞いていてとても気持ちがよかった。僕がろくな仕事ができなかったのは、女房に『旦那さま』と呼んでもらえなかったせいですよ」最後の言葉には、男性陣から同調の声があがった。「旦那さま」は家庭では今や死語である。（朝日98・1・11、常磐新平） 例

① 妻が夫を

▨「夫のことをダンナと呼ぶ娘」 若い女性が夫のことを旦那というのですが、最近は「主人」というより旦那の方が多いようです。私の娘も旦那を連発しますので「旦那はやめてよ。何だか自分の娘がお妾《めかけ》みたいでいやよ」といったのですが直しません。（朝日94・8・20、六十四歳女性） 例①＋

④　「旦那」という語の受け取り方にジェネレーション・ギャップがあることを示す。

▨「昔の噺家《はなしか》は座敷で生活したんですね。だんなに呼ばれていって噺をする。千円あれば立派な家が買えた時代に、ご祝儀二十円の、お座敷が月に七十回もかかる人もいたそうです。（朝日97・1・11、三遊亭円楽）例③

▨「語りべおもろい大阪磨く」大阪は伝承力の弱い町である。それは大正期に船場《せんば》の旦那衆が本宅をよそに移し、船場に住まなくなった上、残った住民も戦災で郊外に脱出し、戦後から高度成長期にかけて、大量の出稼ぎが流入したからである。（日経94・5・20、倉光弘己）例②・⑤　「旦那衆」という複数形の呼び方。大阪の船場が商業の中心地であるところから、「旦那衆」は商店の主人や問屋の主人などを指している。

▨テレビ番組ガイド「修行中の〝若旦那〟を紹介」老舗や名店、名旅館などの大店に生まれ育った〝若旦那〟を特集。（日経94・7・15）例⑤

●小説より●

▨「わいは、人形屋の『兼徳』の番頭をしてますのや。今日はな、四条の鮫島はんの口ききから、ご主人の使いを仰せつかって竹人形を買いにきましてん。旦那さんはいやはりますか。（水上勉『越前竹人形』）例②　相手（使用人）の立場に立って呼んでいる。

▨オッペルの家の百姓どもが、門から少し外へ出て、小手をかざして向こうを見た。林のような象だろう。汽車より早くやってくる。さあ、まるっきり、血の気も失せてかけこんで「旦那あ、象です」と声を限りに叫んだものだ。ところがオッペルは……。（宮沢賢治『銀河鉄道の夜』）例②

▨「どうしてなんだ、旦那が浮気でもしてその面当てにやったのか、お前に好きな男でもできて、邪魔になったのか、……」（野坂昭如『アメリカひじき』）例①または④

●コミックより●

▨（女性）「あの……ダンナって」（男性）「義兄は二年前からＭＩＴの研究室に単身留学してるんだ。姉は一級建築士で仕事を中断できなかったらしくてね」（原のり子『私だけのステップで』）

この場合は姉の夫を指して呼んでいる。このように、現代語では「〇〇の夫」といわず「〇〇のダンナ」という使用例も多い。

断髪　だんぱつ

結い上げたり結んだりしない短く切ったままの髪形。髪形は性別・年齢・職業など社会的環境を象徴している。これは古代人から現代人に至るまで通じていえることである。

髪形は古代から性別の違いがあった。五〜六世紀の古墳時代の埴輪《はにわ》から男は美豆良《みずら》と呼ばれるお下げに似た独特の髪形をしていることがわかる。

ここでは、男性の「断髪」を中心に「断髪が何を意味するのか」考えていきたい。

髪形はさまざまな形に変化を遂げている。明治時代に西欧社会の影響から、特に男性の髪形断髪に関しては、明治に起きた現象である。

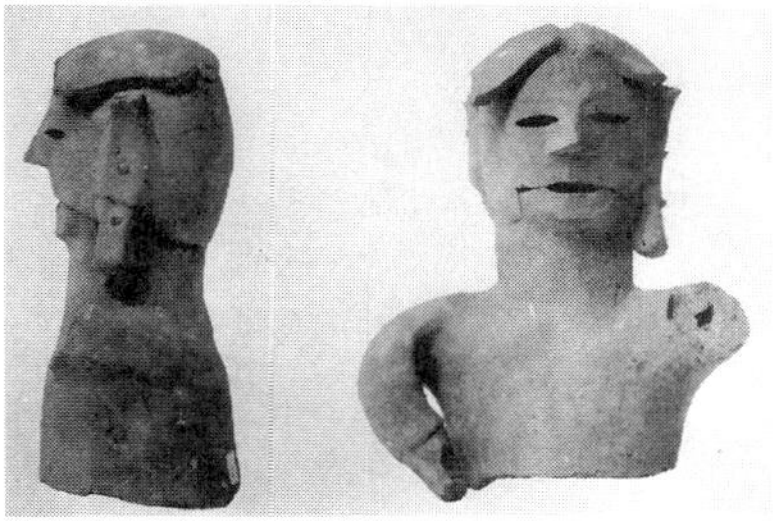

男性埴輪の美豆良

一九七一年（明治四）に「断髪脱刀勝手令」が出て男性が丁髷《ちょんまげ》から断髪にするものが多くなった。その頃の写真を見ると、男性の髪の形に丁髷あり断髪ありで、西洋の風俗を取り入れたばかりの「文明開化」の時代を想像できる。この「断髪脱刀勝手令」には、男女の別は問われていなかったため、時代の先端をゆこうとする女性にも断髪する人が出た。政府はそのことを予想していなかったのだろう。

翌年「違式詿違条例」を出して、女性の断髪を禁止している。女性は依然、髪を結うべきとの判断だが、髪を結うのが不便、不衛生などの理由で西欧風の束髪が流行する。大正末期、今和次郎の東京銀座での調査によれば洋髪四二%、日本髪三一%、束髪二七%となっている。現代の日本の女性の髪形より、個人の主張が表れているといえる。

男性の「断髪」は、精神的な意味では「旧体制からの脱却」を意味する。次のような歌が流行した背景には、男性の「髪形」がその人の「主義主張」であった時代背景がみてとれる。この流行歌が政府の「断髪令」を決断させたとは思わないが、五七調で三通りの髪形と主義主張を取り入れているという点で、実に含むところの多い歌である。

●流行歌より●

▨「断髪令」の出る三カ月前の雑誌より

半髪頭をたたいてみれば　因循姑息《いんじゅんこそく》の音がする。
惣髪《そうはつ》頭をたたいてみれば　王政復古の音がする。
ジャンギリ頭をたたいてみれば　文明開化の音がする。

日本人の大部分が断髪になったのは、一八七三年(明治六)、明治天皇が断髪にしたのが契機である。現代では高度成長が終えた頃から、男性にもさまざまな髪形の変化が生まれている。長髪あり、坊主頭あり、染める人ありと、明治期の髪形のようにその人の主義主張を表しているかのようである。

●新聞より●

▨「祖父、断髪して大騒ぎ—伝統破る家風ひきつぐ」

明治になって本土で断髪令が出た後も、沖縄ではカンプーというまげを結い、カンザシを挿していましたが、明治二十一年、祖父が字で初めて髪を切り、坊主頭になったのです。……字中が大騒ぎ。断髪頭を一目見ようとよその字から見物にくる人まであり、祖父はたまらず近所の家にかくまってもらったといいます。おまけに他家に嫁いでいた祖父の姉は「髪を切るような家の娘は」と離縁されたということです。(日経91・12・2、平良敏子)

■「坊主頭にしたら、足も軽くなった」 先日四十年ぶりに、坊主頭になりました。関取の断髪式を思い出しつつ、バサリ。……坊主になった頭を見て妻や子供は大騒ぎ。（朝日89・7・7）

■「大銀杏《おおいちょう》に別れ、千代男泣き―国技館で断髪式」 師匠の九重親方が止め挟みで二十二年間頭にあったマゲを切り落とすと、陣幕親方は顔をゆがめて男泣き。（日経92・2・2）

■「あとがきのあと『断髪』劉香織氏」 髪を切るとか伸ばすとかで、命を奪われるまで悩まなければならない。そんな中国の運命に嘆かわしささえ感じたと語る……。（日経90・4・8）

●論文より●

■「断髪―近代アジアの文化衝突」 西洋人はこのような東洋人の独特のヘアスタイルに、異文化の不可解さや、神秘的な魅力を感じながらも、最終的には見下した態度をとり、未開文化の象徴であるがごとき装飾を変えるのは当然と考えたという。（『比較文学研究』91・6、金光林）

髪形が「断髪令」という政府の命令によって行われたのは日本の丁髷に限らない。中国では辮髪《べんぱつ》、韓国（朝鮮）ではサンチュがそれぞれ過去の遺物を象徴するものとして、伝統的な髪形が廃止された。

金光林の「劉香織『断髪』―近代東アジアの文化衝突―」によると、幕末期の日本の留学生の髪形はさまざまあったという。「日本の遺外使節の場合、留学組の伊藤らは早くから断髪していたが、公家出身で使節団の正使である岩倉はいたるところで日本の国威の高揚を心がけ、そう易々とは洋風に染まることがなかった。また、幕府派遣の留学生と密出国留学生の場合、前者は始終幕府の訓示にこだわり、身分のシンボルたる丁髷を切り捨てることができなかったが、それとは対照的に後者は渡航にあたり、悲壮な思いで潔く髪を切ってしまったのである」（『比較文学研究』59、91・6）。

政府の「断髪令」に抵抗を感じたのは日本人に限らない。サンチュをわが身の分身とする朝鮮の人々は政府の「断髪令」に激しく抵抗している。

沖縄の人々が明治二〇年代になってもカンブーを

結い、断髪にした男性の肉親が離縁までされているという事実に、沖縄の人々の自分たちの文化を守ろうとする精神をかいま見る思いがする。そして、心にとめておかなくてはいけないのは、「髪形」が「主義・主張」を表したのは、中国・韓国（朝鮮）・日本の三国とも男性が対象であったということである。

痴漢　ちかん

女性に淫らな行為を行う男性。「日本人は痴漢をすることを恥と思っていない」と留学生が指摘したことがある。平成九年度版『警察白書』によれば、実際、被害に会った女性の数は（軽犯罪法違反）一八一万二一一九件もある。もう少しで二百万人に達しようという数で、日本の女性の立場の低さをこれほど如実に示す数値はないだろう。しかも、これは警察に届け出た数で、今でも電車の中などで痴漢行為をされても泣き寝入りする女性が多い。

「男へのメッセージ」と題して作家の藤堂氏が語っている内容は、まさに現代の日本人の「痴漢意識」を示している。

●新聞より●

▨「男へのメッセージ」　先日、数人の五、六十代の男性とおしゃべりしていて、……痴漢の話題になった。「なあに、女性たちはイヤダ、イヤダと痴漢について言うけれど、実際は自分がどれだけ男の関心をそそるか、痴漢の体験をもとにして競い合っているだけですよ」……こと性的な事柄においては、女性の「イヤ」をいまだに「イヤよ、イヤよも好きなうち」と解釈する男性も少なくないらしい。私が特にショックだったのが、そこに居合わせた男性が、すべてマスコミ関係者だったこと。（日経92・1・12）

▨「気丈、女高生、痴漢突き出す」　東北線上り電車に乗った女子高校三年生（十八）が車両の中央付近に立っていたところ、後ろから中年の男に体を触られ、さらにスカートをめくられるなどされた。女子高校生は電車が浦和駅に着いた際、「この人は痴漢です。道をあけてください」と男のコートをつかんで引っ張りだし、近くにいた鉄道公安員に引き渡した。（朝日85・2・2）

▨「〝おさわり代〟千円渡す痴漢」 調べでは○×はJR松戸駅から乗り込むこの女子高校生に目を付け、怖くて声が出せないのをよいことに、約二十五回にわたり、痴漢行為をし、その前後に千円札をポケットに押し込んでいたという。女子高校生の被害届けをもとに十五日前から張り込みを続け、二十七日朝の電車内で現場をおさえた。（朝日88・4・28）

電車の中で泣き寝入りをしない女子高生が「痴漢」を捕まえると、それだけで「気丈」と新聞に書かれる。他にも、女子高生が同じ男性に二五回も痴漢行為を繰り返された上で、やっと届け出るなど、尋常の沙汰ではない。

しかも「女性はそれを喜んでいる」と内心思っている男性が多いというのだ。男性と女性の意識には相当なズレがあり、これは社会教育の分野でも意識的に取り上げる問題だと考える。

そういう意味でも、一九九九年に有名テレビ会社の局長が電車の中の痴漢行為で現行犯逮捕となり、会社を「依願退職」したことは、今後の男性たちへの警鐘となるに違いない。

乳房　ちぶさ

「にゅうぼう」と音読みすると生物学的な感じがし、「ちぶさ」と和語でいうと「血」の通った感じを受ける。漢語と和語の違いだ。語源を調べると「乳」（ちち）は「血」と同じであり、「乳房」は二つあることから「チチ」となったという説がある。

「乳房」で連想されるものは、母が子供に授乳している光景だ。その「母」という字は、「女」＋「二つの乳」から成り立つ。その乳を飲んで赤子は育つ。「女」と「男」が生まれつき持つ身体的・生理的特徴、「男」と「女」の違いの原点かもしれない。

●小説より●

■志乃のからだは思ったより豊かであった。ふだん和服ばかり着ていて、着やせしてみえるのである。乳房は、にぎると、手のひらにあまった。（三浦哲郎『忍ぶ川』）

■いっこうに書き出されぬ配給の通知に落胆してもどり、家さがししても岩塩とふくらし粉しかない。思い余ってこれを水に溶き、二人で飲んだが、いくら空腹でもこれはまずい。丁度そこへ「配給でっせ、七日分やて」床屋の女房が雌牛のような乳房あらわに知らせにきて、……。（野坂昭如『アメリカひじき』）

■「その無邪気そうな声だけ聞いていると、やっぱり以前のナオミに違いないのでしたが、何だかほんの十日ばかり見なかった間に、急に身体が延び延びと育ってきたようで、モスリンの単衣《ひとえ》の下に息づいている円みを持った肩の形や乳房のあたりを、私はそっと……。（谷崎潤一郎『痴人の愛』）

■どの子供にも十分の食料を供給した、大きい乳房が、懐炉を抱いたように水落の辺に押しつけられるのを末造は感じながら……。（森鷗外『雁』）

男性が「乳房」に対していだく心情には特別なものがあるようで、それを如実に言い表していると思える歌の歌詞をこの項のまとめとしよう。

●歌詞より●

■男にゃ女にわからない／育ちきれない夢がある／母の乳房の夢がある／そのくせそしらぬ顔してる

（「男だけの唄」河内康範作詩）

嫡男
ちゃくなん

日本人の好きな「時代劇」に「嫡男」ということばが頻繁に登場する。「嫡男をあげねばならぬ」「ご嫡男誕生、おめでとう存じます」「嫡男でなければ家督は相続できぬ」などなど。少子化の進む現代社会では「正妻の生んだ最初の子供（男子）」などという概念そのものが陳腐に聞こえる。それでは、この「嫡男」という概念はいつごろからあらわれたのだろうか。

●論文より●

▨これまでの中世「家」研究の一応の到達点である飯沼賢司・峰岸純夫の両氏の研究を総合すると、「イエ」の中世的特質は①所領・田畠などを家産として所持し、その家産をもとに家業を経営している経営である、②その継承原理は、父―嫡男子を基本としている……。（『史学雑誌』91・9、高橋秀樹）

この論文の中で高橋氏は、律令制に規定された嫡子制とは異質な、社会的存在としても「家」の継承方法として、中世的嫡子制が成立したのは、官人層では一一世紀から一二世紀前半までの時期であり、また貴族層では一二世紀半ばとしている。

江戸時代の「幕藩法」では、家督をゆずるさい「嫡出（正妻から生まれた）の長男を家督の法定相続人「嫡子」としている。また「嫡子」が早世した場合には嫡孫、次男以下の直系卑属、兄弟が「嫡子」として願い出ることとされている。家父長制の時代にあって、女はまったく家督の対象になっていない。「嫡男」は正妻の生んだ最初の子供（男子）。「嫡流」は嫡子から嫡子へと家督を伝えていく本家の血筋のことで、武家社会ではこれが守られていた。しかし町人や農民にとっては、家督は能力のある者が継ぐことも多く、「幕藩法」は庶民にまで行き渡っていなかった。

家父長制のもとでは、妻をはじめとする女性たちは、その字が示すように「家父長」にはなれない。それは、個人として生きる道を閉ざされ自分自身で意思決定することができないという身体的にも精神的にも屈辱的な立場に身をおくことになる。性的差異が性的抑圧のイデオロギーの装置、あるいは文化の装置として働いており、女性はそれに従わざるを得ない立場にあった。

●小説より●

▨「何者でございます」「美濃の国主、頼芸様のご嫡男にございます」「主筋ではございませぬか」その通りである。美濃王頼芸の皇太子でゆくゆくは頼芸のあとをつぎ、美濃一国の主になる人物である。「なるほど、世間の流儀で言えば主筋だ。……」

（司馬遼太郎『国盗り物語』）

一九七〇年代から八〇年代にかけて、自らの意志で子供を生んだ「非婚」（自ら結婚しないことを選ぶという意味で使用。「未婚」と区別して用いている）の母やその「連れ合い」たちが、出生届にある「嫡出子」の欄や住民票の「続柄明記」の欄が、子供に対する差別であるとして行政に意義申し立てを始めた。国連の国際人権規約（一九六八年採択）、子供の権利条約（一九八九年採択）で全ての子供は平等の権利を有するという主張が示されている。

しかし現実の問題となると、法律上、親子関係をどのような場合に認めるかで、難しい。現在は婚外子に対して「嫡出推定制度」が存在するが、生まれてくる子供には何の責任もないのである。

▨父浜之助。母は西村志気。浜之助には国もとに妻こうがいたが、子供がなく、生後直ちに堀家の嫡男にされた。（堀辰雄『風たちぬ』年譜より）

●新聞より●

▨「仮説『闇将軍』めざす小沢氏」自民党の最大派閥（竹下派）の嫡男で、政界の蒼《あお》き狼《おおかみ》とまで評される小沢一郎氏。その小沢氏が実は総理・総裁の座を目指していないと言ったら、大方の失笑を買うことだろう。（日経92・8・24）

▨悪事ばかりが強調される武将もいる。その代表格が大和を支配した松永久秀だろう。主家・三好氏の嫡男を毒殺したと噂され、将軍足利義輝を謀殺したとも言われる。（日経94・5・15）

現在の日本国憲法では、第十四条に「国民は男女の性別によって差別されない」と法の下の平等が明記されている。実態がそれに則しているか否かは別として、女性も男性と同等の人間性、能力を持っているとされる現代社会で、「嫡男・嫡子・嫡流」という語は死語になる運命を持っている。

もし使われるとすれば、歴史の記述や小説の中でか、「小沢氏」の例のように、「権利の正当性」を持つ者という意味でだろう。

中年女・中年男

ちゅうねんおんな
ちゅうねんおとこ

中年とは何歳ぐらいをさすのだろう。『広辞苑』では「青年と老年の間の年頃。四十歳前後の働き盛りの頃。壮年」としている。ここで気になるのは「働き盛り」という語である。ふつう男性に対しては「働き盛り」という形容をするが、女性に対してはあまり使わないからだ。

ここでは、暗黙の了解として「中年」を男性を対象に書いているのではないかと思う。また「壮年」も女性に対して使うことは稀である。

それでは医学的な立場から見ると、何歳くらいを「中年」というのだろうか。『教育と医学』(仁保喜之、85・6)の「中年期とは」によると、「医学的には、中年期の体力の衰えは明白である。体力測定値、諸臓器生理的機能などから、この稿では、三十歳から六十歳までも中年期とみなすことにする。……体育医学の方面から見ると二十歳代が筋力のピークで、三十歳代になると衰えが明瞭になってくる。従って三十歳代が中年の始まりとみなしてよいのではないだろうか」としている。ただし、ここでは男女の区別は特に指摘されていない。

この論文で指摘されている男女の差は「血沈値」「血清脂質濃度」「中性脂肪」などであり、測定値からみると男性より女性の方が生理的には「中年度」の進み方が早いようである。

しかし、日本語の中で用いられる「中年女・男」という表現は、「中年」が人生の後半への過渡期であり、老化現象の始まりの時としてマイナス表現で表されることも多い。中でも、女性に対する「中年女」という呼び方が男性よりも辛辣《しんらつ》なのは、多数の中年の男性が競争社会の中で高い収入・地位・名声などを手にしているのに対し、ほとんどの女性がそれらを手に入れてないことから起きる、社会的な差別意識の現れではないかと思う。

林万里子氏は新聞に「中年女」という表現につい

て次のように指摘している。

●新聞より●

■しばしば男性たちはごく侮蔑《ぶべつ》的な揶揄《やゆ》をこめて「中年女」という使い方をする。誰だって年をとる。それなのにどうして世間というのは三十代後半からの女性にこれほど冷たいのかと、つくづく腹がたったものだ。（朝日94・5・22）

●小説より●

小説や新聞から、「中年女」「中年男」それぞれの用例がマイナス／プラス、何がキーワードになっているかを見てみることにする。

中年女

■マイナス 「襟もとが大きくひらいたワンピースを着た顔色の悪い中年の女が、ぐったりと長椅子にもたれて通りに目を細めていた。（三浦哲郎『忍ぶ川』）

■マイナス 「若い時ならね、じゃあやめます、と言ったかも知れないけど。今の母さんは、中年になってね。憎たらしい年なのよ。（曽野綾子『太郎物語』）

■マイナス 「私は自分をひどいすれっからしの中年女のように感じて、いやな気がした。（五木寛之『風に吹かれて』）

■マイナス 「同じ売り場に隣り合わせた中年女の舶来がどうのこうのという話を軽蔑しながらも、その堂々とした風格を羨ましく思う。（高野悦子『二十歳の原点』）

中年男

■マイナス／プラス？ 若く一途に愛に燃えた青年は、今は四十に近い中年に達していた。黒く溢《あふ》れていた頭髪はところどころ白いものが交じり、額には年輪の皺《しわ》が滲《にじ》んでいた。（渡辺淳一『花埋み』）

■マイナス→プラス だいたい、タイムズを読んだり、当世風ということを毛嫌いするような、中年男なんてのは、退屈でやりきれないものだと決めてかかっていたのに、その中年男が目の前に現れてみると、自分と同年輩の青年などとは比較にならないほど、興味と関心をそそってやまないのであった。……。（ヒルトン『チップス先生さようなら』）

■マイナス 「そろそろ中年紳士のお仲間入りね」、彼は思わず掌を腹にあてがった。……目鼻や口にさして変化はないが、頭髪は薄くなり、三十七年間空気にさらされてきた顔の皮膚はしぶとく厚くなっていて、まぎれもない中年男の顔であった。（吉行淳之介『砂の上の植物群』）

■《ニュートラル》 ゴルフバッグをかついだ中年の男が……ウイスキーのポケット瓶を買っていったりもした。中年といっても三十代半ばで……。（村上春樹『世界の終わりとハードボイルドワンダーランド』）

●新聞より●

中年女

■《マイナス》 「猫の時間—中年女」 何年か前、有名な女優さんが一回り下の若い男性と結婚した。この時の彼女へのマスコミの意地の悪さは大変なものがあったと記憶している。「中年女の焦りと図々しさ」とコメントした評論家もいた。……「中年女」という言葉を使い一人の女性を陥れようとする魂胆が見え見えなのである。（朝日94・5・22）

■《マイナス》 「中年からの老後学—女独り 木賃《もくちん》住宅で年金暮らし」「A子さんの生きかたに問題はなかったのでしょうか。時代がどうあれ、五十五歳まで生活してきた間に、少しでも自立していこう、という気持ちがあったのかしら。……彼女の生きざまを反面教師として今後の長命時代に生かすべきです。もっと早く、もっとしっかり、女性は中年からの生活設計をたてないと、A子さんのような老後が後をたちません」（朝日92・8・20）

中年男

■《プラス》 「『わけあり』の中年男が魅力的—演劇「サイレント・ビート」」 激しい季節の記憶を内側に刻み、世慣れたずるさと誠実さが同居し、静かな安定感の中に、冷めない熱の気配を感じさせる中年男。その役柄が役者のイメージと重なってみえる。（朝日97・1・21、山口宏子）

新聞に見られる「中年女」という「女性蔑視」の表現は、世間（読者）がそのことばを受け入れるという目算があって成り立っている。ここで取り上げたキーワード「すれっからし」は女性に対してのみ使われる差別語であり、「図々しさ」も、男性が一回り年の若い女性と結婚しても決して言われることのない表現である。

「中年女性」が顔色が悪いのは、「医学的にも女性は三十歳代から血液中の赤血球数が減少する」（前掲・仁保喜之氏）からであり、それが「中年女」の形容として使われること自体、社会での「中年女性」に対するマイナス評価を示す。

それに対して男性の生理的変化に対しては、「頭髪はところどころ白いものが交じり、額には年輪の皺《しわ》」（小説例から）とあるが、「年輪の皺」は解釈のしようでは「経験を積んだ」というプラス表現になりうる。中年の、男性に対する評価と女性に対する社会の評価にはあきらかに違いが見られるのである。

平均寿命がのび、「人生八〇年」の時代になって「中年期」の概念が変わりつつある。今日本で「中年の世代」（五〇歳代後半から三〇歳代）は、高度成長が始まる一九五〇年代後半に大学を卒業して働き始めた世代が会社を定年退職する時期であり、その世代を親とする子供たちである。定年、現役引退で社会的役割や経済的地位を失おうとする人たち、またバブルの崩壊後、会社ではリストラが続き、日本的経営の柱であった「終身雇用制度」が崩れようとしている時期の働き手たちは、もはや会社に自分の生活を捧げる「会社人間」ではなく、高度成長期の日本の企業が行った「会社丸抱え」も期待できない。

アチリー（Atchley, Robert C., 1980, The Social Forces in Later Life : An Introduction to Social Gerontolog. Belmont : Wadsworth）の述べる「中年期」（四〇代から五〇代）では「誰もが最初に老化を感じる。仕事では頂点に達するが、健康には衰えを感じる。身体を動かす喜びよりは知的な満足を求めるようになる」という。ここで「誰も」と言っている中には女性は含まれているのだろうか。含まれているとすれば、それはアメリカと日本の社会の大きな違いということになる。

中年期とはアイデンティティの揺らぎの時期である。日本では、結婚して子供を持つ女性が子育て後、生き甲斐を失うケースも多く、一方結婚していない女性にとっては新聞例「女独り」のように、収入の道が閉ざされるという不安がつきまとう。

川上婦志子氏も、中年期女性を「戦後四五年、たしかに女性の生活や意識は変化した。……にもかかわらず、社会の基礎的な部分の差別の構造は揺るがず、平等化への動きも微々たるものにすぎないように見える。女性をとりまく環境は基礎的なところではそれほど大きく変わっていないのではないだろうか」（「中年期女性のフェミニズム」『神奈川大学人文学研究所報』94・3）と論じている。

アメリカでは中年という概念は「肉体的には元気である。家族への責任は軽くなった。仕事では中心的存在だ。女性がまた仕事にもどる」ということを意味しているという（片多順「中年期とは」『教育と医学』85・6）、中年に対して非常にポジティブな考え方だ。「女性がまた仕事にもどる」は、子育てを終えた女性たちが、社会的な場に戻る受け皿があることを示唆《しさ》している。

日本はアメリカをお手本として「民主化」し「経済発展」を遂げてきたが、「中年女性」の社会復帰に関しては、数十歩遅れをとっていると言えそうである。

長老

ちょうろう

年取った男性を敬っていう語。女性に使われることは全くといってよいほどない。梵語の sthavira（スタヴィラ）の訳で目上の僧を呼ぶ時の尊称。日本の政治は「長老政治」といわれる。男子の年長者の権威が高く、彼らが実権を持つ体制である。

インターネットで見る立花隆の「政局ウオッチ」では自民党の中曽根氏や竹下氏が「長老」と呼ばれている。アメリカの大統領が五〇代（クリントン）、イギリスの首相が四〇代（ブレア）に比較すると、確かに日本は長老政治の感が強い。

●インターネット・新聞より●

▨「橋本首相には政治的リーダーシップが持てない時代になった」今回の人事のもう一つの特徴は、派閥政治が完全に復活したことである。しかもそれが、中曽根、竹下といった長老政治家のヘゲモニーのもとに行われた。……ボス中心の派閥政治の復活である。（立花隆・週刊現代編集部98・5・13）

▨「政界の長老支配は、もういいかげんにしてもらわなあかん。古い政治はもう終わり。そやけど、わたしも、貯金はもうゼロや」（松下政経塾ホームページ93・8）

▨国防相は九十五年十月、故呉振宇国防相の……に任命された長老世代の一人。指導部では序列第七位。……北朝鮮の権力内部で慌ただしい動きが続いている。（産経97・2・22）

それでは、「長老」とはどのような資質を備えた人物を言うのだろうか。

●雑誌より●

▨「長老級ピアニストの復活―ゼルキン、アラウ、ホロヴィッツの巨匠性」①現在は平均寿命が延びているから「巨匠」は少し遠慮して、六十歳代後半、できることなら七十代、八十代ならなお好ましい、といった位の年齢であって欲しい。②勿論、単に老齢ならば「巨匠」の資格を得る、という具合にはまいらぬ。……巨匠には芸術上の偉大な才能に加え、永い間人生を生き抜いてきたという自信、多くの経験を踏まえての英知、どっしりとして物に動じぬ風格、威厳が備わっていてもらいたい。③最後にもう一つ、「巨匠」には男性のイメージがつきまとう。……人生への自信、英知、風格、威厳、人間としての芸術家としての完成度は全く申し分ないのだが……、女性の場合に、「巨匠」以外、他にもっとぴったりした呼び方がありそうである。（『音楽芸術』86・10、中村洪介）

中村氏は「巨匠」の資格について論じている。決して「長老」について論じているわけではない。しかし、彼のあげる三つの資質は、ピアニストを（日本の）政治家に置き換えると実にスムーズである。

中曽根氏を例に考えてみると、①年齢は八〇代、②政治家としての才能・自信・経験と英知、③そして男性であると、条件を満たす。相手が芸術家の「巨匠」となれば、褒めて褒めすぎということはないが、政治家に対しては主義主張の違いもあり、これ以上は褒めにくい。ただ、長老になるためには③の「男性」がネックとなり、社民党の土井党首のように①②の条件を満たしていても「長老」とは言われない。永い間の男性支配の構造が、女性がリーダーになっても、日本語の語彙《ごい》では表現できない。

「女社長」や「女弁護士」のように「女」を頭につけること自体が日本の社会構造そのものを物語るが、「女長老」というのは「白い紅花」のようでアンビバレンスである。

「長老」に代わる女性を指す言葉が生まれるか、あるいは「長老」が「巨匠」と同じように女性をも含んだ表現として意味の転換をはかるかは、これからの日本の社会に関わっている。ことばの変化は社会の動きより数十年は遅れるのが普通だからだ。

角隠し　つのかくし

女性には角があるのだろうか。なぜ結婚式の文金高島田に「角隠し」をする必要があるのだろうか。また、その呼び名はなぜ変わらないのだろうか。

動物の角は「攻撃」や「防御」のためにある。女性の「角」はもっぱら「攻撃」の意味のみを持つようで、「角を出す」（嫉妬《しっと》したりやきもちをやくこと）、「角をひっこめる」も女性に対して使われることが多い。能楽では女性が嫉妬心を露《あらわ》にする時に、角のある鬼の面をかぶる。ここから「角を出す」という表現が作られたという説もあるが、能楽より前に「女性が夫に嫉妬することを戒める」というイデオロギーが存在した故に、能楽で「鬼の面」がかぶられると考える方が筋道が通る。

「角隠し」の由来は「女性の嫉妬心を戒め」「醜い心を隠す」ためという説があるが、なぜ、女性の嫉妬心だけ戒めて、夫の嫉妬心は戒めないのか、「醜い心」とは家父長制の中で判断されるもので、「夫に逆らう」のも醜い心とされている。夫が妻に「逆らう」（この表現自体が日本語としては存在しない）ことは、醜いことではないのか。この「表現」から当時の「嫁」の立場の弱さが想像できる。

浮世絵美人画には、「嫁入り」のため花嫁の歩く姿が描かれているものがある。花嫁は「角隠し」兼「スカーフ」で美しい髷《まげ》をおおっている。おそらく、「角隠し」は「塵《ちり》よけ」の役割も果したのであろう。しかし、名称は依然として「角隠し」のままである。

近世の結婚式では、女性は綿帽子をかぶり、深く顔を覆い隠していたが、これでは女性の顔が見えず、近親者への「花嫁披露」の意味がないということから、現在の「角隠し」に形も変化してきた。現代人の結婚式でも、花嫁は文金《ぶんきん》高島田、花婿《はなむこ》は紋付きの着物で行い、お色直しで花嫁・花婿とも洋装に着替えるのが最もポピュラーだ（結婚式場の調査から）。

妻
つま

法律で婚姻関係にある女性の方をいう。夫が第三者に対して「私の妻は」ということはあっても、夫が実際に自分の妻を呼ぶ時には名前を呼ぶ。家族の中での関係から家族の年少者の立場にたって呼ぶ「おかあさん」、ちょっと見下して「お前」と呼ぶなど。また第三者が呼ぶ場合には「木村さんの奥さんは」「床屋のおかみさんが」など、立場や属性によって変化する。＊「お母さん」「お前」「奥さん」の項参照。

「つま（妻）」の歴史

古代には夫婦・恋人がお互いに「つま」と呼んでいた。英語には better-half という語があるが、その意味に近い。

▨『古事記』より

八雲たつ出雲八重垣妻籠《つまご》みに／八重垣作るその八重垣を

（スサノオのミコトが結婚して家を建てる時に詠んだ歌――出雲にはあちらにもこちらにも雲がたちこめ、まるで垣根のように自分たちの結婚して住む家を取り囲んでいますね）

新婚の二人が住む新居が「妻籠み」である。二人だけで籠《こ》もる家、新婚の喜びと愛が伝わってきそうな歌である。

▨『伊勢物語』より
武蔵野は今日はな焼きそ。若草のつまもこもれり。我もこもれり。
(国守が追いかけてきて武蔵野の野に火をつけようとする—どうか焼かないでください。私も夫も若草の中で隠れているのですから)この場合の「我」は女性で「つま」は夫をさす。

杉本つとむ氏によれば、「つま」が女性だけを指すようになったのは室町時代ぐらいからで、江戸時代の半ばに「妻」の意味になっていくという(『女とことば今昔』)。

妻—結婚と離婚
—日本で—

●論文より●

▨「男と女『妻』」・北原武夫/お前が私とつゆ子との子供だということ、お前の出生について私には善かれ悪しかれ生涯負わなければならない責任があるということを、この「みじめな夜」に私ははじめて感じたように思う。……夫は娘の存在を通して「家族」を認識したといえる。「家族」を認識した時男と女は、夫と妻になる。(『国文学解釈と鑑賞』97・10、尾形明子)

▨「妻と妾の間—『毒薬を飲む女』」岩野泡鳴/今日あらためて、五部作を始めとする彼の小説を読んでみると、当時の「社会の実態」なり「その生きた社会諸関係」なりが実によくわかって、むしろ私にはそちらの方がはるかに面白い。とりわけこの『毒薬を飲む女』などは、明治民法下における婚姻の制度とその実情を知るためのケーススタディーとして、恰好のテクストではないだろうか。彼は「どうせ、今の妻は離別する時があると思って」おり、……お鳥もまた「本妻にしてくれ、してくれ」という要求を繰り返し、義雄は「そう容易に法律が許さない」というのだが、……。(『国文学・解釈と教材の研究』97・10、宗像和重)

▨「進み妻と遅れ夫の離婚」有責主義から破綻主義へ/最高裁の判例が三十五年ぶりに見直され、不貞などによって結婚生活を破綻させる原因を作っ

た有責配偶者からの離婚請求も認められることになった。（『法学セミナー』88・2、円よりこ）

▩「よりよい母・妻って何だろう」　今もっともさし迫った問題としては、……妻の献身は、一面、夫をうとんじる心理をも産む。女性の側が生き生きとし、同時に夫を「粗大ゴミ」「濡れ落ち葉」とそしらぬためには、夫を生活者として訓練することが必要であるのではないか。そしてそれは妻の新しい規範でもある。……自身、母親以外の時間を充実して個人として過ごすこと―かつてなら悪妻、悪母と言われる規範が今、求められているのである。（『月刊社会教育』90・2、北村節子）

愛情よりも社会的・経済的結びつきが強かった時代の「妻の座」は不幸ではあっても安定していた（法律によって妻の座はある意味で「守られていた」―離婚が少なかった―小説例『毒を飲む女』）が、高度成長以降、女性が経済力を持ち、「妻の座」に執着する度合いが減少してきている（『有責主義から破綻主義へ』／『よりよい妻・母って何だろう』他）。不幸な結婚をして夫に忍従したり依存してまで「妻」でいる必要はないと考える人が増加しているといえる。

宗像氏は論文の中で、小説を「恰好《かっこう》のテクスト」としているが全く同感である。『毒薬を飲む女』では、夫は長年妻とは別居して「愛人」と暮らしているが、法律によって離婚できない事情が見てとれる。

一八九八年（明治三一年）から施行／民法第四編「親族」第三章「婚姻」

民法第八一三条（十カ条からなる―抜粋／筆者が現代語に要約）（夫婦の一方が要件を満たす場合に離婚できる―この要件を満たさない場合には離婚できない）

1配偶者が重婚した時
2妻が姦通した時
3夫が姦淫罪で刑に処せられた時
4配偶者が刑に処せられた時
5配偶者から虐待や侮辱を受けた時
6配偶者が悪意で相手を「遺棄」した時
7配偶者の直系尊属（親等で父母と同列かそれ以上の血族）
8配偶者が直系尊属を虐待したり、侮辱した時
9配偶者の生死が三年以上分からない時

10婿養子縁組の場合
（参考・牧野菊之助『日本親族法論』一九一四年）

明治に施行された民法は、妻は「姦通した時」、夫は「姦淫罪で刑に処せられた時」という夫と妻に対して不平等なものであった。しかし、夫が妻以外に愛する人があり、長い間別居が続いていて、愛情も覚めている場合でも、この十カ条では「離婚」を認めていない。つまり裁判にも持ち出せないということになる。ある意味では「妻は妻の座にどっかりと座っていられた」ともいえる。

戦後民法は改正され、「婚姻を継続することができない重大な事由がある時」には離婚できることになった（第七七〇条）。しかし、「重大な事由」とは何を指すのだろう。判断の難しいところで、裁判官の年代やその時の社会通念によって、いかようにも解釈できる「条文」である。

一九八八年の『法学セミナー』では、有責配偶者（夫である場合が多い）が妻以外の女性を愛している場合でも、夫の方から離婚請求できるという「判例」があることを示している。これは「夫の擁護下にはない妻、自立した妻」が現れたことの好例である。なぜなら、有責配偶者がいくら離婚請求しても以下の場合には認められないからである。

1離婚によって、相手方が精神的・社会的・経済的に過酷な状況に追い込まれないこと

2夫婦の間に未成熟の子がいないこと（いる場合には認められない）

つまり女性たちは、高度成長期に確実に力をつけ、離婚に応じられるだけの「精神的・社会的・経済的」に、離婚してもダメージを受けないだけの実力をつけたといえる。もはや、女性たちは夫のもとに保護される立場にはない、ということを判例が裏づけている。

北村氏の論文では「悪妻のすすめ」ともいうべき価値観の変容がみてとれる。このタイトルは今後、生き生きと自分の価値を追い求める「良妻」に変わっていくように思える。

●新聞より●

▨「対論―どう思いますか　妻の恋」

A檀一雄がことを起こした時、奥さんが家出をすると、不思議そうに言います。お前は妻じゃないかと。—これからは別れる妻が増えてくると思う。

B大体夫が老後を考えて妻の恋におびえるのが多いですね。

C夫が騒ぎ立てて妻がそうでもなかったのに追い詰めて離婚した夫婦もある。

Dこの論議って、一昔前までは男の人の話よね。

（朝日96・1・13、内館牧子・藤堂志津子）

Aでは、壇一雄の自伝的小説がその下敷きにある。主人公の男性が、愛人を作る。それでも「妻は家にいて、子育てをし家を守るもの」という意識があるから、何ヵ月も家をあけては、平気な顔で家にもどる。「これからは別れる妻が増える」という予測は、実際の離婚の数値の増加が示している。

B「夫が老後を考えて……」は、高度成長期に働くことが全てだった男性たちが、家事が全くできず、定年退職後、妻がいなければ日常生活に事欠くことを示唆《しさ》している。

C妻が夫以外の男性と恋愛関係にある人が増えていることを示す。メリル・ストリープが演じて好評だった映画「マディソン郡の橋」も日本の女性たちに大きな刺激になったようだ。

D女性たちが職場に進出する前（高度成長期以前）で、女性たちに経済力がない時には女性によるこの対論は、とても考えられない内容である。

—世界で—

●雑誌より●

▨「世界で一番強い妻　ヒラリークリントン」妻として、弁護士として、彼女はまたしても夫を危機から救った！毅然《きぜん》という言葉が一番似合う。（『UNO』98・4）

●新聞より●

▨「いくら何でも多すぎる　妻十人—三十五歳宗教家禁固二年余と罰金五十万円」四人の正妻に加えて六人と結婚し、タイで偽の婚姻証明書を手に入れた。判決ではイスラム法に基づいて、不法に結婚した一人の妻ごとに二ヵ月の禁固刑が被告に

科せられ……。（朝日95・7・13）

ここでは最も女性が強いといわれる国アメリカと、四人までは「正妻」を持つことが許されている国の記事を例にあげた。

日本では「離婚」が問題になっているが、イギリス、デンマーク、スエーデン、アメリカと比較すると、ずっと低い。それは「家族制度の崩壊」と「女性の自立」が、他の四ヵ国ほど進んでいないとも受け取ることができる。

ヨーロッパでは日本よりはるかに早く、「妻」の自立した人権が認められているように思えるのだが、調べてみると、フランス民法で「家長権（シェフ・ド・ファミーユ）」が消えたのは、一九七〇年であり、つい数十年前までは妻は夫に（娘は父に）従わなければならなかった。それは一八〇四年に制定されたフランス民法典（ナポレオン法典）が下敷きとなっている。

・夫の許可・同意がなければ、妻は自分の財産も処分することができない。

・修道院に入るためにも夫の同意が必要

・親書の自由が全くない（妻に来た手紙は夫が開封し、チェックする。そのまま送り返す、破り捨てる、離婚の証拠にするなどは全て夫の自由）（『民族の世界史』木村尚三郎執筆）

ある意味では、フランスは日本よりも家父長制が強かったといえる。それだからこそ、一九七〇年代のフランスに、デルフィーのようなフェミニストが表れたともいえる。シモーヌ・ド・ボーヴォワールは、デルフィーは「フランスでもっとも刺激的なフェミニスト理論家」と評している。

フランスの女性解放運動の指導的な活動家であるクリースティーヌ・デルフィー（Christine Delphy）の書いた書物（Close to Home-A materrialist of women's oppression　第八章）によると、「家父長制」について次のように論じている。「1女性の抑圧は一つのシステムをなしている　2このシステムは……家父長制というシステムである　3このシステムの受益者は男性である」（参考『何が女性の主要な敵なのか―ラディカル・唯物論的分析』井上たか子・加藤康子・杉藤雅子訳）。

デルフィーの理論はラディカル・フェミニズムと呼ばれるものだが、イデオロギーの重要性について「女性差別は制度化された抑圧のイデオロギー的表現であり、家父長制が表面に表れたもので個人的行動の外部にある」と述べている。ここでとりあげた日本の法律の変化とフランスの民法を、「制度化された抑圧」としてとらえれば、その抑圧の少なくなった現代の日本で、社会はどの方向に向かうのか、「妻」という名の女性の今後を社会のイデオロギーの変化の中でみてゆく必要があるように思う。

亭主　ていしゅ

家の主《あるじ》（男性）のこと。ただし現代語では直接の呼びかけとしては使われない。

時代劇を見ていると宿屋や茶屋の主に向かって侍が「亭主はどこだ」というセリフがある。この場合は士農工商の侍は「武士」、呼びかけられる方は「商人」という身分上の区別が明確なので上から下への「呼びかけ語」として使える。現代語では店の主人に「亭主はどこだ」とは言わない。

妻が夫のことを陰でいう時には「亭主元気で留守がよい」「うちの亭主ときたら」と「亭主」を使うこともあるが、妻が夫をいささか見下した感じが強くなる。

ことわざには「亭主の顔に泥を塗る」「亭主の好きな赤烏帽子《えぼし》」「亭主を尻に敷く」と「亭主」がよく使われる。これを「夫の顔に泥を……」「夫の好きな……」と言い換えてみると、冷たい響きが伴い、「亭主」という語に内蔵される豊かなニュアンスが消え、ことわざの言葉の調子や豊かさが失われてしまう。

「亭主」と「夫」の微妙な使い分けを示すものとして、宮本輝の『幻の光』の一部を引用してみたい。

●小説より●

▨新しい夫①と、何とか平和に暮らしていながら、死んでしもた前の亭主②に、こうやってせっせと話しかけてる自分を、気色悪い女やと思うこともあります。……もっと得体の知れん近しい懐かしいも③のに話をしてるように感じて、うっとりしてしまうときがあります。

作家の宮本輝氏は、一九四六年兵庫県生まれ。七七年『泥の川』で太宰治賞を受賞。作者が生まれた時は日本の敗戦直後の時代であり、小説家としてのスタートは高度成長が終えた時期と重なる。

宮本輝氏は、この作品の中で、意識的に①と②を使い分けているのではないかと思う。そこには、関西弁と標準語のニュアンスの違いがくっきりと浮かび上がる。主人公の女性（関口ゆみ子）が関西弁の一人称で語りかけるスタイルが「本音をそのまま語っている」という印象を読者に与える。

高度成長期、都会に出て就職した若者たちが、職場では無理に標準語を使い、同じ郷里の若者に出会った時、はじめて鎧《よろい》を脱ぎ捨てて、「郷里の言葉」で話せる、その時の解放感と同じ思いを、この小説のスタイルから読者は受け取るに違いない。

主人公の女性は、幼なじみの男性と結婚したが、彼は鉄道自殺をしてしまう。その後再婚し、「平凡で幸せな生活」をしながらも、主人公は無意識のうちに「前夫」に語りかけてしまう。

①「新しい夫」と標準語で、しかも「夫」という関西弁の中では親しさの伴わない語を使うことで二人の「妻が夫に感じている疎外感」を表している。

②「前の亭主」と呼ぶことで、主人公の中での「前夫」がいかに近しい存在かを表す。また「前夫」に対し「死んでしもた」と関西弁で言い、「……しもた」（……てしまった—後悔・残念の気持ちを表す）、「死ななくてもよいのに」という感情が込められている。

③「亭主」という語が「より近しい者」「より懐かしいもの」を示すのではないか、標準語話者もここで、作者の「亭主」という語に対する使い分けを理解する。

年代や出自の環境によっても、「亭主」という言葉の響きは変わってくる。「亭主」をどう聞きどう感じるかは、その人の価値観によると思う。

亭主関白

ていしゅかんぱく

「亭主関白」という語がある。この言葉は江戸時代に生まれたもので、夫が一家で最高の位置にあり、そしていばっていることをいう。「関白」は豊臣秀吉から来ているという。

高度成長期以降、「亭主関白」という語は意味の実態を少しずつ失っていく。一九六八年「二六〇〇円亭主」という語が生まれた（国民生活研究所調べ）。首都圏のサラリーマンの一日平均の小遣いが、僅か二六〇〇円だったのだ。妻に毎日、二六〇〇円の小遣いをもらって働きにでる「亭主」は、もはや「関白」とはいえない。

この背景には銀行がオンラインシステムをスタートさせたことで、夫の給料が直接銀行に振り込まれ、妻がカードの管理をし、夫は妻から給料を「もらう」という構図ができたのが一因だ。銀行のカードを妻が握っているからこそ生まれた「二六〇〇円亭主」という表現であり、「亭主関白でありたい」という男性の思いが、さだまさしのヒット曲を生んだともいえる。この歌は、いかに現代社会で夫が「亭主関白」でいることが難しいかが風刺をこめて歌われている。

●歌詞より●

お前を嫁にもらう前に／言っておきたいことがある
めしは上手《うま》く作れ／いつもきれいでいろ
それからつまらぬシットはするな／俺は浮気はしない／多分しないと思う／しないんじゃないかな／まちょっとは覚悟しておけ
俺より先に死んではいけない／たとえわずか一日でもいい
俺より早く逝《い》ってはいけない／何もいらない／涙のしずくふたつ以上こぼせ
忘れてくれるな　俺の愛する女は／愛する女は生涯お前一人

（「関白宣言」さだまさし作詩・作曲）

前半はいかにも「亭主関白」そのものの命令で浮気まで容認するように言っている。しかし半ばになると、妻に先にいかれることへの心細さを歌い、最後に「愛」を歌い、文体は「忘れてくれるな」という依頼形にかわる。もし最後に「忘れるな」と命令形をとると、命令の調子が強く残り「関白」にふさわしいのだが、「……くれるな」で終えるところがいかにも現代社会の夫の立場の難しさを物語る。

威張っては見せたいが、ストレートに威張るのは気が引ける……そういった感じをこの曲は漂わせている。その雰囲気がヒットの原因であろうと思う。ストレートに亭主関白を歌いあげれば、ストレートな反発がかえってくることは必須だからだ。

貞淑　ていしゅく

貞淑も貞節も、女性だけに向けられたもので「女性の操《みさお》が堅くしとやかなこと」という意味を載せている辞書が多い。男性に対するこれらの言葉は存在しない。なぜ女性だけに向けられるのかは、家父長制度のもとイデオロギーが日本語の表現にまで及ぶことを示している（「妻」の項の明治民法を参照）。

女性に対する貞操観念は儒教主義の道徳観に基づいている。南北朝時代より「貞婦は両夫にまみえない」として、夫が死ぬ時には妻も自害して果てるという例が何例もある。一例として一六〇六年（慶長一一）、細川忠興が豊前《ぶぜん》国長岡宗信を討った時、宗信の妻は夫と共に自害している（参考・西岡虎之助『女性史考』）。

▨室町時代の教訓書『世鏡抄《せきょうしょう》』より
もし母親が亡夫の菩提《ぼだい》を弔わず色香に耽《ふけ》ったら、息子は母にやっと命をつなぐ程度の田地を与え、みだりがわしいことがあったら、しかるべく成敗せよ。（参考・総合女性史研究会編『日本女性の歴史―文化と思想』）

「父親が亡くなった後に、母親に恋人が現れたら、息子よ、母親を成敗（殺して）しなさい」とも受け取れる。母親を「成敗する」という考え方が、当時の武士階級に存在したようである。

▨『身のかたみ』（一五世紀ごろの女訓書）より

女は第六天の魔王……男の仏道を妨げるために生まれてきたのである。自分より卑しいものに見えても、男は三世の諸仏の化現であるから決して愚かだと思ってはいけない。（参考・総合女性史研究会編『日本女性の歴史―文化と思想』）

「女は男の仏道を妨げるために生まれてきた」と蔑《さげす》まれ、武士階級の妻は、庶民階級の女性たちに比べて、精神的な苦痛は大きかったに違いない。

一方、庶民階級の女性たちは、このような「女訓書」と遠い世界にあったようだ。

▨狂言『右近左近』より

さてもさてもこちの女どもを地元の衆も他郷の衆もほめさせらるるはもっともじゃ―さりとては男勝りな女でござる。

男勝りの女性に対して、村に住む人たちも、他村に住む人たちも「ほめるのはもっともだ」と言ってはばからない。庶民はこの狂言を見て、拍手喝采《かっさい》したのではないかと思う。

明治の儒教主義の教育

▨『幼学綱要』（一八八二年・明治一五年）明治天皇の侍講を担当した元田永孚が、文部省編纂局長西村茂樹の協力により編纂した教訓書＝女性だけに求められる徳目として「貞操／夫に従う和順」などの儒教的な徳目が取り上げられている。

▨『女　鑑《おんなかがみ》』（雑誌）（創刊一八九一年・明治二四）＝「日本女子の特有なる貞節・節烈・優雅・温従の美徳」などの美徳を啓発することが女子教育の目的である。

（参考・総合女性史研究会編『日本女性の歴史―文化と思想』）

「和順」とは現代語ではほとんど使用されない表現だが、「どんなことにも耐え、自分の判断力を持たないこと」で、女性を従わせるのには男性側にとっては都合の良い表現であり、「貞操」も一方的に女性に求められたという点では、近代社会の出発点で既に、男性に求められるものと女性に求められるものが違っていたことを意味する。また『幼学綱要』も

『女鑑』も、編集・執筆ともに男性によって書かれた、男性を長とする、男性支配の構造であり、これは女性の人格を「妻・母」に限定する高等女学校の教育理念にもなっていった。

●小説より●

▨「男子の貞操という問題はどういうものでしょう」「そうさ、僕は医学生だが、男子は生理上に、女子よりも貞操が保ちにくく出来ているのだけは、事実らしいのだね」（森鷗外『青年』）

▨私はもう男に迷うことは恐ろしいのだ。貞操のない私の体だけども、まだどこかに私の一生を託す男が出てこないとも限らないもの……。（林芙美子『放浪記』）

▨娘の不貞で別れたのではない。夫の不貞とそれにまつわる悲惨な事件で、二人は別れざるを得なくなったのだ。（宮本輝『錦繍』）

『青年』では男子と女子の違いを、医学生の意見として言っている。恐らく作者の意見でもあるのだろう。『錦繍』では「不貞」という表現が女性にも男性にも同じように使われている。

「貞淑」という語は翻訳小説にも多く現れる。そこには、作品が書かれた当時のイデオロギーが如実に反映されている。そして、作家たちはもちろん男性である。

●小説より●

▨金持ちの貧民収容所長ヴァルノ氏は、夫人に言い寄ってはねつけられたという噂で、それから夫人はとりわけ貞淑だと取り沙汰されるようになった。（スタンダール『赤と黒』）

▨小さな手で私を抱きしめ、接吻しながら、素直で貞淑ないい妻になります。きっとあなたを幸福にします。生活の全てをあなたに捧げ、何もかもすっかり犠牲にします、そしてあなたからはただ一つ尊敬だけを寄せていただければそれで十分です、なんて誓うんです。（ドストエフスキー『罪と罰』）

▨一般的に言って、一点非の打ちどころのない貞淑な婦人というものは、よくその貞淑な味気なさに疲れると、よく遠くの方から不倫の恋をながめて、それを許すばかりか、羨みさえするものである。(トルストイ『アンナ・カレーニナ』)

●コミックより●

「俺の母親だよ……でも優しく貞淑な妻を装っていて……」「それにしても気になるのは、お母さんの本当の相手」(赤石路代『P・A』)

●法律より●

民法七七〇条一項一号には、不倫は不貞行為として離婚原因になる。夫婦は貞操を守る義務があるとしている。結婚とは「婚姻から生じる貞操義務」があるとしている。

「貞操を守る義務」とは何とも古めかしい表現であるが、民法の語彙《ごい》の表現を現代風に改めるとしたら、どのように言い換えれば良いのだろう。

●新聞より●

「男性のための電話相談―離婚の悩み一二七件」

中高年の離婚が増えているが、夫の声にも耳を傾けようと「夫のための離婚一一〇番」が開かれ、主催した現代家族問題研究所の代表の円よりこさんは、「リストラなどで、男性が自信を喪失している」……。一番多かった相談は「離婚すべきか悩んでいる」、夫婦関係が悪化した原因に……「妻の不貞」が挙げられた。(朝日97・1・16)

「貞淑」という表現は社会の変化の中でも生きつづけている。辞書に記載されている「女性の操が堅くしとやかなこと」という説明は、現代社会での男女のあり方とはかけ離れているが、一度辞書に載った言葉は、なかなか消えていかない。

同じ「貞」の文字を使った「不貞」という語は、男女双方に使われる表現という意味で生き残っている。それは民法上の語彙としても使用されている。「妻」の不貞を理由に電話相談までする「夫たち」、「貞節」とは「ひたすら仕事にはげみ、妻子のためにつくし、女性問題など起こしたこともない夫たち」という意味に変わることはないのだろうか。今、そういう夫も増加している。社会現象としては、彼らを讃《たた》えることばがあっても不思議ではない。

適齢期

てきれいき

結婚するのに適した年頃のこと。女性に対して使われることが多く、「婚期を逸する」などの表現も「適齢期」を意識しているからこそ存在する表現だ。男性に対して「適齢期をとっくに過ぎ、婚期を逸した彼は……」とは使えない。

この表現の存在そのものが、未婚の女性たちにとって「社会的圧力」になっていることは否めない。コミック、新聞などでは二五歳が適齢期の「期限」のように書かれているが、それを一二月二五日以降のクリスマスケーキに例えている。

●コミックより●

▨「あまり適齢期からハズれないほうがいいだろ?」
「だって、よく言うだろ。女は二五歳過ぎたら値が落ちるって」（原のり子『彼の言い分、彼女の言い分』―クリスマス過ぎたら……）

●新聞より●

▨「データスポット」結婚したいときが「適齢期」というが、現実には何歳あたりと考えているのだろうか。女性の適齢期は、回答者の世代にかかわらず二十四～五歳に集中している。（朝日93・1・31）

▨「婚期それぞれ」私は〝クリスマス〟（二十五歳）なんてとっくに過ぎているOLで、これから、ちゃんと結婚して子供を産むつもりだ。（朝日91・3・23）

現状では、平均初婚年齢は二五歳よりずっと高い。女性が「結婚」する時期が制約されるのは、出産の時期の制限という生理上の問題がある。

▨「適齢期」私より一つ年上（四十六）の女友達が結婚したいという。……それで男友達三、四人にあたった……ノーという答え、結婚するからには子供が欲しいからだという。（朝日91・10・15）

▨「適齢期信仰やめ、出産を十年延ばしてみたら」結婚はともあれ、出産は思い切って十年延ばしてみませんか。十年あれば、かなり納得のいくキャリアが積めるでしょう。三十ちょっと過ぎの初産、今なら決してこわくない。他の意識は開放されているのに、「適齢期信仰」だけ固く守って悩んでるなんて……。現代医学はきっと本気で働く女性の有力な味方になってくれるはずです。(朝日85・5・8、医師)

この記事が書かれたのが一九八五年で、当時は三〇歳ちょっと過ぎの初産《ういざん》が「思い切って」という語で表現されている。現在は三〇代の初産は普通になりつつある。

▨「広がる未婚化現象―適齢期　シングル率、十五年間で二―三倍」　国勢調査によると、一九七〇年までは、二十代後半の男女の未婚率は、男性が四十％代半ば、女性が二十％弱であまり変化はなかった。それが七十五年以降の十五年間で未婚率があがってきた。(朝日92・6・17)

▨「晩婚化トップは東京」　九六年の平均初婚年齢は女性が二六・四歳と五年間で〇・五歳、男性は二八・五歳と〇・一歳それぞれ上昇した。男性の初婚年齢の上昇が緩やかなのは三十、四十代の未婚率が上昇しているためで……。(日経98・2・8)

二〇代の女性たちはいわゆる「結婚適齢期」を意識しているのだろうか。

「女性問題調査研究報告書」の「パイオニア女性はいま」の意識調査によると、一九八八年、「男女雇用機会均等法」の一期生の女性を対象に行った調査では「結婚適齢期を意識している」という答えが六四・三％にもなった。しかし五年後の再調査では、「意識している」と答えた女性はわずかに三五・七％だ。六五％の女性は「結婚適齢期」を意識することなく仕事をしているということになる。

この調査では「男女雇用機会均等法」が「結婚に対する意識の変化」の基準になっているが、他の要因として、彼女たちが生まれ育った環境も考えられる。八八年に二〇代の女性が生まれたのは五九年から六八年の高度成長期である。小学校・中学校時代の彼女たちの家庭生活は、高度成長期以前の日本の家庭の平均と比較し「食事を一緒にしない家族」「父親が会社人間で、父親不在の家族」である家庭が多かった。女子栄養大学の安達己幸《みゆき》氏が行った「高度成長期の食事」で、四〇％の子供が朝食を一人で食べ、朝食・夕食とも一人で食べた子供が一〇％いたという（参考『高度成長と日本人』家族の生活の物語）。

これまでは、女性の未婚者の増加は、結婚して子供ができた時に子育てできるシステムができていないという「社会的インフラ」の未整備が指摘されてきた。しかし、問題の根源は子供時代の家族体験という深いところにあるのではないだろうか。

「結婚適齢期」を意識しなくなったのは、女性だけではない。これまで男性たちに対して用いられなかった「結婚適齢期」という表現が一九九六年の週刊誌で使われている。しかも、その「未婚でいる要因」が高度成長期の家庭にあるという結果は、高度成長期という時代が日本人の「結婚の意識」までも転換させる時代だったことを、改めて思わずにはいられない。

●雑誌より●

▨「適齢期で結婚しない男の見分け方」「結婚しない」ではなく、「結婚できない」男たちが増えているという。三〇代前半の男性の三人に一人は独身といわれるなか、相手が見つからず肩を落とす未婚者の姿には、時代の抱える「病理」すら見え隠れするのである。

東京メンタルヘルスアカデミー所長で臨床心理士の武藤さんは「この世代の幼児期は高度成長期にあたり、父親は仕事に専念し、教育は母親まかせという家庭分業が進んだところです」と分析している。（『サンデー毎日』96・9・29）

家庭の果たす機能が著しく低下し、人間関係を築く訓練ができないことから、他者とのコミュニケーションが苦手になり、その弊害が異性関係にも出ている。

●調査資料より●

▨「『共通一次世代』の結婚観・家庭観」（千葉大学教

育学部・明石要一）　現代の結婚適齢期とでもいえる二八歳から三五歳の男女六〇九人が対象。

調査項目

1　団欒《だんらん》の時に親子でとりとめもないことを話した。

2　家族から愛されていることを実感した。

3　家族旅行や節分といった家庭内行事を共におこなった。

これらの調査・アンケートの結果から、家族とともに経験を分かち合った経験が少ないほど、未婚者が増えていることが分かる。男性の場合、生育段階における家族体験の有無が結婚か未婚かに大きく影響しているといえる。結婚を望まない女性が増えることで、男性の未婚者は当然のことながら増えていくと思われる。結婚しないのも一つの生きかたである。

「適齢期」という語をキーワードに結婚に対する日本人の意識の変化をたどると、そこにくっきりと「高度成長期前後の意識の変化」が読み取れる。

出戻り　でもどり

妻が夫と離婚して実家に戻ること。夫が離婚して実家に戻っても「出戻り」とはいわない。そこには、離婚した女性への侮蔑感がみられる。「離婚すること」が社会的に男性よりも女性にとってずっとマイナスであったということを、この言葉は示している。

近世から引き継がれた儒教的倫理がこうしたニュアンスをつくり出したことは間違いない。そうした儒教倫理の代表ともいうべき『女大学』は、「婦人は別に主君なし。夫を主人と思い、敬い慎みてつかうべし」と説き、その道徳観が永い間日本社会の中でうけ継がれてきた。

多くの国語辞典の「出戻り」の説明には、「嫁いだ後に離縁されたり、夫に死別したりして、実家に帰っている女」とある。「離縁される」という受け身形は、夫の側に主体性があることを表している。また受け身形は、「雨に降られる」のように不都合なこと、悪いことが起こるときに使うことも多く、「離縁される」は女性側に「悪いこと」が起こったというイメージをともなっている。

しかし、最近は離婚率の上昇と女性の地位があがったために、「離縁される」「出戻り」の二重のマイナス・イメージは払拭されてきており、「出戻り」は死語化してきている、といえるだろう。

●新聞より●

▨結婚件数は横ばいなのに、離婚件数は最高記録を更新し続けている……四十五分九十秒に一人が離婚している計算になるという。（朝日97・8・30）

●小説より●

①油絵のモデルは三沢の所謂《いわゆる》出戻りのお嬢さんであった。（夏目漱石『行人』）

②哲也が結婚するとほとんど同時に、嫁《かたず》けられて暫く地方に行っていたが、不幸にもその夫に死に別れて今は出戻りの、邪魔にされながらも差し当たり行処もない憐れな身の上である。（二葉亭四迷『其面影』）

③彼等は出戻り娘へのいたわりを表に、裏に好奇の眼をもって見ているに違いなかった。（渡辺淳一『花埋み』）

④新しい長兄夫婦ができた以上、出戻りの娘が大きな部屋を明け渡し、小部屋に移るのは当然といえば当然である。（同前）

①の「所謂出戻り」という表現からは、「出戻り」という言葉の社会的なマイナス・イメージを避けるニュアンスがうかがえる。作家は、「出戻り」の通念におさまらないものを「モデルのお嬢さん」に付与したかったのだろう。

②は夫に死別されての「出戻り」だが、「邪魔にされながらも」家にいるのは、女性が経済的な基盤を持たないで家にいることを示唆している。

③「出戻り」は、「表にいたわり」「裏に好奇の眼」で見られること。

④「出戻り」は、実家にいても「身をすくめて」過ごす。

しかし、現代の日本の社会では、過去の「出戻り」をとりまいていたこうした状況は、都市部から徐々に消えていっている。「堂々と出戻り迎え家狭し」（朝日97・2・13、朝日川柳・今村吉宏）では、離婚した娘の「堂々と」した態度が小気味よい。「堂々」と「出戻り」のアンバランスがこの川柳の味であり、ここでの「出戻り」という言葉には、娘の側はもちろん、受け入れている親の側にもこれまでのような屈辱感は全く見られない。

儒教のモラルが今も生きているという韓国でさえ、「出戻り」に対する評価は変化してきているようだ。「韓国で二〇年代の田舎を舞台にした映画『アダダ』が好評を得た。そこでは、親の決めた相手と結婚した美少女アダダが夫の浮気の末に捨てられ、実家に戻ると『出戻り』への親の冷たい仕打ちに合う―という半生が描かれている。しかし、こんな女性の生きかたはもはや過去のものと言えそうだ」（日経93・8・31「家族はいま」海外編―結婚、そして離婚）として、韓国でも離婚件数が増大してきていること（七〇年代一万四千件、九〇年代四万八千件）、金さんという女性が「夫には思いとどまるよう懇願されたが」離婚したなどの例が紹介されている。

現代の日本語における「出戻り」の死語化と平行して、「バツイチ」というアッケラカンとした表現が使われるようになっている。「バツイチ」という表現には、離婚に対する多少の照れはあっても、屈辱感などは微塵もない。

天女 てんにょ

梵語《ぼんご》のDevakanyaの訳語で天上界に住む女性。性格はやさしく、姿は美しい。吉祥《きっしょう》天女・弁財天女など、仏教ではさまざまな天女が天上に存在する。日本橋三越デパートの一階大ホールには、彫刻家佐藤玄々による天女像がある。彼はインド彫刻に影響を受けたということである。黒く長い髪、切れ長の目、色白でふっくらとした顔だち、はるか彼方を見つめる眼差し、これが日本人がイメージする天女像の典型ではないかと思う。

天女伝説は世界的に流布《るふ》しており、その典型的なストーリーは「男性が、地上におりてきた天女の羽衣《はごろも》を隠してしまう。天上に帰れなくなった天女は仕方なく男と結婚するが、その夫婦は幸せにはなれなかった」というもの。古代インドでは、このモチーフは『シャタバタ・ブラーフマナ』や『リグ・ベーダ』に見られる。日本では『丹後国風土記』『近江国風土記』のほか、多くの類似した伝承が存在する。

天女と結婚した男のその後は次の四つのパターンが存在する。

①天女が自分の羽衣を見つけ天上に帰ってしまう。残された子供が地方の豪族として残る。男はその父親として、名誉を手にする。

②二人の子供は母親に味方して羽衣の隠し場所を教え、共に天上に上り、男は一人で地上に残される。

③天女は子供と共に天上に帰るが、男を愛するあまり天上への上り方を教える。男はその方法で天上に行くが、天女の父親の出す難問に答えることができず、一人地上に戻される。

④天上まで追いかけるのは③と同じだが、地上に戻った男性は七月七日、年に一度だけ天女と会うことができる。

この中で一番良いのは、クレーマークレーマーのように、天女との間に生まれた子供と暮らせる①の型だろうか。

この物語の主人公は、誰を想定しているのだろうか。男の職業は決まって「きこり・漁夫・狩人」のように非農耕民、③のように天女の父親の出す「難問」は決まって「農耕」に関するもの、ということから、この伝説は農耕民と非農耕民の接触通婚の時代に作られたものではないかと言われている。

●小説より●

▨「今にみろ、拝みたいような天女と結婚するに決まってるんだ」(妙にその言葉には説得力があった)

(三浦綾子『塩狩峠』)

▨藤尾の眉は、額は、黒髪は、天女の如く美しい。

(夏目漱石『虞美人草』)

▨夜いつものように高い台に登って、一心に星を見ていますと、空に美しい天女が現れ、この世ではきかれぬ程の微妙な音楽を奏しだしたので、天文学者は身に沁《し》む寒さも忘れて聞きほれてしまいました。（夏目漱石『吾輩は猫である』）

●新聞より●

▨「天女になったおばさん」　パチンとベルトをしめてパラシュートを身につけた。風をうけた。スノーモービルが動きだした。三四歩走る。と、フワッと浮いた。……飛んでる飛んでる。私は鳥、白鳥だ。いや、天女だ。一キロほどの雪原を、四五分の空の旅。度胸一発、天女になったおばさん、である。（朝日89・3・14）

▨「宇宙一五日間〝天女〟戻る―観客席、一斉に歓声『向井さん頑張った』」　宇宙を飛び回った〝天女〟が二週間の旅を終えて地球に舞い戻った。（日経94・7・24）

男性の作家によって書かれた作品の天女像はどれも男性の憧れに近い。それに対して、新聞で用いられる「天女」は、「女性が空を飛ぶ人」で、特に「天女＋おばさん」の組み合わせは自分を表現する衒《てら》いも含めてだろうが、楽しい天女像である。

同性愛　どうせいあい

自分と同性の人を性対象として求める性愛心理や性行動。女性同性愛を lesbianism レズビアニズム（略称レズ）、男性同性愛を homosexual ホモセクシュアル（略称ホモ）と呼ぶことが多い。ゲイは同性愛者を指すアメリカの俗語表現。

同性愛の人々は、まだ偏見の目で見られることが多いが、日本でも少しずつ理解者が広まっている。同性どうしの結婚は、デンマークでは一九八九年から、スエーデンでは一九九五年から認可された。また、一九九六年、同性愛者の差別を禁止する法律が、世界で初めて南アフリカ共和国憲法で生まれている。

同性愛は古今東西を問わず、あらゆる文化圏や民族集団に見られるが、同性愛者をどう見るかは時代やその位置づけによっても異なってくる。ヘレニズム文化の中では同性愛は男性間の友情の極致と位置づけられていたし、プラトニック・ラブという語も元来は同性愛を表していた。ユダヤ―キリスト教的価値観の下では、同性愛は生殖を伴わない性として最大の悪徳とされ、刑法上も道徳的・宗教的な罪として抑圧を受けた。

米国精神医学界はかつては同性愛者を「異常性格」とみる立場をとっていたが、一九五二年からは「社会病的人格障害」、八七年にはついに正常とみなすようになった。アメリカにおいても、同性愛者が「正常」とされてからまだ十数年しかたっていない。

同性愛は「胎児期のホルモン異常によっておこるもの」という説が八〇年、クリスチャンセンとゴルスキーという二人の科学者によって発表された。ネズミの実験で実証されたとのことだ。また、ドイツのフンボルト大学のダナーの説では、同性愛者ができるのは、母親が妊娠中に強いストレスを受けてホルモンのバランスが崩れるためだとしている。

現在、社会のルールやシステムは、「すべての人間が異性を愛する」という前提のもとに作られている。今後、われわれはどのようにこの偏見をとりのぞいていくべきなのだろう。

●論文より●

▨「ヒトはどうして同性愛となるのか―その生物学的考察」　従来、同性愛は社会環境や家庭環境といった外的因子が人格形成に影響を与えた結果起こる心理学的現象と考えられてきた。幼少期に過保護の母親に育てられ、父親との関係が疎遠であった男の子が将来、同性愛になりやすいとS・フロイトをはじめ多くの精神分析学者は指摘してきた。

しかし、レバイの報告は同性愛を生物学的基盤から解明しようとするものであった。……それは脳の雌雄差をめぐる研究の歩みである。「原因は胎児期の男性ホルモン不足か」「遺伝的な問題か大脳半球の抑圧か」（『科学朝日』92・7、松本明）

▨「同性愛をめぐる憲法問題―アメリカにおけるホモ権論をめぐって」　今日のアメリカでは、同性愛は憲法判例や憲法学説における一つの論争的テーマになっている。……ホモ行為の自由は、「基本的権利」ないし人格的自立権として憲法上の保障を受けるのか。……ホモであることを理由とする差別は憲法上許されるのか。（『法学セミナー』87・4、内野正幸）

科学の分野や法律の分野では、同性愛者への差別観を取り除く動きがある。しかし、小説の世界では、残念ながら、まだまだである。

●小説より●

▨私は、被虐的性欲の持ち主である男の訪問を受けたことがある。初対面ではあったが、私にはすぐにその人物が変態性欲者であることが分かった。私は正常な性欲の持ち主である。従って同性愛者がたちまち同類をかぎ分けてゆくように特殊な嗅覚によって同類を嗅ぎわけたわけではない。その男の鈍く濁っているにもかかわらず、粘りつくような強い光を底に満たしている目や……。（吉行淳之介『砂の上の植物群』）

▨「でも、未紀とあたしとの関係は、いわゆる同性愛とはちがうわ。未紀はたしかに変わってるけど、変質的なところはないし、あたしだって女としては完全にノーマルだとおもうわ……」「実は彼女は僕に対して冷感症なんです。……この原因を知りたいんです。同性愛的な経験がそれと無関係だとすると……」（室生犀星『聖少女』）

●新聞より●

▨「同性愛—胎児期のホルモン異常、脳に影響」　ヒトの脳の臨界期は胎児期の五〜七ヵ月であり、この時期に胎児の脳が男性ホルモンにさらされると、男性型の脳ができる。またアンドロゲンがなければ女性型の脳になる。こうして胎児期のホルモン異常に基づく脳の異常形成が、同性愛をつくるらしいことが分かってきた。（日経90・1・10）

▨「同性愛者の雇用差別ダメ」　米国でホモセクシュアル、レズビアンなど同性愛者に対する雇用差別を禁止する傾向が強まっている。石油大手シェル系企業の幹部が「ホモを理由にした解雇は不当」

と訴えた裁判で、損害賠償五百三十万ドルを獲得した……。（日経91・7・9）

▨「世界の新刊─同性愛の遺伝、科学で迫る」 ハマー博士はジャーナリストピーターコープランドの協力を得て、同性愛の遺伝学的な解明を試みた著書『欲望の科学』を著した。（日経94・8・21）

▨「同性愛差別の記述、生徒指導から削除─文部省」問題とされた指導資料は「生徒の問題行動に関する基礎資料（教師用一九七九年発行）」で、生徒の同性愛を「下着盗み」や「のぞき」などと同じ「性非行」と位置づけ、「現代社会にあっても是認されるものではない」などとし、「専門機関による治療が望まれる」と記述している。（日経94・11・25）

▨「子供を育てる権利も同様に─同性愛夫婦」（日経92・8・30、ビヤネール多美子）

▨「ゲイのライフスタイル自己表現─大塚隆史さんが美術展」 小学生の時に自分の関心が男性に向いていることに気がついた大塚さん。限られた情報の中でそのマイナスイメージだけが伝えられ、口にはしてこなかったという。「好きな人と暮らす。当たり前のことが単に相手が男性というだけで異常視される。自分を卑下しているゲイにも世間にも、ライフスタイルの一つと認識してほしい」と話す。─「女の腐ったような」とからかわれてきた我々が、押しつけのイメージを逆手にとった。（朝日97・11・6）

▨「ゲイ、米で着々と市民権、NYで四十ヵ国参加のオリンピック」 四年ごとに開催されるゲイ（同性愛）のオリンピック、「ゲイ・ゲーム」が十八日ニューヨークで始まった。日本を含む世界四十カ国から一万一千人が参加する。二十五年前、ニューヨークタイムズはゲイをばかにする見出しや非倫理的と批判する記述が目だったが、今では経済面でゲイの消費者動向を掲載するまでになった」（日経94・6・19）

▨「英政界で同性愛騒ぎ─メディアが暴露合戦─政治家、機先を制し告白」 もはや英国では同性愛が「特殊なこと」とは受け取られなくなった事情も大きい。閣僚三人を含む七人の労働党議員が自らの同性愛を公表している。（朝日98・11・10）

一九世紀、フランスの詩人ヴェルレーヌとランボーの同性愛はあまりにも有名だが、この二人が今の時代に生きていたら、世間の二人を見る目も変わっていたのではないだろうか。同性愛に対する社会認識が変われば、「ゲイ、ホモ、レズ」といった言葉も「負の構造」から抜け出すことができる。そうすれば、これらの言葉は違った価値観で見られるようになっていくに違いない。＊「男色」の項参照。

童貞　どうてい

まだ異性に接していない男性のことをいう場合が多い。

●コミックより●

▒「懐かしいわね。高校三年の再会の時以来だったかしら。あの後うまく童貞捨てられた？」（原のり子『アスファルト・ベビー』）

定時制高校に通う女性が、現在高校で生活指導をしている男性に向かって言うセリフ。前後にはテレクラ、中学三年のとき親に捨てられた女性、生活指導をする教職者が女性を脅迫するシーンなど現代社会の世相が反映されている。

●新聞より●

▒「折々の歌―童貞さんに献金いたし候のち　わがバス探すに必死　蒼ざめ申し候」　加藤将之『途上の花』（昭和四五）所蔵。作者は昭和四十二年、六十代半ばでハイデルベルク大学夏期セミナーに参加し、欧州を旅して多くの歌を得た。カトリック寺院で尼僧（童貞さん）に献金などした後、……。（朝日90・7・13、大岡信）

●小説より●

▒太古の昔、女性が支配する邑《むら》では、荒らぶる河の神を静めるために、多くの男と牛が生贄《いけにえ》として出された。一人の男グンが治水工事のために立ち上がるが、努力をあざ笑うかのように河は決壊し、グンは処刑される。（酒見賢一『童貞』）

ここでは、「高校三年で童貞を捨てる」と表現されているコミック、「尼僧」である女性に対して「童貞」が使われている例、最後にこれまでは神への「生贄」は「処女」が多かったのに対して、「童貞」がその役割を交代している小説例をあげた。

現代語でこの表現のもっともポピュラーな使用例としては、原氏のコミックであると思うのだが、世相によってこの表現の持つ意味も変わってくるのかもしれない。「童貞捨てたいが彼女できない」（朝日96・11・14、人生相談・男もつらいね）、これは暮らしの欄に載った記事だが、品行方正な男性の切実な悩みが伝わってくるようだ。＊「処女」の項参照。

どら息子　どらむすこ

怠け者で働かず、酒色にふけって品行がおさまらない息子のこと。娘に対して言う「どら娘」がないのは、「働くこと」は男性（息子）には要求されたが、娘が「働かない」ことが非難の対象ではなく、また娘が「酒色にふける」ということ自体が、家父長制の下、親の厳しい監視の中であり得ないことだったからだろう。

現代語では死語になりつつある。定職につかない若者が増え、「息子の品行」に関して親が口出しできない、「親の威厳」が喪失した社会の中で、かつてなら「どら息子」と呼ばれた若者（女性も含めて）が日本中を闊歩《かっぽ》しているからだ。

●新聞より●

▨「仕事の周辺―巨人とドラ息子」昭和五十二年に、総合商社安宅産業が伊藤忠商事に吸収合併されて、その折り、安宅コレクションの処分法が世間の関心を呼んだ。……それらの美術品は安宅産業の創業安宅弥吉の長男英一によって集められた。英一は商社の経営に無関心だったが、美術、音楽には卓越した感性を示した。……ビジネスマンの目から見れば、彼は会社の金で美術品を買いまくったドラ息子に過ぎなかった。照明の当て方で、これだけ評価の違う人物も珍しい。……これだけのコレクションが、ナミの人間にできるわけはない。（朝日88・4・4、阿部牧郎）

▨包丁を持ち出すよりましと、達観するほかなし。オレは東大一芸組とドラ息子ゆうゆう。（朝日88・7・20、「素粒子」）

芸術に卓越した感性を示す「どら息子」、阿部氏の指摘は「どら息子」という表現そのものが、「働くことは良いこと」という倫理観に立脚していることを示す。

「素粒子」では、自宅でゆうゆうとくつろぐ「働かない」息子に対し、親が「達観」するという、現代日本のジェネレーション・ギャップをそのまま写し出している。高度成長、バブルの崩壊という経済の変化の中で、「自由でいられることが最高の幸せ」とする価値観が若者たちの間に浸透しつつあるようだ。

岡田純子
小田智子
片瓜弓子
二宮喜代子
細井和代
丸山伊津紀
三木千恵
山見智子

資料収集協力者（50音順）

赤羽聖子
石井久子
石黒圭子
石田孝子
石丸智子
磯貝初江
稲野好美
大木理恵
岡崎珠美
岡田紀子
岡田まどか
奥村直子
長田睦美
織壁外喜雄
勝井幸子
川島亜希子

上戸敦子
北芝康子
熊野里恵
佐鹿美子
佐藤佳子
佐原美須子
沢野美由紀
清水みどり
白石純子
杉田幸代
高橋徳子
高橋亙
竹山恵理
楯政子
津冨易子
土屋陽子

富岡史子
長峰佐知子
名倉千春
名執公子
鍋井由子
浜田陽子
原田裕子
播岡恵
吹屋葉子
福井正子
藤井美和
藤尾喜代子
藤本由美子
保坂晃正
升岡香代子
三浦健一

三木萬里子
道中亜紀
宮原徹
村松こずえ
持田さゆり
柳田セツ子
家根橋伸子
山下典子
山田博美
横島ちひろ
吉武明子
吉田弥生
吉田理花
若生富美
和田徳子
渡辺千晶

か　行

あ　行

索　引

著者略歴
一九四二年京都生まれ。山口大学教授を経て、現在、横浜国立大学留学生センター教授。専攻は日本語学。著書に『留学生と見た日本語』『日本語ってどんな言葉？』『外国語としての日本語』『女の日本語男の日本語』『あいまい語辞典』（共著）ほか多数。

女と男の日本語辞典　上巻

平成一二年五月三〇日　初版印刷
平成一二年六月一〇日　初版発行

著　者　佐《さ》々《さ》木《き》瑞《みず》枝《え》
発行者　大　橋　信　夫
印刷所　東京リスマチック㈱

発行所　株式会社　東京堂出版
東京都千代田区神田錦町三丁目七番地
電話〇三-三二三三-三七四一　振替口座〇〇一三〇-七-二七〇
〒一〇一-〇〇五四　　製本　渡辺製本㈱

ISBN4-490-10544-4 C1581